| | | | |
|---|---|---|---|
| 13 | 舎人<br>小舎人 | 宮中や貴族の邸などで、雑事や警護に携わる者。 | とねり<br>ことねり |
| 14 | 随身 | 貴人の外出の際、護衛をする者。現在のボディーガードにあたる。 | ずいじん |
| 15 | 命婦 | 中級の女官。 | みょうぶ |
| 16 | 乳母 | 育ての母。うば。 | めのと |
| 17 | 受領 | 国司の長官。中流貴族。 | ずりょう |
| 18 | 供奉 | お供の人。 | ぐぶ |
| 19 | 検非違使 | 現在の警察兼裁判所。京都の秩序の維持にあたる。 | けびいし |
| 20 | 防人 | 大宰府の警護をする者。 | さきもり |

《衣服・武具などに関する言葉》



| 解説 | 読み |
|---|---|
| 帯（＝男性貴族の正装）の時、右に持つ細長い板。 | しゃく |
| の一種。貴族の普段着。 | さしぬき |
| 性貴族の普段着。 | のうし |
| 民の服。のちに武士や貴族の普段着。 | ひたたれ |
| 服した男性が被《かぶ》る帽子。 | えぼし |
| 性貴族の普段着。元は狩猟用服。 | かりぎぬ<br>かりごろも |

| | | | |
|---|---|---|---|
| 2 | 野分 | 秋に吹く激しい風。台風。 | のわき<br>のわけ |
| 3 | 時雨 | 晩秋から初冬にかけて、降ったり止んだりする小雨。 | しぐれ |
| 4 | 時鳥<br>郭公 | 鳥の名。夏の到来を告げる鳥。四月は奥山で鳴き、五月に人里で鳴くと言われる。 | ほととぎす |
| 5 | 葵 | 植物の名。加茂神社の葵祭に用いた。和歌で多く「逢ふ日」と掛詞になる。 | あおい |
| 6 | 菖蒲 | しょうぶの古い呼び名。和歌で多く「文目《あやめ》」と掛詞になる。 | あやめ |
| 7 | 東風 | 東から吹く春風。 | こち<br>こちかぜ |
| 8 | 朔<br>朔日 | ①月初め。上旬。②月の第一日目。 | ついたち |
| 9 | 望月 | 満月。陰暦十五日の夜の月。 | もちづき |
| 10 | 夕月夜 | ①夕方に出る月。②月の出ている夕方。 | ゆうづくよ |
| 11 | 晦日 | ①終わり。下旬。②月の最終日。大つごもり＝大みそか。 | つごもり |
| 12 | 十六夜 | ①十六日の夜の月。②十六日の夜。 | いざよい |
| 13 | 女郎花 | 秋の七草の一つ。和歌で多く女性にたとえられる。 | おみなえし |

駿台受験シリーズ

# 日々古文単語帳365《にちにちこぶんたんごちょうさんろくご》

宇野 陽美
下司 賢治
下屋敷 雅暁　共著

駿台文庫

# はじめに

この本を手にとってくださったあなた、はじめまして。

止めようがない時の流れの中で、私たちは出会いました。古語なんて、もう使わない語をどうして学ばなくてはならないのか――大学入試に必要だから。ではどうして大学入試に必要なのか――誰かが決めたから。そんなふうに「誰か」に自分の人生を振りまわされるような、後ろ向きの気持ちになる前に、流れる「時」とその中ではぐくまれる「文化」に目を向けてみませんか。

高校生までに国語の授業で出会う古文は、この国に生まれ、約一千年の時の中でじっくりはぐくまれたものです。そこには私たちのルーツがあります。私たちの先祖が、憧れ、楽しんだ世界を、次世代に遺《のこ》そうと努力してくれた結果、現代《いま》もあなたのそばにあるのです。一千年の間に少しずつ変わり、現代では難解と思える文章も、単語と文法という道具をうまく利用すれば、読んで理解できるようになります。それらを楽しみ、また次世代へ伝えるために、そして、大学の入学試験において確実に得点できる力をつけるために、あなたも日々古文に触れ、芽生えから、力を伸ばし、豊かな実力を身につけ、それらが実を結ぶことを実感する一年にしてみませんか。

一千年の旅のために必須アイテムの単語をこの本に集めました。ずっと側に置いて、しっかりと単語を整理し、自信を持って古典読解にのぞんでください。

宇野陽美・下司賢治・下屋敷雅暁

## 第3章　豊熟の季節



## 第4章　結実の季節

## 本書の使い方

本書は一日一語を目安に、一年間で大学入試に必要な365語をマスターできるよう編集した古文単語集です。
新学年の4月から始めるのがベストですが、勿論、学年の途中から自分のペースで学習してもかまいません。
第1章の卯月から順番に、古文を読む上で最も重要かつ頻出の語句から配列しました。

### 1 見出し語

数字は単語番号を表します。他のページで同じ単語を取り上げる際には単語番号を表示しましたので、あわせて確認しましょう。冒頭の□にチェックを入れるなどして、繰り返し学習することをおすすめします。

［　］に品詞と用言の活用の種類を、《　》に代表的な漢字表記を示しました。

### 2 解説

語源や現代語の用法、その語のもつイメージなど、見出し語を理解するために役立つ解説を掲載しました。

### 3 訳語

重要な訳語に絞って掲載しました。①②…は、下段の例文と対応しています。特に重要なものは赤字で示しましたので、チェックシートで隠すことができます。視覚的に覚えるためのイラストや図も随時掲載しました。

### 4 例文

見出し語が実際に用いられている例を、有名出典を中心に掲載しました。問 必修！は必ずおさえておきたい使用例です。まずはこの例文訳の【　】をすぐに埋められるようにしましょう。

### 5 注意点

現代語との違いや試験で問われやすい点など、受験生が注意すべき点を示しました。

### 6 関連語・対義語

同義語・類義語などは関、対義語は対として見出し語と関連する語句を掲載しました。

特に同系統の意味をもつ語などは関連付けて覚え

てしまいましょう。見出し語の場合は表示された単語番号の箇所で確認をしましょう。

## 7 練習問題

すべての見出し語に関して練習問題を付けました。センター試験をはじめとした大学入試の過去問題を中心に作成していますので、実戦的な復習ができます。

□□□ 002 **いそぎ** [名] 《急ぎ》

1

① 用意。準備。
② 急用。急ぐこと。
③ 忙しく準備したこと。行事。

3

2

❖ガ行四段活用動詞「いそぐ」の名詞形です。「いそ」は、勤勉につとめるさまを表します。現代語の副詞「いそいそ」とも関連のある語ですね。

4

問 必修！
① 公事《くじ》どもしげく、春の**いそぎ**にとり重ねて催し行はるるさまぞいみじきや。（徒然草）
訳（十二月には）朝廷の儀式などが多く、新春の（　　）と重複して、催しが行われるありさまは、すばらしいなあ。
② 今日はそのことをなさんと思へど、あらぬ**急ぎ**まづ出で来てまぎれくらし、（徒然草）
訳 今日はそのことをしようと思うが、思いがけない急用がまず出てきて（それに）気をとられて一日過ごし、
③ この御**いそぎ**果てぬれば、三日過ぐして、つひに御髪《みぐし》おろし給ふ。（源氏物語）
訳 この御行事が終わってしまうと、三日過ごして、とうとう出家なさる。

5

現代語では、「急ぐこと」の意ですが、試験では、「用意、準備」の意の方にまず注意です。

答［準備

□ 《実なり・忠実なり》
① 誠実である。まじめである。
② 実用的である。

6

対 150 あだなり
関 まめごと［名］〈実事・忠実事〉
①まじめなこと。
関 まめびと［名］〈実人・忠実人〉

るのは、健康です

問 必修！
① **まめに**思はむと
訳（　　）（自
② 車にて、**まめな**
訳 牛車で、実用的

恋愛では、「まめび
人のことで、「あだ
ふらふらと手紙を書
い評価を受けること

□ 028 **なかなか**ひとかたに思ひ絶ゆばかり漕ぎ離れむも、（松浦宮物語・センター）
① かなり ② まったく ③ 決して ④ 容易には ⑤ かえって

□ 029 （女は）「世の中心憂《こころう》し。なほ男せじ」などいひけるものなむ、**この男をやうやう思ひやつきけむ**、この男の返りごとなどしてやりて、（大和物語・青山学院大）
① 夫への愛情がだんだん冷めてきてしまったためであろうか
② 夫の情愛をようやく理解することができたのであろうか
③ 言い寄ってきた男に、次第に愛情を感じるようになったのだろうか
④ 言い寄ってきた男に、やがて愛想を尽かしてしまったのだろうか
⑤ この男の言うことを聞かないと恐ろしいと、早くも気づいたのだろうか

7

訳 028 ⑤ かえってひたすら思い
漕ぎ離れるようなことも

訳 029 ③（女は）「男女の関係と
ことばかりだ。やはり男
い」と言っていたけれ
きた男に、次第に愛情を
たのだろうか、この男の
を送って、

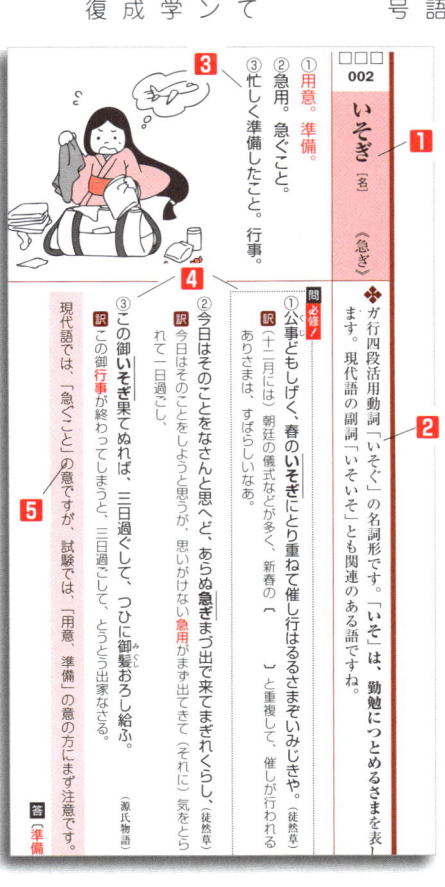

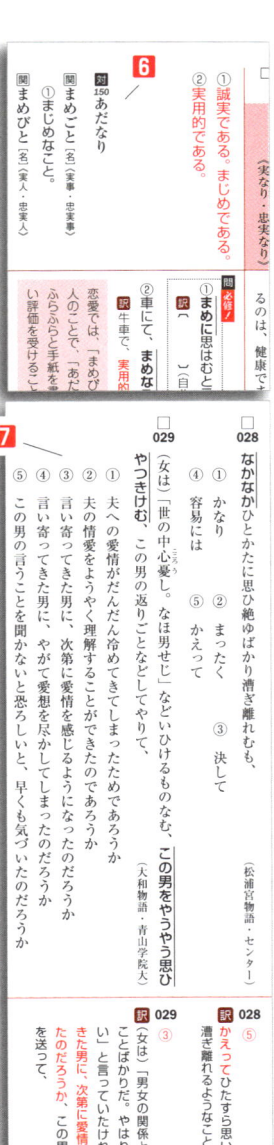

# 索引

## ◆あ


□ 031 あいぎやう［名］愛敬 …… やさしくて温和な魅力 52
□ 129 あいなし［形］…… つまらない・むやみに 144
□ 145 あからさまなり［形動］…… ほんのちょっと 156
□ 270 あからめ［名］傍目 …… わき見 266
□ あきらかなり［形動］明らかなり …… はっきりしている 280
□ 276 あきらむ［動］明らむ …… あきらかにする 280
□ 010 あく［動］飽く …… 満足する 30
□ 072 あくがる［動］憧る …… さまよう・浮かれ出る 87
□ 123 あさまし［形］…… 驚きあきれるほどだ・ひどい 138
□ 184 あさむ［動］…… 驚きあきれる・馬鹿にする 198
□ 210 あし［形］悪し …… 悪い 210
□ 092 あそばす［動］…… 演奏なさる・お詠みになる 110
□ 001 あそび［名］遊び …… 詩歌管弦（の宴） 22
□ あだあだし［形］徒徒し …… 誠実でない・うわついている 333
□ 150 あだなり［形動］徒なり …… 浮気だ・はかない 160
□ あだびと［名］徒人 …… 浮気な人 184
□ 324 あたらし［形］惜し …… 惜しい 320
□ 130 あぢきなし［形］…… つまらない 145
□ 307 あつかふ［動］扱ふ …… 世話をする・（「思ひあつかふ」の形で）心配する・思いわずらう 310
□ 316 あつし［形］篤し …… 病気が重い 316
□ 169 あてなり［形動］貴なり …… 上品だ・優雅だ・身分が高い・高貴である 179
□ 271 あない［名］案内 …… 内情・事情・取り次ぎ（を頼むこと） 267
□ 048 あなかしこ～禁止［副］…… 決して（～してはいけない） 64
□ 152 あながちなり［形動］強ちなり …… 強引だ 161
□ 170 あはれなり［形動］…… しみじみと（心打たれるほど）すばらしい・美しい 180
□ 199 あへず［連語］敢へず …… （「～もあへず」の形で）～やいなや・～しきらないうちに 206
□ 200 あへなし［形］敢へ無し …… 今となってはどうしようもない 206
□ 201 あへなむ［連語］敢へなむ …… さしつかえないだろう 206
□ 087 あまた［副］数多 …… たくさん・数多く 98
□ 131 あやし［形］怪し・奇し・異し …… 不思議だ 146
□ 132 あやし［形］賤し …… みすぼらしい・粗末だ・身分が低い 146
□ 253 あやなし［形］文無し …… 筋が通らない 255
□ 173 あやにくなり［形動］…… 意地悪に感じられる・都合が悪い 182
□ あやめ［名］文目 …… 物事の道理 255
□ 140 あらはなり［形動］露なり・顕なり …… まる見えだ・はっきりしている 153
□ 062 あらまし［名］…… 将来の計画・概略 80
□ あらましごと［名］…… 予想されること・将来の計画 80
□ 154 あらまほし［形］…… 望ましい・理想的である 170

□155 ありがたし［形］有り難し …… めったにない・めったにないほどすぐれている 170
□041 ありく［動］歩く …… 動き回る・〜し続ける・〜してまわる 60
□272 あるじ［名］主・饗 …… 主人としてもてなすこと 268
◆い
□313 いうなり［形動］優なり …… 優美だ・上品だ 314
□228 いかが［副］…… どのように〜か・どうして〜か、いや、〜ない 230
□059 いかで〜願望・意志［副］…… なんとかして（〜したい・〜しよう） 70
□058 いかで〜推量［副］…… どうして（〜だろう） 70
□362 いかにもなる［連語］如何にも成る 死ぬ 350
□ いざたまへ［連語］いざ給へ …… さあ、いらっしゃい 118
□002 いそぎ［名］急ぎ …… 用意・準備 23
□334 いそぐ［動］急ぐ …… 準備する・用意する 324
□124 いたし［形］甚し …… すばらしい・ひどい・たいそう・激しく 139
□151 いたづらなり［形動］徒らなり …… 無駄だ・役に立たない・むなしい 160
□363 いたづらになる［連語］徒らに成る 死ぬ 350
□ いたむ［動］痛む・傷む …… 激しく嘆く 139
□ いたる［動］至る …… 到着する 139
□308 いつく［動］斎く …… 大切に育てる 310
□022 いつしか［副］…… 早く 38
□ いつしかなり［形動］…… あまりにも早い 38
□088 いと［副］…… とても・たいそう・たいして〜（ない） 98
□163 いときなし［形］幼きなし …… 幼い・あどけない 176
□163 いとけなし［形］幼けなし …… 幼い・あどけない 176
□089 いとど［副］…… いっそう・ますます 99
□185 いとふ［動］厭ふ …… いやがる・（「世をいとふ」の形で）出家する 199
□186 いとほし［形］…… かわいそうだ・気の毒だ 199
□163 いはけなし［形］稚けなし …… 幼い・あどけない 176
□254 いぶかし［形］…… 気がかりだ・知りたい 256
□133 いふかひなし［形］言ふ甲斐無し … どうにもならない・取るに足りない・ひどい 147
□ いぶかる［動］…… 気がかりに思う・事情を知りたいと思う 256
□134 いぶせし［形］…… 気がかりだ・不調和だ 148
□333 いふもおろかなり［連語］言ふも疎かなり 言い尽くせない・言うことができない 322
□329 いふもさらなり［連語］言ふも更なり 言うまでもない・もっともだ 322
□329 いへばさらなり［連語］言へば更なり 言うまでもない・もっともだ 322
□188 いまいまし［形］忌忌し …… 不吉だ 200
□093 います［動］…… いらっしゃる 110
□094 いますがり［動］…… いらっしゃる・〜ていらっしゃる 111
□094 いまそがり［動］…… いらっしゃる・〜ていらっしゃる 111
□289 いまめかし［形］今めかし …… 当世風である 290

□ 125 いみじ［形］……すばらしい・ひどい・とても・たいそう 140
□ 187 いむ［動］忌む・斎む……不吉として避ける 200
□ 011 いらふ［動］答ふ……返事をする 30

◆う

□ 107 うけたまはる［動］承る……お受けする・お聞きする 120
□ 202 うし［形］憂し……嫌だ・つらい 207
□ 309 うしろみる［動］後ろ見る……世話をする 310
□ 255 うしろめたし［形］……心配だ・気がかりだ 256
□ 255 うしろめたなし［形］……心配だ・気がかりだ 256
□ 256 うしろやすし［形］……安心だ・頼もしい 257
□ うたて［副］……いやだ・嘆かわしい 258
□ うたてあり［連語］……いやだ・嘆かわしい 258
□ うたてげなり［形動］……いやだ・嘆かわしい 258
□ 257 うたてし［形］……いやだ・嘆かわしい 258
□ うたてなり［形動］……いやだ・嘆かわしい 258
□ 066 うち［名］内裏・内……宮中・天皇 83
□ 146 うちつけなり［形動］……突然だ・軽率だ 157
□ 164 うつくし［形］美し……かわいらしい 176
□ うつし［形］現し……現実に存在する・正気だ 24
□ 003 うつつ［名］現……現実・正気 24
□ うつらうつら［副］……この目にはっきりと・まざまざと 24
□ 012 うつろふ［動］移ろふ……色が変わる・(人の心が)変わっていく 31
□ 067 うへ［名］上……天皇・奥方 84
□ 242 うべ［副］宜・諾……なるほど 240
□ うべなり［形動］……もっともだ 240
□ 320 うるさし［形］……不愉快だ 318
□ 311 うるせし［形］……賢い・気が利く 313
□ 165 うるはし［形］麗し……きちんとしている 177

◆え

□ 047 え〜打消［副］……〜できない 64
□ 314 えんなり［形動］艶なり……優美だ・あでやかだ 314

◆お

□ 177 おいらかなり［形動］……おっとりとしている 185
□ 359 おくる［動］後る・遅る……先立たれる 348
□ 213 おこす［動］遣す……こちらへ送る・よこす 213
□ 317 おこたる［動］怠る……病気が治る 316
□ 339 おこなふ［動］行ふ……勤行する・仏道修行をする 336
□ 290 おとなし［形］大人し……大人びている・大人っぽい・思慮分別がある 290
□ 225 おどろおどろし［形］……大げさである・仰々しい 228
□ おどろかす［動］驚かす……目を覚まさせる・起こす・気づかせる 88

□ 073 おどろく［動］驚く……88 目を覚ます・はっと気づく
□ 090 おのづから［副］……100 たまたま・もしも・万一
□ 095 おはします［動］……112 いらっしゃる・～なさる・お～になる・～ていらっしゃる
□ 095 おはす［動］……112 いらっしゃる・～なさる・お～になる・～ていらっしゃる
□ 050 おほかた～打消［副］……66 まったく（～ない）
□ 295 おほけなし［形］……294 身の程知らずだ
□ 304 おぼし［形］思し・覚し……300 思われる
□ おぼしいづ［動］思し出づ……113 思い出しなさる
□ おぼししる［動］思し知る……113 十分理解なさる
□ おぼしなげく［動］思し嘆く……113 お嘆きになる
□ 096 おぼしめす［動］思し召す……112 お思いになる
□ おぼしやる［動］思し遣る……113 遠方に思いをおはせになる
□ 098 おほす［動］仰す……114 お命じになる・おっしゃる
□ 096 おぼす［動］思す……112 お思いになる
□ 126 おぼつかなし［形］覚束なし……140 ぼんやりしている・気がかりだ・心もとない・待ち遠しい
□ 178 おほどかなり［形動］大どかなり……186 おっとりとしている
□ 097 おほとのごもる［動］大殿籠る……113 おやすみになる
□ 178 おほのかなり［形動］大のかなり……186 おっとりとしている
□ 068 おほやけ［名］公……84 朝廷・天皇
□ おほやけおほやけし［形］公公し……85 格式ばっている
□ おほやけし［形］公し……85 格式ばっている
□ 153 おぼろけなり［形動］……162 並々である・普通だ・並大抵でない
□ 291 おもしろし［形］面白し……291 風流だ
□ 182 おもはずなり［形動］思はずなり……188 意外である・思いがけない
□ およすく［動］……286 成長する・大人びる
□ 142 おろかなり［形動］愚かなり……155 劣っている
□ 143 おろかなり［形動］疎かなり……155 いい加減だ・言い尽くせない
□ おろそかなり［形動］疎かなり……187 いい加減だ

◆か

□ 350 かいまみる［動］垣間見る……341 のぞき見る
□ 245 かかり［動］……250 こう・このように・こうである
□ 074 かきくらす［動］掻き暗す……89 悲しみにくれる
□ 360 かぎり［名］限り……348 限界・限度・臨終
□ 245 かく［副］……250 こう・このように・こうである
□ 004 かげ［名］影・陰・蔭……25 光・姿・庇護
□ 277 かこつ［動］託つ……281 （他の）せいにする・嘆く
□ 156 かしこし［形］畏し……172 おそれ多い
□ 157 かしこし［形］賢し……172 すばらしい・立派だ・うまい具合に
□ 075 かしづく［動］傅く……90 大切に育てる

□ 345 かしらおろす 〔連語〕 頭下ろす …… (髪を剃って) 出家する 338
□ かたくなし 〔形〕 頑なし …… 強情だ・見苦しい 183
□ 174 かたくななり 〔形動〕 頑ななり …… 頑固だ・教養がない 182
□ 258 かたじけなし 〔形〕 …… おそれ多い・もったいない 258
□ 032 かたち 〔名〕 形・容・貌 …… 顔立ち・容貌 53
□ かたちあり 〔連語〕 形有り …… 美貌だ 53
□ かたちかふ 〔連語〕 形変ふ …… 出家する 339
□ かたちことなり 〔連語〕 形異なり …… 出家する 339
□ かたちびと 〔名〕 形人 …… 美人 53
□ かたちやつす 〔連語〕 形やつす …… 出家する 339
□ 259 かたはらいたし 〔形〕 傍ら痛し …… みっともない・見苦しい・恥ずかしい・きまりが悪い 259
□ 023 かたみに 〔副〕 …… 互いに 38
□ 351 かたらふ 〔動〕 語らふ …… 親しく語り合う・結婚する 342

□ 278 かづく 〔動〕 …… 282
【潜く】 〔四段〕 水中に潜る
〔下二段〕 水中に潜らせる
【被く】 〔四段〕 褒美としていただく
〔下二段〕 褒美として与える
□ 312 かどかどし 〔形〕 才才し …… 才気がある・気が利く 313
□ 166 かなし 〔形〕 愛し …… かわいい・いとおしい 178
□ 167 かなし 〔形〕 悲し …… 心が痛む 178
□ 024 かねて 〔副〕 …… 前もって 39
□ 249 かばかり 〔副〕 …… これほど・この程度 252
□ かひなし 〔形〕 甲斐無し …… 効き目がなく無駄である 160
□ 061 かまへて〜禁止 〔副〕 …… 決して(〜してはいけない) 71
□ 061 かまへて〜命令 〔副〕 …… 必ず(〜せよ) 71
□ 260 からし 〔形〕 辛し …… つらい 260
□ 148 かりそめなり 〔形動〕 …… はかない・いい加減である 158
□ 352 かれがれなり 〔形動〕 離れ離れなり …… 疎遠である 342

◆き
□ 108 きこえさす 〔動〕 聞こえさす …… 申し上げる・(お)〜申し上げる・お〜する 120
□ 100 きこしめす 〔動〕 聞こし召す …… お聞きになる・召し上がる 115
□ 108 きこゆ 〔動〕 聞こゆ …… 申し上げる・(お)〜申し上げる・お〜する・評判である 120
□ 353 きぬぎぬ 〔名〕 後朝 …… 共寝の後の朝 343
□ 069 きは 〔名〕 際 …… 身分 85
□ きよげなり 〔形動〕 清げなり …… 美しい 180
□ 171 きよらなり 〔形動〕 清らなり …… 美しい 180

◆く
□ 279 くす 〔動〕 屈す …… ふさぎ込む・気がめいる 283
□ 013 ぐす 〔動〕 具す …… 付き従う・連れる 32
□ 325 くちをし 〔形〕 口惜し …… 残念だ・期待はずれだ 320
□ 279 くつす 〔動〕 屈す …… ふさぎ込む・気がめいる 283

□ 326 くやし [形] 悔し …… 残念だ・後悔しないではいられない 320
□ 042 くらす [動] 暮らす …… 月日を過ごす・一日中〜をし続ける 60
□ 279 くんず [動] 屈す …… ふさぎ込む・気がめいる 283

◆け

□ 111 けいす [動] 啓す …… (中宮・東宮に)申し上げる 123
□ 226 けうとし [形] 気疎し …… 親しみにくい 229
□ 135 けし [形] 異し・怪し …… 異様だ・怪しい 148
□ 212 けしうはあらず [連語] …… 悪くはない・まあまあだ 212
□ 211 けしからず [連語] …… 普通ではない・異様だ 212
□ 063 けしき [名] 気色 …… 様子・機嫌 81
□ けだかし [形] 気高し …… 品位・風格がある 179
□ 230 げに [副] 実に …… 本当に・なるほど 232
□ けはひ [名] …… 雰囲気 81

◆こ

□ 318 こうず [動] 困ず …… 疲れる 316
□ 348 こけのころも [連語] 苔の衣 …… 僧や世捨て人が着る粗末な衣服 340
□ 319 ここち [名] 心地 …… 気分の悪いこと・病気 316
□ 231 ここら [副] …… たくさん 232
□ 261 こころぐるし [形] 心苦し …… 気の毒だ 260
□ 005 こころざし [名] 志 …… 愛情・謝礼 26
□ 136 こころづきなし [形] 心付き無し …… 気に入らない・心ひかれない 149
□ 158 こころにくし [形] 心憎し …… 奥ゆかしい 172
□ 127 こころもとなし [形] 心許なし …… 待ち遠しい・じれったい・心配だ 142
□ 262 こころやすし [形] 心安し …… 安心だ 261
□ 076 こころゆく [動] 心行く …… 心が晴れ晴れする 90
□ こざかし [形] 小賢し …… 利口ぶっている 293
□ 219 こちごちし [形] 骨骨し …… 無風流だ 224
□ 296 こちたし [形] …… 仰々しい・煩雑だ・(数量が)多い 295
□ 220 こちなし [形] 骨なし …… 無風流だ・無作法である 225
□ ことごとし [形] …… 大げさである・仰々しい 229
□ 006 ことわり [名] 理 …… 道理・理由 26
□ 332 ことわりなり [形動] 理なり …… もっともだ 322
□ ことわる [動] …… 判断する・道理を明らかにする 27
□ 172 こまやかなり [形動] 細やかなり・濃やかなり …… 心がこもっている 181
□ 101 ごらんず [動] 御覧ず …… ご覧になる 116

◆さ

□ 246 さ [副] …… そう・そのように・そうである 250
□ 263 さうざうし [形] 寂寂し …… もの足りない・もの寂しい 261
□ 159 さうなし [形] 双無し …… 比べるものがない・並ぶものがない 173
□ 160 さうなし [形] 左右無し …… ためらわない 173

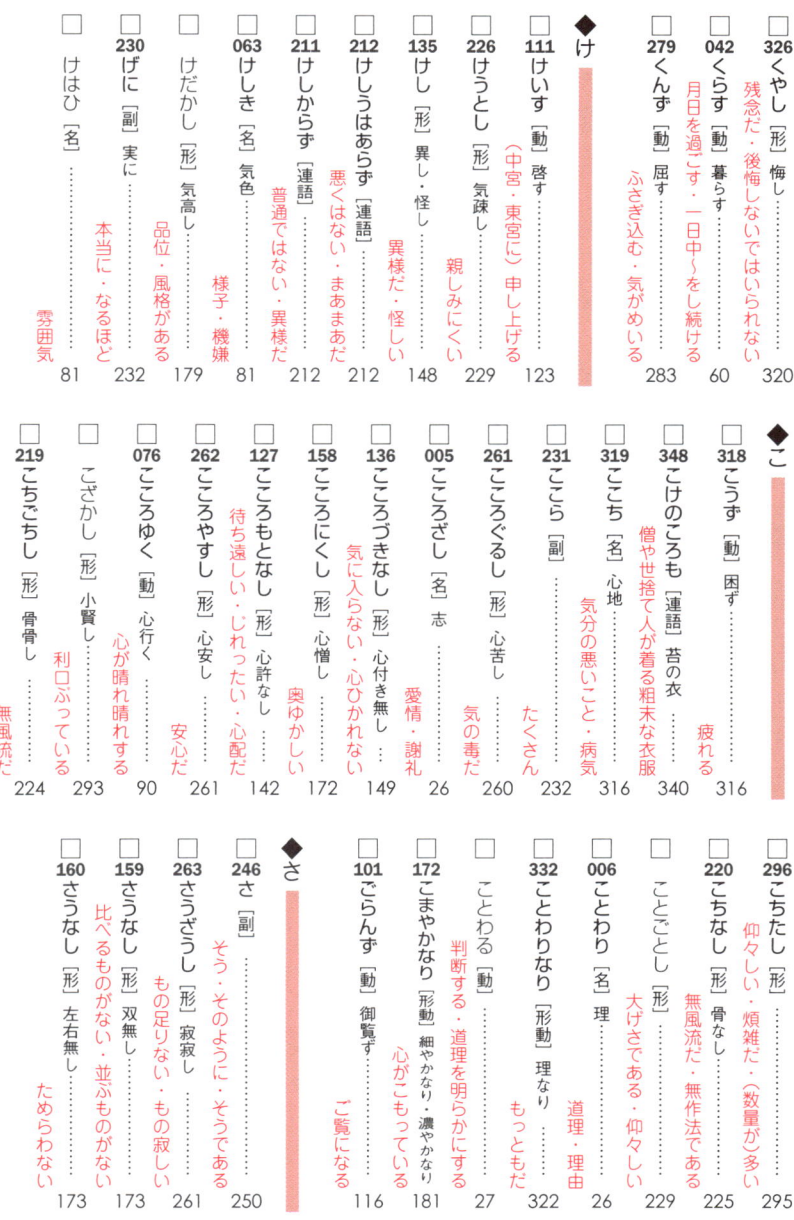

□ 007 ざえ［名］才……学問・漢学の才能 27
□ 293 さかし［形］賢し……賢明だ・賢い・利口ぶっている・出すぎている 293
□ さかしら［名］賢しら……利口ぶること 293
□ 297 さがなし［形］……意地が悪い・いたずらで手に負えない 296
□ さきだつ［動］先立つ……先に死ぬ 348
□ 043 さす［動］射す・指す・差す・注す……光が照る・そそぐ・～しかける 61
□ 025 さすが［副］……そうはいってもやはり 40
□ さすがなり［形動］……やはり、そのままにしていられない 40
□ 025 さすがに［副］……そうはいってもやはり 40
□ 057 さだめて～推量［副］……きっと（～だろう） 69
□ 232 さて［副］然て……そのままで 233
□ 033 さと［名］里……実家 54
□ 233 さながら［副］……そのまま・すべて 234
□ 250 さばかり［副］……それほど・その程度 253
□ 122 さぶらふ［動］候ふ……あります・おります・ございます・～ます・おそばにお仕え申し上げる・お控え申し上げる 130
□ 342 さまをかふ［連語］様を変ふ……僧・尼になる・出家する 338
□ 330 さらなり［形動］更なり……言うまでもない・もっともだ 322
□ 051 さらに～打消［副］……まったく（～ない） 66
□ 331 さらにもいはず［連語］更にも言はず……言うまでもない・もっともだ 322
□ 361 さらぬわかれ［連語］避らぬ別れ……死別 350
□ 246 さり［動］……そう・そのように・そうである 250
□ 251 さるべき［連語］……そうなるはずの・ふさわしい・適当な 254
□ 252 さるべきにや［連語］……そうなるはずの前世からの宿縁であろうか 254

◆し

□ 247 しか［副］・しかり［動］……そう・そのように・そうである 251
□ 077 したたむ［動］認む……処理する・整理する 91
□ しどけなし［形］……乱れている・無造作だ 177
□ 070 しな［名］階・品・級……階級 86
□ 014 しのぶ［動］忍ぶ……耐えしのぶ・人目を避ける 33
□ 015 しのぶ［動］偲ぶ……懐かしむ 33
□ 280 しほたる［動］潮垂る……涙で袖が濡れる・泣く 284
□ 008 しるし［名］標・印・験・証・徴……効験・証拠 28
□ しれがまし［形］痴れがまし……ばかげている 300
□ 102 しろしめす［動］知ろし召す……ご存じである・統治なさる 116

◆す

□ 281 すかす［動］賺す……なだめる 284
□ 264 すきずきし［形］好き好きし……好色めいている・色好みだ・風流だ 262
□ 294 すごし［形］……もの寂しい・殺風景だ 294
□ 137 すさまじ［形］……興ざめだ・不調和だ・もの寂しい 150
□ 183 すずろなり［形動］漫ろなり……あてもなく・わけもなく 189
□ 183 すぞろなり［形動］漫ろなり……あてもなく・わけもなく 189

□ 298 ずちなし［形］術無し……どうしようもない 296

□ 078 すまふ［動］争ふ・辞ふ……抵抗する・辞退する 92

□ 349 すみぞめ(のころも)［名(連語)］墨染め(の衣)……僧衣・喪服・喪服の色 340

□ 354 すむ［動］住む……(夫として)通う 344

□ 273 すゑ［名］末……(和歌の)下の句・子孫 269

◆せ

□ せちなり［形動］切なり……痛切である 101

□ 091 せちに［副］切に……ひたすら・熱心に 100

□ 234 せめて［副］……無理に・強いて 234

◆そ

□ 110 そうす［動］奏す……(天皇・上皇に)申し上げる 123

□ 231 そこら［副］……たくさん 232

□ 183 そぞろなり［形動］漫ろなり……あてもなく・わけもなく 189

□ 282 そばむ［動］側む……横をむく 285

□ 274 そらごと［名］虚言・空言……嘘・偽り 270

◆た

□ 299 たいだいし［形］……不都合だ・もってのほかだ・面倒だ 297

□ たうぶ［動］賜ぶ・給ぶ……お与えになる・～なさる 118

□ 052 たえて～打消［副］……まったく(～ない) 67

□ 071 ただうど［名］直人・徒人……臣下の身分 86

□ 355 ただならず［連語］徒ならず……妊娠している 344

□ ただなり［形動］直なり・徒なり……まっすぐだ・普通だ 87

□ 071 ただびと［名］直人・徒人……臣下の身分 86

□ 065 たづき［名］方便……手段・方法 82

□ 112 たてまつる［動］奉る……差し上げる・(お)～申し上げる・お～する・召し上がる・お召しになる・お乗りになる 124

□ 265 たのし［形］……裕福だ 262

□ 079 たのむ［動］頼む［四段］あてにする・信頼する［下二段］あてにさせる 92

□ 310 たのもし［形］頼もし……裕福だ 312

□ たぶ［動］賜ぶ・給ぶ……お与えになる・～なさる 118

□ 149 たまさかなり［形動］……まれだ 159

□ 275 たまのを［名］玉の緒……命 271

□ 103 たまはす［動］賜はす……お与えになる・くださる 117

□ 113 たまはる［動］賜はる・給はる……いただく 124

□ 104 たまふ［動］［四段］賜ふ・給ふ……お与えになる・くださる・～なさる・お～になる・～ていらっしゃる 118

□ 120 たまふ［動］［下二段］賜ふ・給ふ……(私は)～ております・(私は)～ます 129

□ 038 ためし［名］例……例・先例 57

□ 034 たより［名］頼り・便り……つて・手段・ついで 54

◆ち

□ 356 ちぎり［名］契り……前世からの約束・縁・逢瀬 345

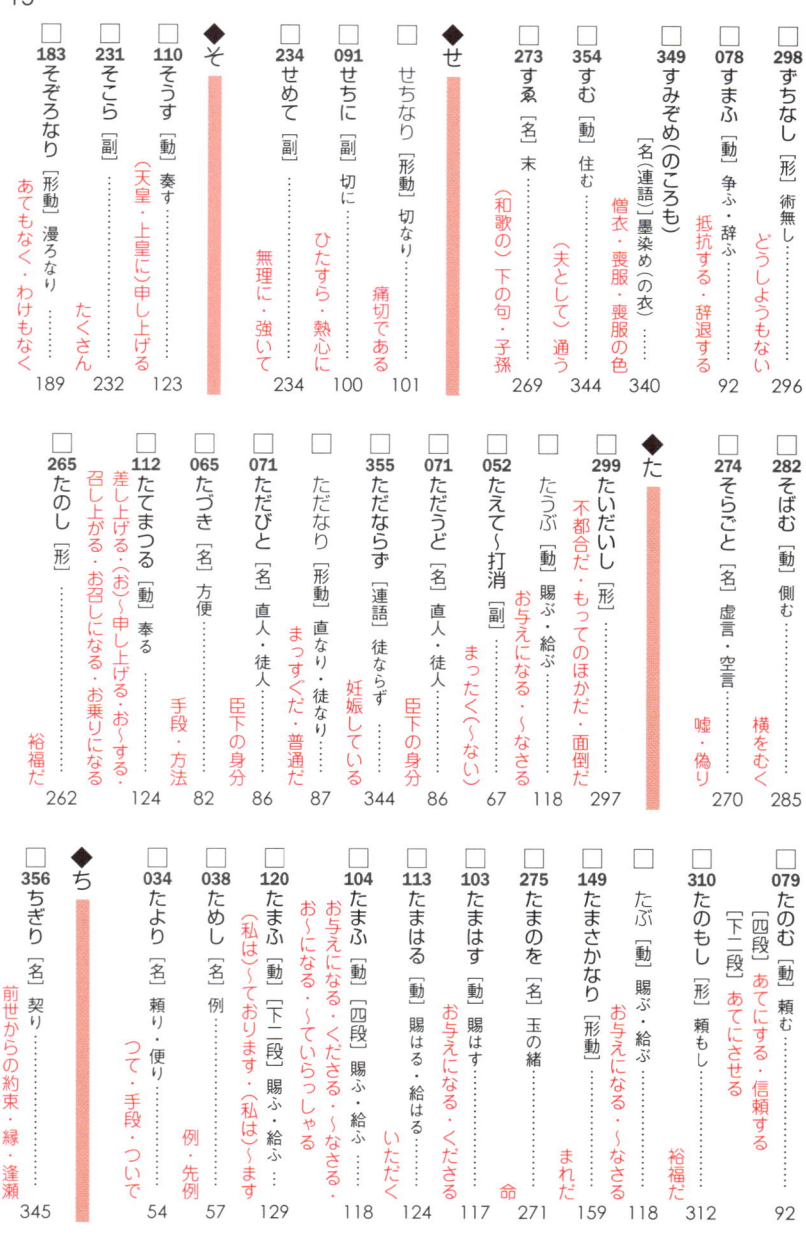

◆つ

□035 ついで［名］…… 55
機会・折・順序

□114 つかうまつる［動］仕うまつる …… 125
お仕え申し上げる・(お)～申し上げる・お～する

□105 つかはす［動］遣はす …… 118
お与えになる・お贈りになる

□215 つきづきし［形］…… 222
似つかわしい・ふさわしい

□300 つきなし［形］付き無し …… 298
ふさわしくない・不似合いだ

□235 つくづく(と)［副］…… 235
しみじみと・することがなくて

□190 つつまし［形］慎まし …… 201
遠慮される・恥ずかしい

□189 つつむ［動］慎む …… 201
はばかる・遠慮する

□064 つとめて［名］…… 82
早朝・翌朝

□053 つゆ～打消［副］…… 67
まったく(～ない)

□203 つらし［形］辛し …… 207
薄情だ・冷淡だ

□141 つれづれなり［形動］徒然なり …… 154
何もすることがなく、退屈だ・所在ない

□266 つれなし［形］…… 263
さりげない・冷淡だ・薄情だ

◆て

□036 て［名］手 …… 56
字・筆跡・曲

□236 てづから［副］…… 236
自分の手で

◆と

□248 とかく［副］…… 252
あれこれと・ややもすれば

□ ときめかす［動］時めかす …… 34
天皇が愛する

□016 ときめく［動］時めく …… 34
寵愛を受ける

□026 とく［副］疾く …… 40
早く

□ ところせがる［動］所狭がる …… 299
窮屈に思う

□301 ところせきなし［形］所狭きなし …… 298
窮屈だ・気詰まりだ

□301 ところせし［形］所狭し …… 298
窮屈だ・気詰まりだ

□147 とみなり［形動］…… 158
急ぎである

□ とみに～打消［副］…… 158
すぐには～(ない)

◆な

□049 な～そ［副］…… 65
～してはいけない

□028 なかなか［副］…… 42
かえって

□ なかなかなり［形動］…… 42
どっちつかずである・かえって～しないほうがよい

□080 ながむ［動］眺む …… 93
もの思いにふける

□081 ながむ［動］詠む …… 93
和歌を詠む

□328 なさけなし［形］情け無し …… 321
薄情だ・冷淡だ

□192 なつかし［形］懐かし …… 202
親しみやすい・心ひかれる

□191 なつく［動］懐く …… 202
慣れ親しむ

□229 なでふ・など・などか・などて［副］…… 231
どうして～か・どうして～か、いや、～ない

□144 なのめなり［形動］…… 156
いい加減だ・不十分だ・平凡である

□237 なべて［副］並べて …… 236
総じて・一般に・普通の

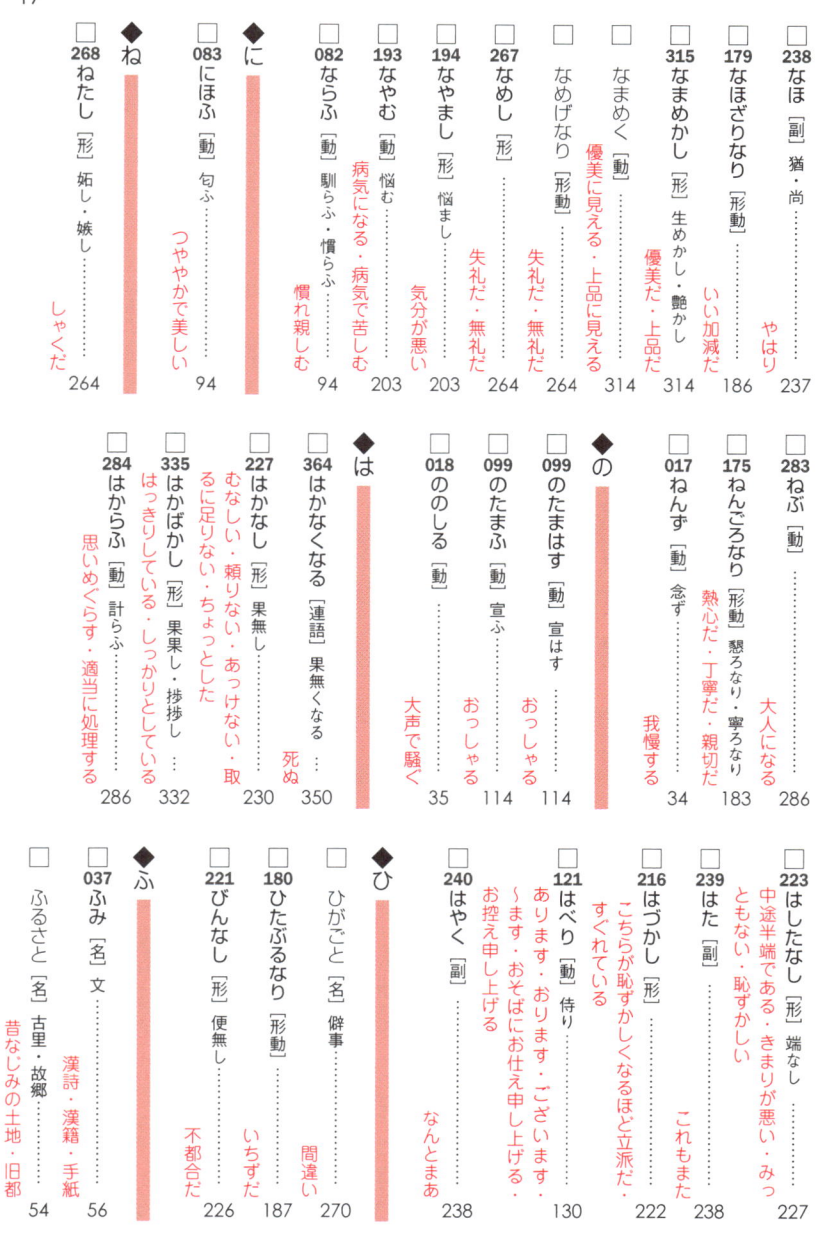

◆ほ

□ 340 ほい 〔名〕本意……336
本来の目的・かねてからの望み・出家の願い

□ 327 ほいなし 〔形〕本意無し……320
残念だ・不本意だ

□ 341 ほだし 〔名〕絆……337
出家の妨げになるもの

□ 009 ほど 〔名〕程……29
時・時間・身分

◆ま

□ 084 まうく 〔動〕設く・儲く……95
準備する・用意する

□ まうけのきみ 〔名〕まうけの君……95
皇太子

□ 109 まうす 〔動〕申す……122
申し上げる・(お)～申し上げる・お～する

□ 119 まうづ 〔動〕参づ・詣づ……129
参上する

□ 117 まかづ 〔動〕罷づ……127
退出する

□ 116 まかる 〔動〕罷る……126
退出する・(「まかり＋動詞」の形で)～ます・参ります

□ 222 まさなし 〔形〕正無し……226
よくない

□ 241 まだき 〔副〕……239
早くも・もう

□ 305 まだし 〔形〕未だし……301
まだその時期になっていない

□ 044 まどふ 〔動〕惑ふ……62
心が乱れる・ひどく～(する)

□ 285 まねぶ 〔動〕学ぶ……287
まねをする・修得する

□ 217 まばゆし 〔形〕……223
恥ずかしい

□ 019 まぼる 〔動〕守る・護る……36
見守る

□ まめごと 〔名〕実事・忠実事……184
まじめなこと

□ 176 まめなり 〔形動〕実なり・忠実なり……184
誠実である・まじめである・実用的である

□ まめびと 〔名〕実人・忠実人……184
まじめな人

□ 336 まめまめし 〔形〕忠実忠実し・実実し……333
まじめである・誠実である・実用的である

□ 019 まもる 〔動〕守る・護る……36
見守る

□ 115 まゐらす 〔動〕参らす……126
差し上げる・(お)～申し上げる・お～する

□ 118 まゐる 〔動〕参る……128
参上する・(貴人に何かを)し申し上げる・して差し上げる・召し上がる・なさる

◆み

□ 344 みぐしおろす 〔連語〕御髪下ろす……338
(貴人が髪を剃って)出家する

□ みだりがはし 〔形〕乱りがはし……299
乱雑だ・不作法だ

□ 357 みる 〔動〕見る……346
妻とする・男女が結ばれる

◆む

□ 321 むくつけし 〔形〕……318
気味が悪い

□ 181 むげなり 〔形動〕無下なり……188
まったくひどい・最悪だ・むやみに・ひどく

□ 196 むつかし 〔形〕難し……204
不快である・うっとうしい

□ 195 むつかる 〔動〕憤る……204
不快に思う

□ 365 むなしくなる 〔連語〕空しく成る……350
死ぬ

□ 242 むべ 〔副〕宜・諾……240
なるほど

□ むべなり 〔形動〕……240
もっともだ

◆め

□ 224 めざまし 〔形〕……228
気にくわない

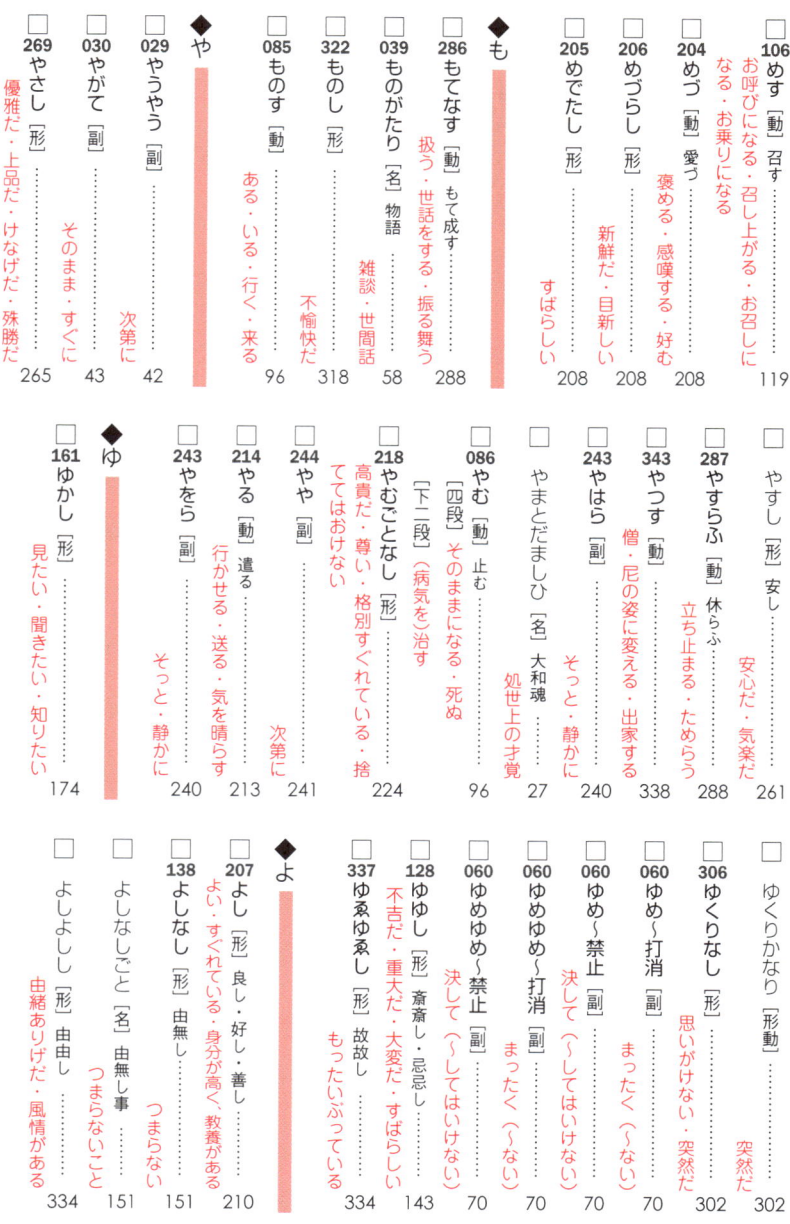

□ 288 よそふ ［動］ 寄そふ・比ふ …… 比べる・なぞらえる・かこつける 289
□ 054 よに〜打消 ［副］ …… 決して(〜ない) 68
□ 358 よばふ ［動］ 呼ばふ …… 求婚する・言い寄る 346
□ 055 よも〜じ ［副］ …… まさか(〜ないだろう) 68
□ 208 よろし ［形］ 宜し …… 悪くはない・まずまずだ・普通だ 210
□ よをいとふ ［連語］ 世をいとふ …… 出家する 339
□ よをかる ［連語］ 世をかる …… 出家する 339
□ 346 よをすつ ［連語］ 世を捨つ …… 出家する・俗世間を逃れる 338
□ 347 よをそむく ［連語］ 世を背く …… 俗世間を捨てる・出家する 338
□ よをのがる ［連語］ 世をのがる …… 出家する 339

◆ら

□ 302 らうがはし ［形］ 乱がはし …… 騒々しい 299
□ らうたがる ［動］ 労たがる …… かわいがる 179
□ らうたげなり ［形動］ 労たげなり …… いかにもかわいらしい様子だ 179
□ 168 らうたし ［形］ 労たし …… かわいい・愛らしい 178
□ 292 らうらうじ ［形］ 労労じ …… 気が利いている・洗練されている 292

◆れ

□ 040 れい ［名］ 例 …… 先例・いつもの・いつものように 58

◆わ

□ 027 わざと ［副］ 態と …… わざわざ 41
□ 045 わたる ［動］ 渡る …… 移動する・〜し続ける 62
□ 323 わづらはし ［形］ 煩はし …… 面倒だ 318
□ 046 わづらふ ［動］ 煩ふ …… 手間をかける・悩む・病気で苦しむ・〜するのに苦労する 63
□ 198 わびし ［形］ 侘びし …… つらい・興ざめだ 204
□ 197 わぶ ［動］ 侘ぶ …… 嘆く・困る 204
□ 139 わりなし ［形］ 理無し …… 無理だ・理不尽だ・ひどく 152
□ われかのけしき ［連語］ 我かの気色 …… 正気を失っている状態・茫然自失 24
□ 209 わろし ［形］ 悪し …… よくない 210

◆ゐ

□ 020 ゐる ［動］ 居る …… 座る 36
□ 021 ゐる ［動］ 率る …… 引き連れる 36

◆を

□ 162 をかし ［形］ …… 美しい・かわいらしい・上品だ・心ひかれる・優雅だ 175
□ をこ ［名］ …… 愚かなこと 300
□ をこなり ［形動］ …… 愚かである 300
□ 303 をこがまし ［形］ 痴がまし …… ばかげている・みっともない 300
□ 056 をさをさ〜打消 ［副］ …… ほとんど（〜ない） 69
□ 338 をさをさし ［形］ 長長し …… 大人びている・しっかりと落ち着いている 334

# 第1章 萌芽の季節

~卯月《うづき》・皐月《さつき》・水無月《みなづき》~

はじめに、古典を読むために、必ず覚えておきたい語句の学習からはじめます。

この章にあげた名詞・動詞・副詞は、現在でも日常的に使用している語句もありますが、古典において独特な意味でも用いられる、古典を読むための重要基本語です。これらの語句について、あなたはどのくらい認識できているでしょうか。

過去への旅をするためのあなたの実力は、ここから芽吹きます。

## 卯月《うづき》 ~4月~ まずは身近な単語の獲得から30語

## 皐月《さつき》 ~5月~ 意味に注意したい語彙を増やす31語

## 水無月《みなづき》 ~6月~ 状況を把握するために必要な基本語句30語



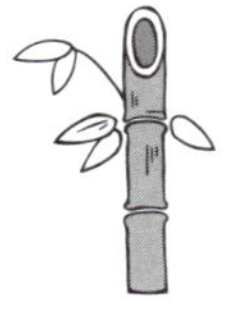

# 卯月（うづき）～4月～

## ――まずは身近な単語の獲得から30語――

### ◆要注意の《名詞》

□□□
001

**あそび**［名］《遊び》

①詩《しい》歌《か》管《かん》弦《げん》（の宴）。

❖本来の意味は、「**心楽しく時を過ごすこと**」で、上代（奈良時代）には神事としての芸能や狩りのことを「遊び」と言っていました。

問 必修！
①月のおもしろきに、夜更くるまで**あそび**をぞし給ふなる。（源氏物語）
訳 月が風流なので、夜が更けるまで〔　　　　〕を催しなさるようだ。

「遊び」というと様々な遊びを思い浮かべますが、試験で出題されるのは、中古（平安時代）に主に用いられた、管弦・詩歌・舞などで楽しむことを指している場合が多いです。

答〔詩歌管弦の宴〕

□□□
002

## いそぎ［名］《急ぎ》

① 用意。準備。
② 急用。急ぐこと。
③ 忙しく準備したこと。行事。

関 334 いそぐ

❖ガ行四段活用動詞「いそぐ」の名詞形です。「いそ」は、**勤勉につとめるさま**を表します。現代語の副詞「いそいそ」とも関連のある語ですね。

問 必修！

① 公事《くじ》どもしげく、春の**いそぎ**にとり重ねて催し行はるるさまぞいみじきや。（徒然草）

訳（十二月には）朝廷の儀式などが多く、新春の〔　　　〕と重複して、催しが行われるありさまは、すばらしいなあ。

② 今日はそのことをなさんと思へど、あらぬ**急ぎ**まづ出で来てまぎれくらし、（徒然草）

訳 今日はそのことをしようと思うが、思いがけない急用がまず出てきて（それに）気をとられて一日過ごし、

③ この御**いそぎ**果てぬれば、三日過ぐして、つひに御髪《みぐし》おろし給ふ。（源氏物語）

訳 この御行事が終わってしまうと、三日過ごして、とうとう出家なさる。

現代語では、「急ぐこと」の意ですが、試験では、「用意、準備」の意の方にまず注意です。

答〔準備〕

□□□ 003

## うつつ ［名］《現》

①生きている状態。
②現実。目が覚めている状態。
③正気。気の確かな状態。

関 うつし ［形・シク活用］《現し》
①現実に存在する。正気だ。

関 うつらうつら ［副］
①この目にはっきりと。まざまざと。

対 われかのけしき ［連語］《我かの気色》
①正気を失っている状態。茫《ぼう》然《ぜん》自《じ》失《しつ》。

❖「うつつ」は、「夢」と対比して用いられ、**夢や虚構に対する現実・正気を意味**します。同根の単語に「うつし」（形容詞）、「うつらうつら」（副詞）などがあります。

①**うつつの我が身ながら、さるうとましきことを言ひつけらるる宿世《すくせ》。**（源氏物語）
訳 生きているこの我が身のまま、そのように（自分が物の怪《け》になるなどという）忌まわしいことを言い立てられる宿縁。

問 必修！
②**うつつにはまだ知らぬを、夢の心地ぞする。**（枕草子）
訳 〔　　〕では（このような世界を）まだ知らないので、夢を見ているような気がする。

③**うつつにも似ず、たけく厳《いか》きひたぶる心出できて、**（源氏物語）
訳 正気の時とは異なり、猛々《たけだけ》しく荒々しい一途《いちず》な（恨みの）心が出てきて、

「我《われ》かの気色《けしき》」という言葉があります。「我か」は自分か他人かの区別がつかない様子で、ここから「われか（あれか）のけしき」は、正気を失っている状態を表します。「うつつ」の対義語なので、覚えておきましょう。

答〔現実〕

□□□ 004

## かげ ［名］《影・陰・蔭》

①影。(光の反対側にできる暗い像)
②**光**。(日・月・星・灯火などの光)
③**姿**。(光によって見えるものの形)
④**庇護《ひご》**。 恩恵。

❖「かがやく」の「かが」や、「かがみ（鏡）」の「かが」、「かぐや姫」の「かぐ」などと同源で、**本来「日」「光」に関わる語**です。

①**みかど清涼殿にして玄象《げんじやう》をぞあそばされける時に、かげのごとくなる者御前に参じて、**（平家物語）

訳（村上）天皇が清涼殿で玄象（という琵琶）を演奏なさった時に、影のような者が（天皇の）御前に参上して、

問 必修！
②**七日の月のかげをかしく霞《かす》みたるを見給ひつつ、**（源氏物語）

訳 七日の月の〔　　　　〕が美しく霞んでいるのをご覧になりながら、

③**暁近き月くまなくさし出でて、ふと人のかげ見えければ、**（源氏物語）

訳 夜明け前近くの月が翳《かげ》りなく出て、さっと人の姿が見えたので、

④**主君のかげを頼むほどの人は、**（方丈記）

訳 主君の庇護を頼みにするくらいの人は、

現代の「おかげさまで」という表現の「かげ」は、「神仏の加護」や「庇護」の意味で用いられています。

答〔光〕

□□□ 005

## こころざし ［名］ 《志》

① 愛情。

② 謝礼。贈り物。

❖心を指す、つまり、**心を何かに指し向ける**ことからできた「こころざす」という動詞が名詞化したものです。

問 必修！

① **世のかしこき人なりとも、深き心ざしを知らでは、あひがたしとなむ思ふ。**（竹取物語）

訳 この世のどんな身分の高い人であったとしても、深い〔　　〕を確かめないでは、結婚することは難しいと思う。

② **いとはつらく見ゆれど、志はせむとす。**（土佐日記）

訳 たいそう薄情だと思われるが、謝礼はしようと思う。

「愛」と「贈り物」だなんて、「こころざし」は欲しいものばかりですね。

答 〔愛情〕

□□□ 006

## ことわり ［名］ 《理》

① 道理。筋道。理屈。

② 理由。わけ。

❖物事の「わり」、つまり常の**条理を表す**言葉です。「ことわりなり」（形容動詞）や「ことわる」（動詞）は関連語です。

問 必修！

① **我を知らずして、外《ほか》を知るということわりあるべからず。**（徒然草）

訳 自分を知らないで、他人を知るという〔　　〕があるはずはない。

② **そのことわりをあらはにえ承りたまはねば、**（源氏物語）

訳 その理由をはっきりと承ることがおできにならないので、

関 332 **ことわりなり**

関 **ことわる** ［動・ラ四］

①判断する。

②道理を明らかにする。

現代語の「断る」と同じ、「事情を説明して辞退する」の意で用いられることもありますが、試験では、まず、「道理」や「理由」といった「理」の字を使った意味を思い浮かべましょう。

答〔道理〕

□□□ 007

## ざえ ［名］ 《才》

①**学問。漢学の才能。**

②芸能。技能。

関 **やまとだましひ** ［名］《大和魂》

①処世上の才覚。

❖平安時代、成人男子に期待された能力は、漢学の教養・漢詩の知識・和歌を詠むこと・楽器演奏といったものでした。特に、公式文書は漢文であり、精神生活上の規範は漢学であったため、**漢学の教養は重要**でした。

問 必修！

①右大臣は、**才**よにすぐれ、めでたくおはしまし、御心おきても殊の外にかしこくおはします。 （大鏡）

訳 右大臣（＝菅原道真）は、〔　　〕が非常にすぐれ、立派でいらっしゃって、お心がけも特別に思慮深くていらっしゃる。

②年老いたる人の、一事すぐれたる**才**のありて、 （徒然草）

訳 年をとっている人が、一つの事にすぐれた**技能**があって、

「才《ざえ》」は、努力して身につけた漢学の教養を指すのに対して、「やまとだましひ」は、日本人が生まれつき持っている才能や政治的・実務的な能力などの、処世上の才覚について用いられました。「やまとだましひ」も試験によく出ますので覚えておきましょう。

答〔漢学の才能〕

□□□

008

# しるし［名］《標・印・験・証・徴》

①目印。

②効験。霊験。

③証拠。

④前兆。

❖五種の漢字で表されますが、**動詞「記《しる》す」の名詞形**です。

①**いたく荒れて、松ばかりぞしるしなりける。**（源氏物語）

訳（難波の大江殿は）たいそう荒れ果てて、松だけが目印であったよ。

問 必修！

②**よろづにまじなひ・加持などまゐらせ給へど、しるしなくて、**（源氏物語）

訳（光源氏は）あれこれとまじないや加持祈祷《かじきとう》などをして差し上げさせなさるが、〔　　〕はなくて、

③**なき人のすみか尋ね出でたりけむしるしの釵《かむざし》ならましかばと思ほす。**（源氏物語）

訳 亡くなった人（＝楊貴妃）の魂のありかを尋ね出したとかいう証拠の釵であったらよかったのにとお思いになる。

④**かの鬼の虚言《そらごと》は、このしるしを示すなりけり。**（徒然草）

訳 あの鬼についての嘘《うそ》の話は、この（人々が病気になるという）前兆を示すものであるのだなあ。

受験生として一番注意したいのは、②の「効験、霊験」です。「効験、霊験」とは、加持祈祷した結果、現れる効果のことです。加持祈祷は物の怪《け》を退散させて病気を治すために行われました。

答〔効験〕

□□□ 009

## ほど ［名］ 《程》

①時。時間。
②あたり。距離。長さ。
③程度。様子。
④年齢。
⑤身分。

❖**広く程度を表す語です。**何の程度を表すかによって細かく意味が分かれます。

①**月のほどになりぬれば、**（竹取物語）

訳 月の（出る）時間になってしまうと、

②**ほども少し離れたるに、**（源氏物語）

訳 （明石の君の屋敷は）距離も（光源氏の屋敷から）少し離れているので、

③**琴そそのかされて、ほのかにかき鳴らし給ふほど、けしうはあらず。**（源氏物語）

訳 （姫君が）琴をすすめられて、かすかにかき鳴らしなさる様子は、悪くない。

④**十一になり給へど、ほどより大きに、**（源氏物語）

訳 十一歳におなりになるが、年齢よりも大きくて、

問 必修！

⑤**かるらかならぬ人の御ほどを、心苦しとぞおぼしける。**（源氏物語）

訳 軽く考えられない人の〔　　〕を、（光源氏は）気の毒だとお思いになった。

一番多く使われるのは、「時」の意の「ほど」ですが、忘れると怖いのは「身分」の意です。『堤中納言物語』の「ほどほどの懸想」（それぞれの身分の恋）は、様々な身分の者たち同士の恋愛を描いています。

答〔ご身分〕

## ◆頻出の《動詞》

□□□
010

### あく ［動・カ四］《飽く》

①満足する。十分になる。
②［補助動詞］十分に～する。

対325 くちをし

❖「飽和」という言葉から連想できるように、「飽く」は**十分に満ち足りる**という意味で用いられます。平安時代以降は、打消の助動詞の付いた、「飽かず」の形で用いられることも多いです。

問 必修！
① 幼き心地には、ましてこの宿りを立たむことさへ**飽かず**おぼゆ。（更級日記）
訳 幼い（私の）気持ちとしては、（大人たちよりも）ましてこの宿泊所を出発するようなことまでも〔　　〕と思われる。

② 上中下《かみなかしも》、酔《ゑ》ひ**あき**て、（土佐日記）
訳 身分の高い者も、中ぐらいの者も、低い者も、（みんな）十分に酔って、

「飽かず」は、「満足しない」「物足りない」「名残惜しい」などの意味を表します。

答〔満足しない〕

□□□
011

### いらふ ［動・ハ下二］《答ふ》

①返事をする。

❖「こたふ」が単純明快な回答であるのに対して、**適当に取り繕ったり、いい加減な返事であることが多い**のが「いらふ」です。

問 必修！
① 「何の名ぞ、落窪は」と言へば、女いみじく恥づかしくて「いさ」と**いらふ**。（落窪物語）
訳 「何の名前だ、落窪とは」と言うので、女はとても恥ずかしくて「さあ」と〔　　〕。

「いらいらする」の「いら」は「とげ（棘）」の意味で、この「いらふ」とは関係がありません。間違えないようにしましょう。

答〔返事をする〕

□□□
012

## うつろふ

［動・ハ四］
《移ろふ》

①色が変わる。色褪《あ》せる。
②（人の心が）変わっていく。
③移動する。

❖「移る」に継続の意味の接尾語「ふ」が付いてできた語で、**「変化し続ける」の意味が強い**です。花がしおれてどんどん色褪《あ》せていく姿に、恋人の心がどんどん冷めて自分から離れていくさまを重ねるのは、つらいですね。

問 必修！
①**例よりはひきつくろひて書きて、うつろひたる菊に挿したり。**（蜻蛉日記）

訳（心変わりした夫へ）いつもより丁寧に（和歌を）書いて、〔　　　　〕た菊に挿し（て贈っ）た。

②**色見えでうつろふものは世の中の人の心の花にぞありける**（古今和歌集）

訳 表面上はわからないで変わっていくのは、世間の人の、花のような恋心であるなあ。

③**そこをたちて、ほかへうつろひて、**（更級日記）

訳 その場所を出発して、他へ移動して、

花が「うつろふ」のほかに、山が「うつろふ」場合もあります。これは「山の木々が紅葉する」という意味です。また、「うつろふ」には「移ろふ」以外に、「映ろふ」があります。「月の光のうつろへば」は、「月の光が映っているので」の意となります。

答〔色が変わっ〕

□□□ 013

## ぐす 〔動・サ変〕 《具す》

①付き従う。
②連れる。
③添える。

❖「備わる」「身につける」の意の「具《ぐ》」にサ変動詞「す」が付いたものです。**人や物が一緒にある状態**を表します。

①御はらからの君達に**ぐし**奉りて、（大鏡）

訳（顕信は）ご兄弟の方々に付き従い申し上げて、

問 必修！ ②つはものどもあまた**具して**山へ登りけるよりなむ、その山をふじの山とは名づける。（竹取物語）

訳 武士たちをたくさん〔　　〕て山へ登ったことから、その山を富士の山と名付けた。

③かの奉る不死の薬に、また壺**ぐして**、御使ひにたまはす。（竹取物語）

訳 あの、（かぐや姫が）献上する不死の薬に、また壺を添えて、（天皇は）使者にお与えになる。

人に連れられるとき（①）にも、人を連れるとき（②）にも使うので、注意が必要です。

答〔連れ〕

□□□
014
015

# しのぶ

［動・バ上二／バ四］
《忍ぶ／偲ぶ》

014【忍ぶ】
①耐えしのぶ。我慢する。
②人目を避ける。

015【偲ぶ】
①懐かしむ。恋い慕う。

❖「忍ぶ」と「偲ぶ」は、本来まったく違う意味の語でしたが、「**亡き人や別れた人を思い、そのつらさに人知れず耐える**」（＝**忍ぶ**）と「**好きな人を心の中でこっそり恋い慕う**」（＝**偲ぶ**）は、「人目をしのぶ」いう点で近づいて、のちにはよく似た意味で使われるようになりました。

014 ①**心地にはかぎりなく妬**《ねた》**く心憂く思ふを、しのぶるになむありける。**（大和物語）

訳 （妻は夫が他の女を大切に思うのを）心ではこの上なく妬ましくつらく思うが、耐えしのぶのであった。

問 必修！
014 ②**明けはなれぬほど、しのびて寄する車どものゆかしきを、**（徒然草）

訳 夜がまだ明けきらない頃、〔　　〕て寄せてくるいくつかの牛車（の主）が（誰かを）知りたくて、

問 必修！
015 ①**亡きにつけて、いとどしのばるること多く、**（源氏物語）

訳 亡くなったことで、（柏木大将のことを）ますます〔　　〕思われることが多く、

試験では「忍ぶ＝耐えしのぶ、人目を避ける」「偲ぶ＝懐かしむ」の違いに注意します。

答 014〔人目を避け〕 015〔懐かしく〕

□□□
016

## ときめく ［動・カ四］《時めく》

①時勢に合って栄える。はぶりがよい。

②**寵愛を受ける。**天皇に愛される。

関 ときめかす ［動・サ四］《時めかす》

①天皇が愛する。

❖ここでの「時」は、「**勢いがあり盛んな時期、はぶりのよい時期**」といった意味です。「ときめく」とは、いかにも勢いがある状態であることを表します。

①かくあやしき人のいかで**ときめき**給ふらむ。（うつほ物語）

訳 このように身分の低い人がどうして**時勢に合って栄え**ていらっしゃるのだろうか。

問 必修！

②**いとやむごとなき際にはあらぬが、すぐれて時めき給ふありけり。**（源氏物語）

訳 それほど高貴な身分ではない方で、非常に〔　　〕なさっている方がいた。

②は「天皇に愛される」という意味ですが、「天皇が愛する」というときは、「ときめかす」が用いられます。あわせて覚えておきましょう。

答〔**寵愛を受け**〕

□□□
017

## ねんず ［動・サ変］《念ず》

①祈る。

②**我慢する。**じっとこらえる。

❖「**念＝心をこめる**」にサ変動詞「す」が付いてできた語です。心をこめて祈り、心をこめて我慢するのですね。

①ひたぶるに仏を**念じ**奉りて、（更級日記）

訳 熱心に仏をお**祈り**申し上げて、

問 必修！

②**心さかしき者、念じて射むとすれども、外《ほか》ざまへ行きければ、**（竹取物語）

訳 しっかりした者が、〔　　〕て射ようとするが、（矢は）的外れな方へ行ったので、

話の中に神仏が出てきたら①の意味、そうでないときは、②の「我慢する、じっとこらえる」という意味に注意します。試験では②がよく問われます。

答〔**我慢し**〕

□□□

**018**

## ののしる 〔動・ラ四〕

①大声で騒ぐ。

②盛んに評判が立つ。威勢がよくなる。

❖「ののしる」は、**大きな声や音を立てること**を表します。皆が大きな声で騒ぐので「盛んに評判が立つ」「威勢がよくなる」のです。

問 必修！

①**もの食ひ、酒飲み、ののしりあへるに、**（枕草子）

訳 食べ物を食べ、酒を飲み、〔　　〕合っていると、

②**そののち左の大臣の北の方にてののしり給ひける時、**（大和物語）

訳 その後、左大臣の奥様として、威勢がよくなられた時、

現代語の「ののしる」のように、「悪口を言う」意で使うようになったのは、中世（鎌倉時代）より後。受験生としておさえておきたいのは、①の意味です。

答〔**大声で騒ぎ**〕

□□□
019
## まもる まぼる
〔動・ラ四〕《守る・護る》

①見守る。目を離さず、じっとみつめる。
②世話をする。

❖もともと「目守《まも》る」からきていて、**見ることを続ける**という意味になります。

問 必修！
①あるじ聞きつけて、かの道に夜ごとに人を伏せて**まもら**すれば、（古今和歌集）
訳 主人が聞きつけて、その道に毎夜、人を潜めておいて、〔　　〕せると、

②今は、わが姫君を、思ふやうにて見奉らばやと明け暮れ**まぼり**て、なでかしづくこと限りなし。（源氏物語）
訳 今度は、自分の娘を思い通りの相手と結婚させ申し上げたいと毎日世話をして、慈しみ大切に育てることはこの上もない。

現代語の「守る」のような動的なものではなく、じっと目を離さずに見続けるような静的な感じです。

答〔見守ら〕

□□□
020
021
## ゐる
〔動・ワ上一〕《居る／率る》

020【居る】
①座る。
②とどまる。（鳥が）留まる。

❖ワ行上一段活用の動詞として、「居る」「率る」の「ゐる」と、「率《ひき》ゐる」「用《もち》ゐる」を、活用とともにおさえておきましょう。

問 必修！
020 ①**ゐ**むとする所を、まづ扇してこなたかなたあふぎちらして、（枕草子）
訳 〔　　〕うとする場所を、まず扇であちらこちらむやみに扇《あお》いで、

**021【率る】**
①引き連れる。伴う。持参する。携帯する。

020 ②寝殿に、鳶《とび》ゐさせじとて、縄をはられたりけるを、（徒然草）
訳 お屋敷（の屋根）に鳶を留まらせまいとして、縄をお張りになったのを、

問 必修！
021 ①内侍所《ないしどころ》・神璽《しんじ》・宝剣ばかりぞ、忍びてゐて渡させ給ふ。（増鏡）
訳 鏡・曲玉・剣だけを、こっそりと〔　　〕て移しなさる。

「ついゐる」は、「居る」の派生語で、「かしこまって座る、ひざまずく」の意味になります。

答 020〔座ろ〕 021〔携帯し〕

今月のうた

なかなかに花の姿はよそに見て　あふひとまではかけじとぞおもふ
（『建礼門院右京大夫集』　平維盛について）

訳 花のように美しいあの方の御姿は、かえって私などには無縁なものとして、葵の名のように『逢ふ日』までは願わないようにしようと思う。

＊葵は、「あふひ」と書くために「逢ふ日」との掛詞として和歌によく詠まれました。葵祭は、陰暦四月の、中の酉《とり》の日に催される祭で、身に葵の葉をつけて祈ったことからこの名があります。

## ◆頻出の《副詞》

□□□ 022

### いつしか 〔副〕

①早く。
②いつのまにか。早くも。

関 いつしかなり 〔形動・ナリ活用〕
①あまりにも早い。

❖「いつか」に強意の助詞「し」がついてできた語と言われます。「いつになったら」と待ち望むさまから、多く、願望や意志の表現を伴って、**早く実現して欲しいなあと期待する気持ち**を表します。

問 必修！

①**いつしか**梅咲かなむ。（更級日記）

訳 〔　　　〕梅が咲いてほしい。

②**いつしか**したり顔にも聞こえたるに。（枕草子）

訳 （ほととぎすは）いつのまにか得意げに鳴いているのが聞こえているが。

試験では①の意味でよく出題されます。下に願望や希望の表現があることをヒントにして、①の意味に注意しましょう。

答 〔早く〕

□□□ 023

### かたみに 〔副〕

①互いに。

❖「片身に」が、「代わる代わる」の意になり、「互いに」の意が生まれました。

問 必修！

①世の中の憂きもつらきもをかしきも、**かたみに**言ひ語らふ人。（更級日記）

訳 世間のつらいことも苦しいこともすばらしいことも、（すべてを）〔　　　〕語り合う人。

「かたみ」は「形見」と勘違いすると意味がわからなくなってしまいます。試験では二人の存在を意識して「互いに」の意味で用いられていることを把握しましょう。

**答**〔互いに〕

□□□
**024**

## かねて ［副］

① **前もって。** あらかじめ。

②（日数などを表す語の前後に用いて）～以前に。

❖「予想する」の意のナ行下二段動詞「予《か》ぬ」の連用形「かね」に、接続助詞「て」が付いてできました。

**問 必修！**

① **日々に過ぎゆくさま、かねて思ひつるには似ず。**（徒然草）

**訳** 日々に過ぎていく様子は、〔　　　〕予想したのとは異なる。

② **二、三日かねて、夜に隠れて大殿に渡り給へり。**（源氏物語）

**訳**（光源氏は）二、三日**前に**、夜の闇に紛れて左大臣邸にお出ましになった。

「合わせて一つにする、両方を兼任する」の意の、「兼ぬ」と混同しないようにしましょう。

**答**〔前もって〕

□□□
025

## さすが さすがに 〔副〕

①**そうはいってもやはり。**なんといっても。

関 さすがなり 〔形動・ナリ活用〕

①やはり、そのままにしていられない。

◆前に述べられている事柄から当然予想されることとは**反対だ**という気持ちを表すのが原義です。のちに**予想通りだ**という気持ちを表すようになりました。

問 必修！

①木高き木どもの中に、もろ声に鳴きたるこそ、**さすがに**をかしけれ。（枕草子）

訳 高い木々の中で、（うぐいすとほととぎすが）声を合わせて鳴いているのは、〔　　　〕風情がある。

現代語の「さすが」は、「なるほど、大したものだ」と感心する意ですが、古語は「〜といってもやはり」と訳して、「前に書いてある以上のことがある」の意で用います。例文も「風情があることはわかっているといってもやはり」という意味です。

答 〔そうはいってもやはり〕

□□□
026

## とく 〔副〕 《疾く》

①**早く。**
②すでに。

◆形容詞「疾《と》し」の連用形「とく」が副詞化しました。

問 必修！

①暁には**とく**下りなむと急がるる。（枕草子）

訳 夜明け前には、〔　　　〕（自分の局に）下がってしまおうと急がずにはいられない。

②ただ冷えに冷え入りて、息は**とく**絶え果てにけり。（源氏物語）

**訳** ただただ（体は）すっかり冷えて、息は**すでに**すっかり絶えてしまっていた。

現代語の「とっくに」は、この「とく」が強まってできた語です。

**答**〔早く〕

□□□
**027**

## わざと ［副］ 《態と》

① **わざわざ。**

② （「わざとの＋体言」の形で）本格的に。

❖名詞「わざ」（＝特別なこと）＋格助詞「と」で、「特別なこととして」の意が、「**特別に心をくだいて**」の意に用いられるようになりました。

**問 必修！**

① **わざと**御消息《せうそこ》聞こえさせ給ふほど、（大鏡）

**訳** （道長殿は）〔　　　〕お手紙を差し上げなさる時に、

② **わざとの御学問はさるものにて、琴・笛の音にも雲居《くもゐ》を響かし、**（源氏物語）

**訳** **本格的な**漢学の御学問は言うまでもなく、琴や笛の音についても宮中に評判をとどろかせて、

「故意に」の意味もありますが、試験では、①がよく出ます。

**答**〔わざわざ〕

□□□
028
## なかなか［副］

①かえって。（予想と反対の結果になる）

関 なかなかなり［形動・ナリ活用］

①（中途半端なさまに対し）どっちつかずである。

②かえって～しないほうがよい。

❖もともと、「中中」ですから、**どっちつかずの中途半端な状態で、その結果、かえってよくない**といった表現に用いられる場合が多いです。

問 必修！

①むなしう帰り参りたらんは、**なかなか**参らざらんよりあしかるべし。（平家物語）

訳 （小督をみつけられず）むなしく（天皇のもとへ）帰参したら、それは、〔　　〕帰参しないようなことより悪いにちがいない。

下に打消を伴って、「容易には～しない」の「なかなか」もあるのですが、こちらは現代語でも使われているので、まずは、「かえって」の訳を覚えましょう。

答〔かえって〕

□□□
029
## やうやう［副］

①次第に。徐々に。

❖「**徐々に、ゆっくり**」の意の副詞「漸《やうや》く」が「やうやう」になっていったようです。

問 必修！

①春はあけぼの。**やうやう**白くなりゆく山際《やまぎは》少し明かりて、（枕草子）

訳 春は夜明け前（の景色がすばらしい）。〔　　〕白くなっていく山の稜線が少し明るくなって、

関 244 やや

「かろうじて」「やっと」の意の「やうやう」も古語にはありますが、試験のときはまず、「次第に」の意に気をつけましょう。

答〔次第に〕

□□□ 030

## やがて 〔副〕

①（状況的連続）そのまま。
②（時間的連続）すぐに。

❖**状態や状況が連続しているさま**を言ったり、**時間が連続しているさま**を言うのが原義です。

問 必修！
①**ある時には、大殿ごもり過ぐして、やがてさぶらはせ給ひなど、あながちに御前去らずもてなさせ給ひし程に**（源氏物語）

訳 時には、寝過ごしなさって、〔　　〕お側にお仕え申し上げさせなさったりなど、強引にお側を離れず扱いなさった間に

②**名を聞くより、やがて面影はおしはからるる心地するを、**（徒然草）

訳 名前を聞くと同時に、すぐにその人の顔が推測される気持ちがするけれど、

現代語では少し時間が経過したさまを表していますが、古語では連続性を表しています。違いに注意しましょう。

答〔そのまま〕

## 卯月　練習問題

**問題**　傍線部の現代語訳として適切なものを選べ。

□001　皇子たちおはしまさせて、**よひとよ、さけのみし、あそびて**、夜あけもてゆくほどに、（伊勢物語）

① 一日中、酒を飲んで、周囲を歩き回って
② 朝から晩まで、酒を飲んで、大騒ぎをして
③ 一晩中、酒を飲んで、詩歌管弦の宴を行って
④ 夜ふけまで、酒を飲んで、ごちそうを食べて

□002　御参りや、御産屋など、たびたびののしりし**御いそぎのさま**にひきたがへ、悲しきこと限りなし。（栄花物語・龍谷大）

① 葬列をことさら急がせた様子
② いろいろな喜ばしいことの準備の様子
③ 容体が急変して人々がかけつける様子
④ 父道長の威勢が人々を威圧していた様子

□003　（火事だと気付き）あまり**うつつともなくて**、柳の薄衣《うすぎぬ》、裏山吹の唐衣《からぎぬ》着たりしを脱ぎて、袴《はかま》ばかりにて局《つぼね》へすべりて荒らかに叩《たた》きて、（弁内侍日記・センター）

① 憂鬱《ゆううつ》に思って　② 目もさめないで　③ 我を忘れて
④ うっかりしていて　⑤ 気も確かで

□004　親の御**かげ**にてのみこそは、おのづから過ごし給ひけめ、（浜松中納言物語・立教大）

① 庇護　② 護衛　③ 報恩　④ 孝養　⑤ 奉仕

**解答**《現代語訳》

訳 001　③　皇子たちをお呼びして、一晩中、酒を飲んで、詩歌管弦の宴を行って、夜も次第に明けていくときに、

訳 002　②　（安産の）お参りや、御産屋（の設置）など、何度も大騒ぎをしていろいろな喜ばしいことの準備の様子と異なり、悲しいことこの上ない。

訳 003　③　（火事だと気付き）あまりにも我を忘れて、柳の薄衣、裏山吹の唐衣を着ていたのを脱いで、袴だけ（の姿）で局へいざっていって（戸を）荒々しく叩いて、

訳 004　①　（姫君は）親の庇護によって、自然とお過

□ 005

**もとより御こころざしありけることにて、**姫君をかき抱きて、御帳《みちゃう》のうちへ入りたまひにけり。（堤中納言物語）

① もとから出家したいと思っていたので
② もとから好意を持っていたことなので
③ もとから仏に願っていたことなので
④ もとから姫君に求婚し続けていたので

□ 006

昔より世の人の心ども、**ことわりによりて思ひとり、**まことの心にはあらぬうはべのつくろひのみ多かり。（井関隆子日記・センター）

① 善意にしたがって判断し
② 状況に応じて思い直し
③ 思い込みで結論づけ
④ 理屈によってとらえ
⑤ 正義をたてに決めつけ

□ 007

親なき人は、心もはかなく、**才《ざえ》も習はで、つかさかうぶりも得ること難く**こそあなれ。（うつほ物語・早稲田大）

① 親から直接教えてもらう経験もないと、儀式次第に関する必須の知識を身につけることも困難だということ
② 学問を充分に習得することもなく、さらには身分相応の官職に就くことも難しいということ
③ 芸術の才覚をのばす機会にも恵まれず、また出自にかなった衣裳や冠も入手しがたくなるということ
④ 不可欠の学識も身についていないままでは、公的な諸手続さえまともにとることができなくなるということ

---

ごしになっていたのだろうけれども、

訳 005 ②
**もとから好意を持っていたことなので、**姫君を抱いて、御帳の中にお入りになってしまった。

訳 006 ④
昔から世の人の心は、**理屈によってとらえ、**本当の心ではない表面的な取り繕いばかりが多い。

訳 007 ②
親がない人は、心も頼りなくて、**学問を充分に習得することもなく、さらには身分相応の官職に就くことも難しいということ**であるようだ。

□ **008**

雨ふるべきよし、いみじく祈りたまひけり。その**しるし**にやありけん、その日になりて、わざとはなくて、空くもりわたりて雨そそぎければ、（宇治拾遺物語・中央大）

① 紋所　② 先触れ　③ 結納　④ 効験

□ **009**

（光源氏は）少し**ほど**へて（女君を）見たてまつるは、またこのほどにこそ匂ひ加はりたまひにけれと、見えたまふ。（源氏物語・立教大）

① 時間　② 距離　③ 方向　④ 程度　⑤ 身分

□ **010**

上るはまた立ち返り**あかぬ**ここちして、さすが慣れぬる浦風に心はなびくからと、（中務内侍日記・センター）

① 不都合な　② らちがあかない
③ いやにならない　④ 名残惜しい
⑤ ままにならない

□ **011**

これはただ昔にたち返りあひたる心地して、またまたもいへかし、**さしいらへごと**、問はまほしきこと多く、心もとなきに、（大鏡・早稲田大）

① 差し出口を言うこと
② 応答したいこと
③ 差し支えのないこと
④ 納得のいかないこと
⑤ 隠されていること

---

訳 **008**

④ 雨よ降れと、大層（熱心に）お祈りになった。その**効験**であったのだろうか、その日になって、自然と、空が一面に曇って雨が降ったので、

訳 **009**

① （光源氏は）少し**時間**が経って（女君を）見申し上げると、またこの期間に美しさが加わりなさったなあと、（女君は）お見えになる。

訳 **010**

④ いざ都に上る段になるとまたもう一度**名残惜しい**気持ちがして、そうはいってもやはり慣れ親しんだ浦風に心ひかれるからだなあと、

訳 **011**

② これはただ昔に戻った気持ちがして、さらに言ってくれよ、**応答したいこと**や、尋ねたいことも多くて、じれったいと思っていたところ、

□ **012**

山の方をながめやらせたまふにつけても、**わざとならずいろいろにすこしうつろひたり**。

（栄花物語・武庫川女子大）

① いつのまにかさまざまな色あいでかすかに紅葉している
② 雲の様子も少しずつ移り変わってゆく
③ 自然に妻を亡くした悲しみがいやされてゆく
④ 何も手につかないで毎日を無為に過ごしてしまっている
⑤ 自ら気を紛らわせるようにあちこち出歩いている

□ **013**

中の君も、遅らかし給ふべきならねば、**具し聞こえて**ぞ出で給ふ。

（とりかへばや・センター）

① お誘い申し上げて　② ご用意申し上げて
③ お連れ申し上げて　④ ご説得申し上げて
⑤ お慰め申し上げて

□ **014**

隣の局《つぼね》に人の籠りて、**ゆゆしくしのびたる**よそほひなりければ、（しぐれ・センター・改）

① たいそう隣に遠慮している
② 必死で悲しみに耐えている
③ 不吉なほどに静まりかえっている
④ ひどく人目をはばかっている
⑤ 心をこめて故人を悼んでいる

□ **015**

（故人のことを）思ひ出でて**しのぶ**人あらんほどこそあらめ、そもまた程なく失せて、

（徒然草）

① 我慢する　② 隠れる　③ 懐かしむ　④ 嘆く

---

訳 **012** ①

山の方をぼんやりと御覧になると、**いつのまにかさまざまな色あいでかすかに紅葉している。**

訳 **013** ③

中の君も、後に残しておくわけにはいかないので、**お連れ申し上げて**出発なさる。

訳 **014** ④

隣の局に人が籠もって、**ひどく人目をはばかっている**様子なので、

訳 **015** ③

（故人のことを）思い出して**懐かしむ**人がいる間はともかくとして、その人もまたしばらくすると亡くなって、

□ **016** 母后、いといみじう**時めき**、皇子のおぼえもすぐれて、（唐帝は）片時見たてまつらではえおはせねば、（浜松中納言物語）

① 美しいご様子で　② 帝の寵愛を受けて
③ 後見人も多くて　④ 風流に優れていて

□ **017** （田舎ちごのいっていることは、）**をかしきことは多けれど、念じて聞きけるに、**（ねさめの記・センター）

① 風流なことは多いけれど、念仏をとなえながら聞いていたところ
② おもしろいことは多いけれど、真剣な気持ちで聞いていたところ
③ 奇妙なことは多いけれど、祈るような思いで聞いていたところ
④ 感動的なところは多いけれど、心の高まりを抑えて聞いていたところ
⑤ 笑いたくなるようなところは多いけれど、我慢して聞いていたところ

□ **018** これは、ただ事にあらず、恐ろしきわざなりといひて、**ののしる**。（古今著聞集・中央大）

① 右往左往する　② 大騒ぎする
③ 罵倒する　④ 自分達の誤りに気づく

□ **019** さりとて当時、（姫宮は）世の常に思ひ寄るべき御年のほどならねど、**ただまぼり奉らまほしきに、**（恋路ゆかしき大将・センター）

① 恋路大将は二宮・姫君の兄妹を後見していらっしゃったが
② 姫宮が雛屋を一途に見つめ続けていらっしゃると
③ 恋路大将は姫宮をしっかりお守り申し上げたが
④ 恋路大将は姫宮をひたすら見つめ申し上げたく思っていると
⑤ 二宮は妹の姫宮を何とかお守り申し上げたいと願っていたが

---

訳 **016** ②
母后は、たいそう**帝の寵愛を受けて**、皇子の覚えもすばらしくて、（唐帝は）ほんの一時もお逢い申し上げないではいらっしゃれないので、

訳 **017** ⑤
（田舎ちごのいっていることは、）**笑いたくなるようなところは多いけれど、我慢して聞いていたところ、**

訳 **018** ②
これはふつうのことではない、恐ろしいことであると言って、**大騒ぎする。**

訳 **019** ④
そうはいってもそのとき、（姫宮は）世の常として思いを寄せるにちがいないご年齢ではないけれども、**恋路大将は姫宮をひたすら見つめ申し上げたく思っていると、**

□
**020**

窮鬼《きゅうき》（＝貧乏神）、簀子《すのこ》のもとに**ついゐて**、おづおづ申しけるは、（しみのすみか物語・センター）

①　堂々と占拠して
②　はいつくばって
③　ついついあとずさりして
④　かしこまって座って
⑤　しばらく突っ立って

□
**021**

（北の方は）「（宮様は和泉式部を）**わざとおぼせばこそ、忍びてゐておはしたらめ**」とおぼすに、心づきなくて、（和泉式部日記・國學院大）

①　意図的に嫌がらせをなさるおつもりで、今まで隠していらっしゃったのでしょう
②　ことさらに愛していらっしゃるから、こっそり連れていらっしゃったのでしょう
③　特別な処遇をなさるご計画ならば、しばらく内緒にしていてくだされればよいのに
④　ずっと住みつくおつもりだったら、勝手に女房を連れていらっしゃればよいのに
⑤　どうせわきまえてくださるなら、静かに日陰者のままでいてくだされればよいのに

□
**022**

（童が姫君の治療のために）かくし廻《めぐ》りて（＝このようにいろいろとしてまわって）、**いつしかと帰りたるに**、「姫君失せにけり」と聞くに、悲しきこと限りなし。（古本説話集・学習院大）

①　いつのまにか帰りついたところ
②　一刻もはやくと思って帰ったところ
③　これという理由もなくて帰ったところ
④　いつ頃になるかと案じつつ帰ったところ
⑤　いつかはつくだろうとのんきに帰ったところ

---

**訳 020**　④
貧乏神が、簀子のところに**かしこまって座って**、おずおずと申し上げたことは、

**訳 021**　②
（北の方は）「（宮様は和泉式部を）**ことさらに愛していらっしゃるから、こっそり連れていらっしゃったのでしょう**」とお思いになると、気に入らなくて、

**訳 022**　②
（童が姫君の治療のために）このようにいろいろとしてまわって、**一刻もはやくと思って帰ったところ**、「姫君は死んでしまった」と聞くと、悲しいことはこの上ない。

□ 023

若き人々ここかしこに群れ居つつ、をかしげなる粥杖《かゆづゑ》ひき隠しつつ、**かたみに**うかがひ、（狭衣物語・センター）

① 肩ごしに見て　② 形見として　③ 半身で
④ たがいに　⑤ 身を硬くして

□ 024

皆人々の伴の者どもに（笛を）吹かせて、これを選ぶに、伴にある雑色男すぐれて、**かねて山に設けさす**。（春の深山路）

① 勝負をかねて山を開墾させる。
② 笛吹き役の男に山歩きの準備をさせる。
③ 急いで山で必要だと思っていたものを設置する。
④ あらかじめ山にやって準備させる。

□ 025

白川わたり、かごやかにをかしき所用意して、（女王を）率て渡し奉りつつ、**なほみづからは、さすがに世のつつましければ**、忍びつつぞ御宿直しける。（増鏡・神戸女学院大）

① とはいうものの、やはり自然に貧しい生活になっていったから
② やはり中将自身は、なんといっても世間がはばかられるので
③ やはりおのずと世間の目もひややかになったので
④ 一層、掄子は、自分から法皇の前にでることを控えるようになったので
⑤ その上、自分自身は以前と違って女性との交際を控えると

□ 026

我が親のいひし月日の**とく来《こ》かし**、と待ち侍りつるに、今日にあたりて、（予言の通りに旅人が）おはしてやどり給へれば、（宇治拾遺物語・学習院大）

① 早く来てくれないかなあ　② 早いうちに来ることだろう

---

**訳 023** ④

若い人々はあちらこちらに集まっては、美しく飾った粥杖※を隠しながら、**たがいに**様子をうかがい、

※これで子のない女性の腰をたたくと、男児を産むと言われていました。

**訳 024** ④

皆人々の伴の者たちに（笛を）吹かせて、これを選んだところ、伴にいた雑色男が上手で、**あらかじめ山にやって準備させる。**

**訳 025** ②

白川のあたりにひっそりと趣深い場所を用意して、（女王を）お連れ申し上げて、**やはり中将自身は、なんといっても世間がはばかられるので**、人目を避けてお泊まりになった。

**訳 026** ①

我が親の言った月日が**早く来てくれないかなあ**、と待っていましたところ、

③ とっくに来ているはずなのに　④ もうすぐ来る頃にちがいない

□027
その秋葉月《はつき》ばかりに、かの行方《ゆくゑ》もおぼつかなくて、**わざと**立ち寄りて訪ひ侍りしかば、（都のつと・中京大）

① わざとらしく　② 故意に　③ 正式に
④ わざわざ　⑤ 計画的に

□028
**なかなか**ひとかたに思ひ絶ゆばかり漕ぎ離れむも、（松浦宮物語・センター）

① かなり　② まったく　③ 決して
④ 容易には　⑤ かえって

□029
（女は）「世の中心憂《こころう》し。なほ男せじ」などいひけるものなむ、**この男をやうやう思ひやつきけむ**、この男の返りごとなどしてやりて、（大和物語・青山学院大）

① 夫への愛情がだんだん冷めてきてしまったためであろうか
② 夫の情愛をようやく理解することができたのであろうか
③ 言い寄ってきた男に、次第に愛情を感じるようになったのだろうか
④ 言い寄ってきた男に、やがて愛想を尽かしてしまったのだろうか
⑤ この男の言うことを聞かないと恐ろしいと、早くも気づいたのだろうか

□030
（息子の少将が唐に旅立って）たれもむなしくあひみぬ身とならば、（私たちは）**やがて**その浦に身をとどめて、あまつ領布《ひれ》振りけむためし（＝帰りを待ち続けていたとかいう前例）ともなりなむ（松浦宮物語・センター）

① まもなく　② いつかは　③ そのうち
④ そのまま　⑤ すぐさま

---

今日になって（予言の通りに旅人が）いらっしゃってお泊まりになったので、

訳 027 ④
その年の八月頃に、その行方もはっきりせずに心配に思って、わざわざ立ち寄って訪ねてみましたところ、

訳 028 ⑤
かえってひたすら思いが絶えるくらいに漕ぎ離れるようなことも、

訳 029 ③
（女は）「男女の関係というものはつらいことばかりだ。やはり男とはつきあわない」と言っていたけれども、言い寄ってきた男に、次第に愛情を感じるようになったのだろうか、この男の手紙に返事などを送って、

訳 030 ④
（息子の少将が唐に旅立って）皆空しく会うことのできない身となるならば、（私たちは）そのままその浦に身を留めて、あまつ領布振って帰りを待ち続けていたとかいう前例と必ずなろう。

## ◆現代語にもあるけれど、意味が異なる《名詞》

□□□ 031

### あいぎやう［名］《愛敬》

①やさしくて温和な魅力。

②〔仏教語〕（仏の顔のように、顔かたちが）やさしくかわいらしいこと。愛らしさ。

❖慈しみ尊ぶことを表す仏教語「愛敬」が語源です。そこから、**仏のようにやさしい様子であること**を「愛敬」と言うようになりました。

問 必修！

①**あいぎやう**ありて、言葉多からぬこそ、飽かず向かはまほしけれ。（徒然草）

訳〔　　　　　〕があって、口数の多くない人は、ずっといつまでも向かい合っていたい。

②**あいぎやう**おくれたる人の顔などを見ては、たとひに言ふ。（枕草子）

訳 愛らしさが足りない人の顔などを見ては、（梨の花を）たとえにして言う。

「男は度胸、女は愛敬」の愛敬は、愛想のいいことを意味します。これは、男だから度胸が必要とか、女だから愛想よくした方がよいなどというより、男だとか女だとかの関係なく「度胸で苦難を乗り切り、愛敬で人間関係を円滑にせよ」という人生訓かもしれませんね。

答〔やさしくて温和な魅力〕

□□□
032

## かたち ［名］《形・容・貌》

①**顔立ち。容貌。**

②様子。姿。

関 **かたちあり** ［連語］《形有り》

①美貌だ。

関 **かたちびと** ［名］《形人》

①美人。

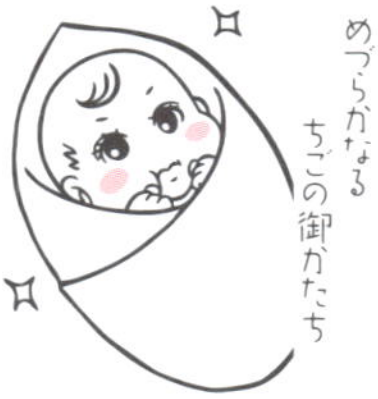


❖「かたち」の「ち」は、本来、「いかづち（雷）」「いのち」「ここち」などの「ち」と同様、霊的な存在を表しています。**「人間の内面に宿る精神的なものを外へ表すもの」**が「かたち」なのです。「かたち」は顔のことを特に表します。

問 必修！

①**その人、かたちよりは心なむまさりたりける。**（伊勢物語）

訳 その人は、〔　　〕よりは心が優れていた。

②**かたちをかへてむとおぼし立つを、**（源氏物語）

訳 **姿**を変えてしまおう（＝出家してしまおう）と決心なさるが、

『源氏物語』では、生まれたばかりの光源氏について「めづらかなるちごの御かたち」と書かれています。この場合の「かたち」は「顔」、「めったにない赤ん坊の美貌」の意です。光源氏は「ちご」のときから美貌を誇っていたのですね。

答〔顔立ち〕

## □□□ 033 さと［名］《里》

①**実家**。自宅。

関 ふるさと［名］《古里・故郷》
①昔なじみの土地。
②旧都。

❖本来、人家が集まっている所を「里」と言います。**「内裏」に対する「里」（＝実家）**をおさえましょう。

問 必修！
①**内裏《うち》にても<u>さと</u>にても、昼はつくづくと眺め暮らして**（源氏物語）
訳 内裏でも〔　　　　〕でも、昼はしんみりともの思いにふけりながら一日を過ごして

「さとへ帰ります」と昔のお嫁さんは言っていましたが、これは実家へ帰るという意味ですね。

答〔実家〕

## □□□ 034 たより［名］《頼り・便り》

①よりどころ。
②**つて**。縁故。
③**手段**。
④**ついで**。きっかけ。機会。

❖「たよる」（＝あてにする）の名詞形で、よりどころが原義です。「頼り」「便り」の漢字を当てます。

①女、親なく、**<u>頼り</u>**なくなるままに、（伊勢物語）
訳 女は、親が亡くなり、**よりどころ**がなくなるにつれて、

問 必修！
②さるべき**<u>たより</u>**をたづねて、七月七日言ひやる。（更級日記）
訳 適当な〔　　　　〕をさがして、七月七日に（和歌を）言い送る。

③これを人にも貸し、われも使ひつつ、世をわたる**<u>たより</u>**にしけるほどに、（古今著聞集）
訳 これ（＝馬）を人にも貸し、自分も使っては、生活の**手段**にした時に、

④その時おのづからことの**たより**ありて、津の国の今の京に至れり。（方丈記）

訳 その頃たまたま用事の**ついで**があって、摂津国の新しい都に行き着いた。

「たより」と聞いて、「手紙」と思ってはいけません。「つて」「手段」「ついで」です。

答〔つて〕

□□□

035

## ついで 〔名〕

①機会。折。

②順序。

❖動詞「ついづ」（＝順序を定める）の名詞形です。**ものの順序やあることを行うのに適した機会**を表します。

問 必修！

①京に出でたる**ついで**に参りて、（源氏物語）

訳 京に出た〔　　〕に（冷泉院のところに）参上して、

②四季はなほ定まれる**ついで**あり、死期は**ついで**を待たず。（徒然草）

訳 四季はやはり決まっている**順序**があり、（人の）死期は**順序**を待たない（で訪れる）。

現代語の「ついで」は、主に「あることを行うとき、あわせて別のことを行う」場合に使いますが、古語の「ついで」は「機会、折」なので、何か別のことを行わなくても使います。

答〔機会〕

□□□
036

## て 〔名〕 《手》

①字。筆跡。
②曲。芸能の型。腕前。
③負傷。

❖**手の働きによって生み出されるものを**「手」と言います。手で書かれる「字」や、手で演奏される「曲」が代表的な意味ですね。

問 必修！

①**手**よく書き、歌もよく詠みて、（枕草子）

訳〔　〕を上手に書き、和歌も上手に詠んで、

②あまたの**手**をかたときのまに弾きとりつ。（夜の寝覚）

訳 多くの曲をあっという間に弾き覚えた。

③うす**手**なれば死なざりけるを、（平家物語）

訳 軽傷なので死ななかったのを、

文字には、「男手」と「女手」というものがあり、「男手」は漢字、「女手」は平仮名のことです。

答〔字〕

□□□
037

## ふみ 〔名〕 《文》

①漢詩。漢籍。
②手紙。

❖広く文字で書かれたものを「文」と言います。「書」と書いて「ふみ」と読む場合もあります。**特に「漢詩」「漢籍」を指す**ので注意しましょう。

問 必修！

①もろこしには、限りなきものにて、**ふみ**にも作る。（枕草子）

訳 中国では、この上もなくすばらしいものとして、（梨の花のことを）〔　〕にも作る。

②**文を書き置きてまからむ。**（竹取物語）

訳 **手紙**を書き残して退出しよう。

「作文」といえば、文章を書くことのようですが、「さくもん」と読んで、漢詩を作ることを表します。

答〔**漢詩**〕

□□□

038

# ためし [名] 《例》

①**例。先例。**

②**手本。鑑。**

③**話の種。**

❖以前あった事例を指します。「ためし」が無い場合、「前例がない」「類例がない」と言います。

**問** 必修！

①**よどみに浮かぶうたかたは、かつ消えかつ結びて、久しくとどまりたるためしなし。**（方丈記）

訳 川の淀みに浮かぶ泡は、一方で消え一方で円い泡となって、長くその形状を留めている〔　　〕はない。

②**かの御教へこそ、長きためしにはありけれ。**（源氏物語）

訳 あの（父桐壺帝の）ご教訓こそ、のちのちまでの**手本**であるのだなあ。

③**世のためしにもなりぬべき御もてなしなり。**（源氏物語）

訳 世間の**話の種**になってしまいそうな御愛情の掛けぶりである。

昔の日本人は、何かの決定を下すときには、それより以前に実際にあった事例、つまり、前例といったものを参考にしました。

答〔**例**〕

□□□

039

## ものがたり 〔名〕《物語》

①雑談。世間話。

②物語文学。

❖「もの」は、「こと」とともに、最も基本的な形式名詞で、これに「語り」が付いてできた語です。神秘的な、超現実的な話を語るというのが原義でしたが、平安時代にはもう、幼児の意味のない会話も「ものがたり」と表現されています。

問 必修！

①炭櫃《すびつ》に火おこして、**物語**などして集まりさぶらふに、（枕草子）

訳 炭櫃に火を熾《おこ》して、〔　　〕などをして集まり、（定子様の）おそばにお控え申し上げていると、

②**ものがたり**の出で来始めの親なる竹取の翁。（源氏物語）

訳 物語文学のできはじめた、元祖である「竹取の翁の物語」。

「もの」は、それだけでもいろいろな意味で用いられますが、下にサ変動詞「す」が付いて動詞「ものす（⇩085）」になったり、形容詞や形容動詞に接頭語として付いて、「ものがなし」「ものあはれなり」といった語になって、「なにか」「なんとなく」といった意を表すのです。試験では、何かを語ること、つまり、「雑談」や「とりとめのない世間話」の意が問われることが多いですね。

答〔雑談〕

□□□

040

## れい 〔名〕《例》

❖習慣になっている事柄を「例」と言います。

①**先例。**ためし。

②（「例の＋体言」の形で）
**いつもの。**
（「例の＋用言」の形で）
**いつものように。**

③あたりまえ。普通。並み。

---

①かかるほどにさぶらひたまふ、**例**なきことなれば、（源氏物語）

訳 このような時に（宮中に）お仕え申し上げなさることは、**先例**がないことなので、

問 必修！

②むつましくつかひ給ふ若き男、また、上童一人、**例**の随身《ずいじん》ばかりぞありける。（源氏物語）

訳 （光源氏のお供は、光源氏が）親しく使っていらっしゃる若い男と、他には、殿上童一人、〔　　〕随身だけであった。

③心のなし、目のうちつけに、**例**の猫にはあらず、（更級日記）

訳 気のせいか、ちょっと見たところ、**普通**の猫（のよう）ではなくて、

よく出題されるのは、②の「いつもの、いつものように」です。まず「例の」という形をおさえましょう。

答 〔**いつもの**〕

今月のうた

五月待つ花橘の香をかげば　昔の人の袖の香ぞする

（『古今和歌集』詠み人知らず）

訳 五月を待って咲く橘の花の香りを嗅ぐと、昔なじみの人の袖の香りがする。

＊「橘」は柑橘類の植物で、初夏にかぐわしい白い花をつけます。記憶が、香りをきっかけによみがえるのはよくあることで、この和歌は、毎年五月に咲く「橘の花の香り」をきっかけに、かつての恋人との様々な思い出があふれ出すと詠んでいるのです。

## ◆《動詞》は、補助動詞にも注意！

□□□
041

### ありく ［動・カ四］《歩く》

① 動き回る。
② ［補助動詞］
（動作の継続）〜し続ける。
（動作の反復）〜してまわる。

❖「あゆむ」が一歩一歩の歩行の意であるのに対し、「ありく」と「あるく」は**広く移動すること**を表し、人以外に動物・車・舟などの移動にも用いられました。

①舟に乗りて海ごとに**歩き**たまふに、（竹取物語）
訳 船に乗って、あちらこちらの海を**動き回り**なさるうちに、

問 必修！
②かぐや姫を見まほしうて、物も食はず思ひつつ、かの家に行きて、たたずみ**歩き**けれど、（竹取物語）
訳 かぐや姫を見たくて、何も食べず（かぐや姫を）思いながら、かぐや姫の屋敷に行って、うろうろ〔　　　〕たが、

動詞の連用形に付いている「ありく」が、継続か反復かを見極めるのも難しいところです。

答 〔し続け〕

□□□
042

### くらす ［動・サ四］《暮らす》

① 月日を過ごす。

❖「暮る」は、日が没して暗くなり一日が終わるの意、「**暮らす**」は、**主体的に時を過ごす意**で用いられます。

①つくづくと一年を**暮らす**程だにも、こよなうのどけしや。（徒然草）
訳 しみじみと（静かに）一年を**過ごす**時でさえも、この上もなく気持ちがのんびりしているなあ。

②【補助動詞】一日中～をし続ける。～して一日を過ごす。

問 必修！
② いと悲しう、眺め**くらし**給ふ。（源氏物語）

訳 （光源氏は）ますます悲しくて、〔　　　〕もの思いに耽《ふけ》り〔　　　〕なさる。

悲しみなどで心を暗くする意の「暗す」と混同しないようにしましょう。

答〔一日中／続け〕

□□□ 043

## さす ［動・サ四］

《射す・指す・差す／注す》

①【射す・指す・差す】光が照る。

②【注す】そそぐ。

③【補助動詞】～しかける。（動作を途中で止める）

※③の「―さす」は接尾語という説もあります。

❖「何かの中に、何かを突き入れる」ことが「さす」の基本的な意味です。連用形に付くと、動作を途中で止めることを表します。

① 夕日の**さし**て山の端いと近うなりたるに、（枕草子）

訳 夕日が照り入って、山の稜線にたいそう近くなっているところに、

② 歌詠みて杯は**させ**。（伊勢物語）

訳 歌を詠んでから、杯に（酒を）注ぎなさい。

問 必修！
③ 花はほのかに開け**さし**つつ、（源氏物語）

訳 （紅梅の）花はわずかに開き〔　　　〕て、

食事を途中でやめることを「食べかけて」または「食べさして」と言いますね。

答〔かけ〕

□□□
044

## まどふ ［動・ハ四］《惑ふ》

①心が乱れる。
②［補助動詞］
ひどく～（する）。

❖**心が乱れる状態**を表します。本来の意味の方は、「惑」の字と共に覚えておけば忘れにくいでしょう。

①いかでこのかぐや姫を得てしがな、見てしがなと、音に聞き愛でて**まどふ**。（竹取物語）
訳 なんとかしてこのかぐや姫を手に入れたいものだなあ、妻にしたいものだなあと、噂に聞いて心ひかれ、**心が乱れる**。

問 必修！
②泣くが上にまた泣き**まどふ**人多かり。（蜻蛉日記）
訳 泣く以上にまた〔　　〕泣く人が多い。

補助動詞は、程度の激しさを表し、「心が乱れる」の意味は薄れますので要注意です。「泣きまどふ」は「ひどく泣く」のであり、「荒れまどふ」は「荒れ果てる」の意味となります。

答〔ひどく〕

□□□
045

## わたる ［動・ラ四］《渡る》

①移動する。通る。行く。
②［補助動詞］
（時間的）～し続ける。ずっと～する。

❖「氵（さんずいへん）」であることからもわかるように、もとは、水上を一方から他方へ移動する意を表す語でしたが、やがて、**一定の空間や時間を経て移動する意**でも用いられるようになりました。

①炭もて**渡る**もいとつきづきし。（枕草子）
訳 炭を持って**移動する**のも、たいそう似つかわしい。

問 必修！
②女のえ得《う》まじかりけるを、年を経てよばひ**わたり**けるを、（伊勢物語）

③ **[補助動詞]**
（空間的）一面に〜する。

訳 なかなか妻にできなかった女を、長年求婚〔　　〕たところ、

③ありあけのいみじう霧り**わたり**たる庭に、（枕草子）

訳 有明の月の頃、あたり**一面に**たいそう霧が立ちこめている庭に、

補助動詞として用いられているときは、時間的なのか、空間的なのかを考えましょう。

答〔し続け〕

□□□
**046**

## わづらふ ［動・ハ四］《煩ふ》

① **手間をかける。悩む。苦労する。**
② **病気で苦しむ。**
③ **[補助動詞]**
**〜するのに苦労する。〜しかねる。**

❖**あれこれ気を遣って苦しむ**意が原義です。精神的に苦しむときにも、肉体的に病気になるときにも、使われました。

①**川のこなたなれば、舟なども<u>わづらは</u>で、御馬にてなりけり。**（源氏物語）

訳 川のこちらがわなので、舟などの**手間をかけ**ないで、御馬で（いらっしゃったので）あった。

②**にはかに<u>わづらふ</u>人のあるに、験者《げんざ》求むるに、**（枕草子）

訳 急に**病気で苦しむ**人がいるときに、修験者をさがしたところ、

問 必修！
③**勢多の橋みな崩れて、渡り<u>わづらふ</u>。**（更級日記）

訳 勢多の橋が全部崩れ落ちて、（川を）渡る〔　　〕。

補助動詞の「〜するのに苦労する」は、難しくて「〜できない」「〜しかねる」と訳すこともできます。

答〔のに苦労する〕

## ◆《呼応の副詞》不可能

□□□ 047

### え〜打消 [副]

① 〜できない。

❖「できる」の意のア行下二段動詞「得《う》」の連用形が副詞化したと言われています。

問 必修！

① 人のそしりをもえはばからせ給はず、（源氏物語）

訳 （桐壺帝は、周囲の）人の非難を遠慮なさることも〔　　　〕、

呼応する打消表現は、打消の助動詞「ず」だけではなく、打消推量の助動詞「じ」「まじ」や打消の接続助詞「で」、あるいは打消の意を持つ形容詞の「がたし」「なし」などの場合もあるので注意しましょう。

答 〔おできにならないで〕

## ◆《呼応の副詞》禁止

□□□ 048

### あなかしこ〜禁止 [副]

① 決して（〜してはいけない）。

❖ 感動詞「あな」に、形容詞「かしこし」の語幹が付いた語と言われています。禁止の表現を伴い、副詞として、「決して」の意となります。

問 必修！

① このこと、あなかしこ、人に披露すな。（平家物語）

訳 このことは〔　　　〕人に公表してはいけない。

「あなかしこ」だけで下に禁止を表す表現がなければ、「ああ、恐ろしい」「ああ、おそれ多い」の意となります。

答〔決して〕

□□□
049

## な〜そ 〔副〕

①〜してはいけない。

❖穏やかな禁止の意を表します。副詞「な」に呼応するのは、終助詞「そ」です。

問 必修！

①いとかう思ひ**な**入り給ひ**そ**。　（源氏物語）

訳 たいそう（深く）このように思い込み〔　　　〕。

通常「な」と「そ」との間に入るのは活用語の連用形ですが、カ変動詞とサ変動詞の場合は未然形が入り、「なこそ」（＝来てはいけない）、「なせそ」（＝してはいけない）の形になります。

答〔なさってはいけない〕

## ◆《呼応の副詞》全否定

□□□
050

### おほかた〜打消 〔副〕

①まったく（〜ない）。

◆副詞「おほかた」は、下に打消を伴わなければ、「一般に、だいたい」の意です。打消表現と呼応して①の意となります。

問 必修！

①抜かんとするに、**おほかた**抜かれず。（徒然草）

訳（頭にかぶった鼎《かなえ》を）抜こうとするが、〔　　〕抜くことができない。

名詞「大方」や形容動詞「大方なり」は、「大部分」「一般的なさま」の意で、共通テストでは形容動詞が出題されました。こちらの意味の「大方」は現代語にもありますね。

答〔まったく〕

□□□
051

### さらに〜打消 〔副〕

①まったく（〜ない）。

◆副詞「さらに」は、下に打消を伴わなければ、「その上に」「新たに」の意です。打消表現と呼応して①の意となります。

問 必修！

①暇《いとま》、**さらに**ゆるさせ給はず。（源氏物語）

訳（桐壺帝は桐壺更衣に）御前を去ることを、〔　　〕お許しにならない。

「さらに〜打消」は、呼応の副詞の中では、一番多く出題されます。現代語の「更に」と混同しないように注意しましょう。

答〔まったく〕

□□□
052

## たえて～打消 〔副〕

①まったく（～ない）。

◆ヤ行下二段活用の動詞「絶ゆ」の関連語です。打消表現と呼応して①の意となります。

問 必修！ ①これにまして心やましきさまにて、**たえて**言伝《ことづ》てもなし。（蜻蛉日記）

訳 これで今まで以上に機嫌を損ねた様子で、〔　　〕何の連絡もない。

下に打消を伴わない「たえて」は、「すっかり残らず」や「特に、甚だしく」の意で用いられます。

答〔まったく〕

□□□
053

## つゆ～打消 〔副〕

①まったく（～ない）。

◆現代語でも、「そんなこととはつゆしらず」などと言いますね。打消表現と呼応して①の意となります。

問 必修！ ①**つゆ**もの食はん心なし。（発心集）

訳 〔　　〕食べ物を食べるような気持ちがない。

下に打消を伴わない「つゆ」は名詞で、「露」そのもの以外に、「わずかなこと、はかなく消えやすいこと、涙」などの意を表します。

答〔まったく〕

□□□ 054

## よに〜打消 〔副〕

①決して(〜ない)。

❖「世の中に」の意の「世に」が、極度の強調を表す場合に用いられるようになり、「世の中の何よりも」などの意になりました。打消の表現と呼応して①の意となります。

問 必修！

①夜をこめて鳥の空音ははかるとも**よに**逢坂の関はゆるさじ　（後拾遺和歌集）

訳 まだ夜が明けないうちに、鶏の鳴き真似をしてだまそうとしても、逢坂の関の番人は〔　　　〕だまされて門を開けはしないだろう。(だから、二人が逢《あ》うことはないだろう。)

下に打消を伴わない「よに」は、程度の甚だしいさまを表し、多くの場合、形容詞や形容動詞を伴って「ほんとうに」「とりわけ」の意となります。

答〔決して〕

## ◆《呼応の副詞》その他の否定

□□□ 055

## よも〜じ 〔副〕

①まさか(〜ないだろう)。
②決して(〜ない)。

❖**あることが起きることを疑う気持ち**を表します。「よに」と混用しないようにしましょう。

問 必修！

①猛き心つかふ人も**よも**あらじ。　（竹取物語）

訳 勇猛な気持ちを持つ人も〔　　　〕いないだろう。

②**よも**愚かなることはつかうまつらじ。　（今昔物語集）

訳 愚かなことは決して致しません。

打消推量の「じ」と呼応します。頻出する呼応の副詞の一つです。

答〔まさか〕

□□□ 056

## をさをさ〜打消 〔副〕

①ほとんど（〜ない）。めったに（〜ない）。

◆多くの人を統率する「長《をさ》」を二度重ねたもので、すべてが備わっているさまを表すと言われています。それが打消の表現と呼応して①のような意味となります。

問 必修！ ①さて冬枯れのけしきこそ、秋には**をさをさ**劣るまじけれ。（徒然草）

訳 それから、冬枯れのありさまは、秋には〔　　〕劣らないだろう。

「さらに〜打消（⇩051）」が全否定であるのに対して、「をさをさ〜打消」は部分否定となります。

答〔ほとんど〕

### ◆《呼応の副詞》推量

□□□ 057

## さだめて〜推量 〔副〕

①きっと（〜だろう）。

◆「決定する」の意の、マ行下二段動詞「さだむ」の連用形に接続助詞「て」が付いて一語化したものです。

問 必修！ ①この児、**さだめて**おどろかさんずらんと、待ち居たるに、（宇治拾遺物語）

訳 この稚児は、「〔　　〕（だれかが）起こすだろう」とじっと待っていたが、

下に推量表現を伴わない場合は、「はっきりと」「きっと（〜するものだ）」の意となります。

答〔きっと〕

## ◆《呼応の副詞》要注意！

□□□ 058 **いかで〜推量** 〔副〕

□□□ 059 **いかで〜願望・意志** 〔副〕

058【いかで〜推量】
①どうして（〜だろう）。

059【いかで〜願望・意志】
①なんとかして（〜したい・〜しよう）。

❖ **下に来るのが推量ならば疑問・反語、願望・意志ならば願望となります。** 下の語で「いかで」の訳し方が変わることを忘れないようにしましょう。

問 必修！

058 ①御心の中なりけむ事、**いかで**漏りにけむ。 （源氏物語）

訳 御心一つにお思いになっていたとかいう事が、〔　　〕漏れてしまったのだろうか。

059 ①男も女も、**いかで**とく京《みやこ》へもがなと思ふ心あれば、 （土佐日記）

訳 男も女も、〔　　〕早く京へ帰りたいものだなあと思う気持ちがあるので、

副詞「いかで」は、疑問・反語の係助詞「か」「かは」とともに用いられて、「いかでか」「いかでかは」の形になることもあります。この場合は、ほとんどが推量を伴います。

答 058〔どうして〕 059〔なんとかして〕

□□□ 060 **ゆめ・ゆめゆめ〜禁止／打消** 〔副〕

❖「努」という漢字で書かれる場合もありますが、名詞の「夢」の関連語です。現代語でも「夢にも思わない」という表現がありますね。

①(禁止) 決して(~してはいけない)。
②(打消) まったく(~ない)。

問 必修!

① **ゆめ**この雪落とすな。 (大和物語)

訳 〔　　〕この雪を(折り取った松の枝から)落としてはいけない。

② いかでか知り参らせ候ふべき。**ゆめゆめ**知り参らせず候ふ。 (平家物語)

訳 (小督の行方を)どうして知り申し上げることができるでしょうか。**まったく**知り申し上げません。

下に打消を伴わなければ、注意をうながす語として、「心して」の意となります。

答〔決して〕

□□□
061

## かまへて [副]
### ~命令/禁止

①(命令) 必ず(~せよ)。
②(禁止) 決して(~してはいけない)。

❖命令と呼応して、①の意を表します。中世以降、「あひかまへて」という形で用いられることが多いです。

問 必修!

① **かまへて**まろがおもてをおこすばかり、よき歌つかうまつれよ。 (増鏡)

訳 〔　　〕私(=後鳥羽上皇)の面目が立つほどの、よい歌を詠み申し上げよ。

② かやうのものをば、**かまへて**調ずまじきなり。 (宇治拾遺物語)

訳 このような狐の類のものを、**決して**ひどい目にあわせてはいけないのである。

意志や希望の表現と呼応して、「何とかして~したい」の意になることもあります。

答〔必ず〕

# 皐月 練習問題

**問題** 傍線部の現代語訳として適切なものを選べ。

□031 （中納言は）「**にほひ愛敬《あいぎやう》ならぶ人あらじはや**」と思ひ続けて、いみじう御涙もよよと泣かれつつ、（木幡の時雨・センター）

① 美しさも愛らしさも、姫君に匹敵するような人はいないだろうよ
② 姫君ほど、美しさと愛想のよさがつりあった人はいないだろうな
③ 華やかさや優しさで、姫君に対抗しようとする人はいないだろうに
④ 姫君ほど、魅力的な香りと美貌を兼ね備えている人はいなかったなあ
⑤ 姫君ほど、私の薫物《たきもの》の趣味を愛してくれた人はいなかったことよ

□032 かぐや姫「**よきかたちにもあらず**。いかでか見ゆべき」と言へば、（竹取物語・中央大）

① 内侍とここで会うのは、よい段取りでもない
② 帝は、私にとって、美男子でもない
③ この縁談は、いい話でもない
④ 私は、よい顔立ちでもない

□033 （公忠は）「みづからただいま参りて（少将に会おう）」と言ひて、**里に車とりにやりて待つほどいと心もとなし**。（大和物語）

① 車寄せまで車を持ってこさせるが指示通りにできるか不安に思った。
② 自宅に車を取りに行かせて待っている時間は大層じれったく感じた。
③ 領地まで車を取りに行かせるのは大げさ過ぎて決まりが悪いと思った。
④ 田舎から車に乗ってやって来るのは時間が掛かって不都合だと感じた。

**解答** 《現代語訳》

訳 031 ①
（中納言は）「美しさも愛らしさも、姫君に匹敵するような人はいないだろうよ」と思い続けて、思わず涙をひどく流してしまって、

訳 032 ④
かぐや姫が「私は、よい顔立ちでもない。どうして会うことができるだろうか、いやできない」と言うので、

訳 033 ②
（公忠は）「自分ですぐに参上して（少将に会おう）」と言って、自宅に車を取りに行かせて待っている時間は大層じれったく感じた。

□ 034

(女に)ものいひつくべきたよりなかりければ、**いかなるたよりして気色見せむ**と思ひて、　(平中物語・関西大)

① どのような手紙を書いたら、あの人の恋心を知ることができるだろうか
② どのような言葉を贈ったら、私の恋心が正しく伝わるだろうか
③ どのような手立てで、私の恋心を知らせようか
④ どのような歌を詠んだら、あの人が色よい返事をくれるだろうか
⑤ どのような思いで私がいるのか、あの人はわかっているのだろうか

□ 035

まれ人の饗応《きやうおう》なども、**ついでをかしきやうにとりなしたる**も、まことによけれども、　(徒然草)

① 相手に自分の気配りを悟らせるように対応する
② 調子を合わせいかにも慣れた様子で客を迎える
③ その折々に合わせて趣きある接待をする
④ 客に気を使わせないように自然に振る舞う

□ 036

(少将は、拾った文を)三の君に「これ見給へ。惟成が落としたりつるぞ」と奉り給ふ。(三の君は)「**て**こそいとをかしけれ」とのたまふ。　(大鏡)

① 紙　② 和歌　③ 段取り　④ 筆跡

□ 037

心はかなきほど(=幼くてしっかりしていない年齢の頃)にては、賢く**文を読み習ひける**は、いみじく怪しき事なりかし。　(今昔物語集・関西大)

① 手紙を書き表した　② 文章力を高めた　③ 漢籍を学習した
④ 詩歌を学習した　⑤ 文字を習い覚えた

---

**訳 034** ③

(女に)和歌を贈ることのできる手段がなかったので、(男は)どのような手立てで、私の恋心を知らせようかと思って、

**訳 035** ③

客人の饗応なども、その折々に合わせて趣きある接待をするのも、本当によいけれども、

**訳 036** ④

(少将は、拾った文を)三の君に「これをご覧ください。惟成が落としたのですよ」と差し上げなさる。(三の君は)「筆跡がとてもすばらしいなあ」とおっしゃる。

**訳 037** ③

幼くてしっかりしていない年齢の頃で、賢く漢籍を学習したのは、たいそう不思議なことであるよ。

□ 038
ただおほどかにもてなして、絵物語などになぐさみたまへど、それにつけては、**ためしなき身**のあはれに思さる。

（我が身にたどる姫君・関東学院大）

① 低い身分の　② いつもどおりの自分
③ 類例のない自分の身の上　④ 一度も試したことのない自分
⑤ なりかわって試すことなどはない身分

□ 039
ある所にて、簾《す》の前に（兼好が）**かれこれ物語し侍りけるを聞きて**、内より女の声にて、「あやしく物のあはれ知り顔なる翁かな」といふを聞きて、

（石上私淑言・明治大）

① とやかく悪口をおっしゃいましたのを聞いて、
② あれこれ話をしておりましたのを聞いて、
③ なんのかのとうわさを申していたのを聞いて、
④ あちこちで談笑なさっていたのを聞いて、

□ 040
女君は、かくなむとたしかに知らせたてまつり給はざりけるを、**例の、聞きもや合はせ給ふとて**消息聞こえ給ふ。

（源氏物語・文教大）

① 例のごとく、早くも女君のお耳に入ったようだとお気づきになって、
② ためしに、女君がお聞きになっているかどうか知りたいとお考えで、
③ いつものように、女君が他からお聞きになっては大変だとお思いになって、
④ ふだんから聞いていたことに女君がきっと思い当たられるだろうと、
⑤ いつもながら、女君が人に問い合わせているのではないかと不安になって、

□ 041
源氏・狭衣たてぬきにおぼえて、歌よみ、連歌好みて、花の下《もと》、月の前に**すきありきけり**。

（十訓抄・國學院大）

① 交際相手を探し回った　② 風流な心で歩き回った

---

訳 038 ③
ただおおらかに振る舞って、絵物語などを見て心を慰めなさるけれども、それにつけても**類例のない自分の身の上**を悲しくお思いになる。

訳 039 ②
あるところで、御簾の前で（兼好が）**あれこれ話をしておりましたのを聞いて**、中から女の声で、「不思議なほどものあわれを知っている様子の翁であるなあ」と言うのを聞いて、

訳 040 ③
女君にはこうであるとはっきりとお知らせ申し上げなさらなかったので、**いつものように、女君が他からお聞きになっては大変だとお思いになって**、お手紙をお送り申し上げる。

訳 041 ②
源氏物語・狭衣物語を暗記して、詠歌や連歌を好んで、花の下、月の前で**風流な**

③ 口ずさむことがあった　④ 油断することがあった
⑤ 好んで出かけて行った

□ **042**
人びと、（天皇が女御に古今集の試験をしているということを）殿に申したてまつりければ、いみじう思しさわぎて、御誦経《みずきやう》などあまたせさせたまひて、そなた（＝宮中）に向きてなむ**念じくらしたまひける**、（枕草子）

① 懸命に応援なさっていたのは　② じっと我慢なさっていたのは
③ 何でもない様子で過ごしたのは　④ 一日中お祈りなさっていたのは

□ **043**
男女これかれ、我に歌を習ふ者、その数ありしといへども、みな**好みさしつつ**、終始習ふ者なくて、相継ぐ者なし。（梁塵秘抄伝集・立教大）

① 徹底的に学んで　② ひたむきに取り組んで　③ 最初から嫌がって
④ 好き嫌いが激しくて　⑤ 中途で投げ出して

□ **044**
上下万人、**足を空にしてくれまどひ**、四方に散り散りなりゆき侍るありさま、嵐の花・木枯の紅葉よりもあとをとどめず。（ひとりごと・明治大）

① 抜け目なくあちこち走りまわり　② 放心状態となって大の字に寝転がり
③ 地に足が着かないほど困り果て　④ 足を棒にして食べ物や逃げ場を探し

□ **045**
いつしか、梅咲かなむ。来むとありしを、さやあると、目をかけて**待ちわたる**に、花もみな咲きぬれど、音もせず。（更級日記・京都産業大）

① 待ちうけて出る　② 待てずに去る
③ 待ち続ける　④ 待ちわびる

---

心で歩き回った。

**訳 042** ④
人びとが、（天皇が女御に古今集の試験をしているということを）殿に申し上げたところ、（殿は）大騒ぎなさって、御誦経などたくさんの僧に行わせなさって、宮中に向かって一日中お祈りなさっていたのは、

**訳 043** ⑤
男女あれこれ、私に歌を習うものは、たくさんいたけれども、皆中途で投げ出して、最後まで習うものはいなくて、教えを継ぐような者はいない。

**訳 044** ③
身分の高い人も低い人も全て、地に足が着かないほど困り果て、四方にちりぢりになっていく姿は、嵐の前の花や木枯らしの前の紅葉よりもはかないものでした。

**訳 045** ③
早く梅が咲いて欲しい。（梅が咲いたら、継母が）やって来ようと言ったので、そのようにあるかと、ずっと注意して待ち続けるが、花もみな咲いたけれども、連絡も来ない。

□ **046**

かたはらなる所に、前駆《さき》追ふ車とまりて、「荻の葉、荻の葉」と呼ばすれど答へざんなり。**呼びわづらひて**、笛をいとをかしく吹きすまして、過ぎぬなり。

（更級日記・共立女子大）

① 強引に呼び出して　② それでもなお呼び続けて

③ 呼びすぎてのどが枯れて　④ それ以上呼ぶことができなくて

□ **047**

**いかなる岩木もえたふまじく**、上中下《かみなかしも》声をあげて等しく、さと泣きけり。

（うなゐ松・センター・改）

① どんな強情な人も、我慢できなくて

② どんな頑強な人も、我慢できそうになくて

③ どんな気丈な人も、こらえきれなくて

④ どんな非情な人も、こらえられそうになくて

□ **048**

人々渡りて聞かむずるに（＝来て聞くだろうから）、**あなかしこ**、うぐいす打ちなどしてやるな。

（十訓抄・学習院大）

① まったくもって　② おそれおおくも

③ みっともないことに　④ けっして

□ **049**

大方、口軽《かろ》き者になりたれば、「**それがしにそのことな聞かせそ**。かの者にな見せそ」などいひて、人に心をおかれ隔てらるる、口惜《くちを》しかるべし。

（十訓抄・早稲田大）

① あの人に、そのことを伝えないほうがよかろう。

② 彼には、そのことをよくいい聞かせてくれ。

③ 誰それには、そのことを話すなよ。

④ 私に、そのことを聞いてくださいよ。

---

**訳 046** ④

隣の家に先払いの付いた車が止まって、（隣の家の女性に向かって）「荻の葉、荻の葉」と呼ばせるけれども、（荻の葉は）答えなかったようだ。（車の人は）**それ以上呼ぶことができなくて**、笛をたいそう上手に吹きながら、通り過ぎていったようだ。

**訳 047** ④

**どんな非情な人も、こらえられそうになくて**、身分が高い人から低い人まで声を上げて全員、いっせいに泣いた。

※「非情な人」は、「感情のない人」の意です。

**訳 048** ④

人々が来て聞くだろうから、**けっして**、うぐいすを打ったりして追い払うな。

**訳 049** ③

そもそも、口が軽い者という評判が立つと、「**誰それには、そのことを話すなよ**。あの者には見せない方がよかろうか」などと言って、人に警戒されて隔てられるのは、残念なことにちがいない。

□ **050** この者（僧）が寝《ぬ》る所にて、夜な夜な女と物語をしける音のしければ、具したりける弟子ども、**おほかた心得がたくて**、（今物語・上智大）

① 全員が理解できなくて　② 理解できなかった人が多くて
③ あまりよく理解できなくて　④ 全く理解できなくて

□ **051** 両人、炬《たいまつ》をふり照らしてここかしこを見るに、光るもの**さらになく**、また怪しむべきを見ず。（北越雪譜・青山学院大）

① もはやなく　② そこにはなく　③ まったくなく
④ もちろんなく　⑤ そうはいってもなく

□ **052** （奈良団扇は）かしこくも風を生ずるの外は、**たえて**無能にして、（鶉衣）

① いかにも　② 全くの　③ 特に　④ 本当に

□ **053** 寸白といふ虫おこりあひて、いかにともやる方なく、薬を用うれど**つゆ験もなければ**、（宗祇終焉記・近畿大）

① 全く霊験があらわれないので　② 梅雨のきざしが見えないので
③ 少しも効果がないので　④ （薬をのむ）飲み水がないので

□ **054** あやしうおぼすべけれど、詳しき有様はみづから聞こえむ。必ず若き人具しておはせよ。うしろめたきことは、**よに聞こえじ**。（浜松中納言物語・立教大）

① まさか外には聞こえますまいよ。　② 世の中に広めることはありませんよ。
③ 絶対にうまく伝わると思いますよ。　④ 決してお願い申し上げますまい。
⑤ なかなか耳には届かないことでしょう。

---

訳 **050** ④
この僧が寝ているところで、毎晩女と話をしている声がしたので、この僧の弟子たちは、**全く理解できなくて、**

訳 **051** ③
二人は、松明を振り照らしてあちらこちらを見るが、光るものは**まったくなく、**また怪しいものも見えなかった。

訳 **052** ②
（奈良団扇は）おそれ多くも風を生み出すことの他には、**全くの**使い道がなくて、
※「無能」が打消の代わりとなります。

訳 **053** ③
寸白という虫で具合が悪くなったので、どうにもしようがなくて、薬を飲んだけれども**少しも効果がないので、**

訳 **054** ④
不審にお思いになるにちがいないけれども、詳しい話は直接申し上げましょう。必ず若い人をお連れ下さい。おかしなことは、**決してお願い申し上げますまい。**

□ 055 勲功《くんこう》の賞にあづからせ給ふほどの首は、**よも一つも候はじ**。（平治物語・センター）

① ほかには一つもございません
② すでに一つもございません
③ やはり一つもございませんでしょう
④ この世に一つもございますまい
⑤ まさか一つもございますまい

□ 056 山はすべて若木のしもと原（＝若い枝がたくさん伸びている）にて、年古りたる木などは**をさをさ**見えず。（菅笠日記・センター）

① 数多くは
② 必ずしも
③ ほとんど
④ はっきりとは
⑤ 長く大きく

□ 057 （姫君に名を聞かれて）この人恥づかしげにて、「このあたりに少将と申し侍《はべ》るものなり。後には**さだめて**しろしめすべし」とて、帰り給ひぬ。（かざしの姫君）

① たまたま
② ぜひ
③ もし
④ きっと

□ 058 必ず（かぐや姫の顔を）見奉りて参れ、と（帝の）仰せ事ありつるものを、**見奉らでは、いかでか帰り参らむ**。（竹取物語・中央大）

① かぐや姫が帝にお会い申し上げないというのでは、私は帝のところに帰れましょうか
② 私が帝を見申し上げないでは、どうしてここに再び帰り参れましょうか
③ かぐや姫が私の顔を見ないのであれば、どうして宮中から帰り参れましょうか
④ 私がかぐや姫のお顔を見申し上げないでは、どうして帝のところに帰り参れましょうか

---

訳 055 ⑤
勲功の賞をいただくような首は、**まさか一つもございますまい**。

訳 056 ③
山は全体に若い枝がたくさん伸びていて、古い木は**ほとんど**見えない。

訳 057 ④
（姫君に名を聞かれて）この人は恥ずかしそうな様子で、「このあたりで少将と申しているものです。（詳しいことは）後で**きっと**お知りになるでしょう（＝お知らせします）」と言って、お帰りになった。

訳 058 ④
必ず（かぐや姫の顔を）見申し上げて帰参せよ、という（帝の）仰せ事もあったのだから、**私がかぐや姫のお顔を見申し上げないでは、どうして帝のところに帰り参れましょうか**。

⑤ かぐや姫が帝と結婚なさらないというのでは、どうして私は帝のもとへ帰れましょうか

□ **059**

（火事の火を）**いかでとく消ちてむ**とて、ここらの人とかくし騒ぐ声ども、いみじうののしれば、（怪世談・成蹊大）

① どうやって完全に消そうか ② どういうわけですぐに消さなかったのか

③ どうして速やかに消さないのか ④ なんとしてでもすっかり消してくれ

⑤ なんとかして早く消してしまおう

□ **060**

（光源氏が女三宮に）「（私があなたのことを見捨てたと）**ひがひがしく聞こえなす人ありとも、ゆめ心おきたまふな**。（あなたは私のことを）いま見なほしたまひてむ（＝きっと見直しなさるでしょう）」と語らひたまふ。（源氏物語・明治大）

① 私のことを悪しざまにお耳に入れる人があっても、決してお気にとめなさいますな。

② 私のことをねじ曲げて伝える人がいたとしても、少しも私の心は変わることはありませんよ。

③ 私のことを罵倒するような人がいたとしても、まったく心配する必要はありませんよ。

④ 私のことをほめそやそうと言いふらす人がいても、すべて聞き流してほしいものです。

□ **061**

**あひかまへて**、（その刀を）身を離さで取り伝へよ。（折たく柴の記）

① 心して ② 工夫をこらして ③ よく考えて ④ 決して

---

訳 059

⑤

（火事の火を）**なんとかして早く消してしまおう**と言って、たくさんの人があれこれ騒ぐ声が、たいそう騒がしいので、

訳 060

①

（光源氏が女三宮に）「（『私があなたのことを見捨てた』と）**私のことを悪しざまにお耳に入れる人があっても、決してお気にとめなさいますな**。（あなたは私のことを）きっと見直しなさるでしょう」とお話しになる。

訳 061

④

**決して**（その刀を）身から離さず子孫に伝えよ。

# 水無月（みなづき）～6月～

## ――状況を把握するために必要な基本語句 30語――

### ◆登場人物の状況を描く《名詞》

□□□ 062

**あらまし**［名］

①将来の計画。予定。予想。
②概略。あらすじ。

関 **あらましごと**［名］
①予想されること。将来の計画。

❖名詞「あらまし」は、動詞「あり」に反実仮想の助動詞「まし」が付いた語だと言われます。「**あってくれたらよかったのにということ**」「**あるだろうこと**」から「**予想、将来の計画**」の意となりました。

問 必修！

①かねての**あらまし**、みな違ひゆくかと思ふに、おのづから違はぬこともあれば、（徒然草）

訳 前もっての〔　　　〕が、すべて食い違っていくかと思うと、たまには予想通りのこともあるので、

②送りし者に右の**あらまし**語り、（狗張子）

訳（角左衛門は藤内を）葬送した者に、それまでの**概略**を語り、

現代語では、「あらまし」は、概略やあらすじの意で用いられますが、試験では「将来の計画、予想」といった意味が問われます。

答〔将来の計画〕

□□□
063

# けしき［名］《気色》

①様子。気配。
②機嫌。

関 けはひ［名］
①雰囲気。

❖よく似た単語に「けはひ」がありますが、「けはひ」は音や匂いなどによってとらえられる様子に用いられ、「けしき」は**見た目でとらえられる様子**に用いられます。

①**夕暮れの静かなるに、空の気色いとあはれに、**（源氏物語）

訳 夕暮れの静かな時で、空の様子もたいそうしみじみと美しく、

問 必修！

②**昨夜も、御遊びにかしこく求めたてまつらせたまひて、御気色あしくはべりき。**（源氏物語）

訳 昨夜も、（天皇は光源氏を）管弦の宴にしきりにさがし申し上げなさって、（光源氏が見つからないので）〔　　〕が悪うございました。

現代語では「景色」と記して風景の意で用いますが、試験では「様子」や「機嫌」といった意味に注意しましょう。

答〔ご機嫌〕

□□□
064

## つとめて ［名］

① 早朝。
② 翌朝。

❖「早く」の意の副詞「夙《つと》に」と関連の深い言葉で、**夜が明けきらないほど早い時間**を表します。

問 必修！

①**冬はつとめて。雪の降りたるはいふべきにもあらず。**（枕草子）

訳 冬は〔　　〕（が風情がある）。雪が降っている時は言うまでもない。

②**皆寝て、つとめて、いととく局に下りたれば、**（枕草子）

訳 皆寝て、翌朝、たいそう早く局に下がったところ、

動詞「つとむ」の連用形に接続助詞「て」が付いて副詞化した「努めて、勤めて」は、「努力して、できるだけ」の意です。混同しないように気をつけましょう。

答〔早朝〕

□□□
065

## たづき ［名］ 《方便》

① 手段。方法。

❖「手がかり」の意を表す「手《た》＋付き」が語源です。**物事の状態を知るための手段**を表します。「方便」の漢字を当てます。類義語に「たより」があります。

問 必修！

①**学問して因果の理《ことわり》をも知り、説経などして世渡るたづきともせよ。**（徒然草）

訳 仏教学を学んで因果応報の道理をも理解し、説経などをして生活の〔　　〕ともせよ。

もともとは、「たづきなし」や「たづき知らず」のように、打消の語を伴っていることが多い語でした。

答〔手段〕

## ◆身分・立場関係の《名詞》

□□□
066
### うち ［名］ 《内裏・内》

①（場所） 宮中。
②（場所） 内部。なか。
③（そこにすむ人） 天皇。

❖「外《と》」に対する語で、ある境界の内側を表します。宮中を表す語は、この「うち」「だいり」の他にも、「大内山《おほうちやま》」「九重《ここのへ》」「雲居《くもゐ》」「雲上《うんじやう》」などがあります。

問 必修！
①君は二、三日**うち**へも参り給はで、（源氏物語）
訳 源氏の君は、二、三日〔　　〕へも参上なさらないで、

②おびえまどひて御簾《みす》の**内**に入りぬ。（枕草子）
訳 （天皇の猫は犬に追われて）おびえうろたえて御簾の中に入ってしまった。

③**うち**にもめでたしと見奉り給ひて、（源氏物語）
訳 天皇（＝朱雀帝）におかれても、（元服した皇太子を）立派だと拝見なさって、

試験では、「うち」が、場所を表しているのか、人を表しているのか把握することが大事です。

答〔宮中〕

□□□
067

## うへ ［名］ 《上》

①**天皇。**
②**奥方。**
③身の上。

❖身分や地位が高い人、あるいはその人の居る場所も「上」と言います。

問 必修！

①**無名といふ琵琶の御琴を上の持て渡らせ給へる、**（枕草子）

訳「無名」という琵琶の御琴を〔　　〕が持っていらっしゃるが、

②**上、君だちなど、心をまどはして、夜昼見たてまつり扱ひたまひしに、**（月のゆくへ）

訳（重盛の）**奥方**やご子息たちなどが、あわてふためいて、夜も昼も看病申し上げなさったが、

③**聞きゐたりけるを知らで、人の上言ひたる。**（枕草子）

訳（本人が）聞いていたのに気づかないで、その人の**身の上**について言っている時。

「上」というと、天皇のことだと思ってしまいますが、「貴族の妻」や「身の上」の場合もあるので気をつけましょう。

答〔天皇〕

□□□
068

## おほやけ ［名］ 《公》

①**朝廷。**
②**天皇。**
③公的な事。公。

❖本来は、**大きな家**の意だったのですが、だんだん**そこで行われること**や、**そこに住む人、特に天皇**のことを指すようになりました。

①**論なくもとの国にこそ行くらめと、おほやけより使ひ下《くだ》りて追ふ。**（更級日記）

訳もちろん故郷に行くのだろうと、**朝廷**から使いの者が都から下って追いかける。

関 **おほやけし**〔形・シク活用〕《公し》
関 **おほやけおほやけし**〔形・シク活用〕《公公し》

①格式ばっている。

問 必修!
② いみじく静かに、**おほやけ**に御文奉り給ふ。 （竹取物語）
訳 (かぐや姫は) たいそう心静かに、〔　　　〕に御手紙を差し上げなさる。

③ **おほやけ**、わたくしの大事を欠きて、煩《わづら》ひとなる。 （徒然草）
訳 公私ともに大切な事に失敗して、困ったことになる。

「おほやけがた」「おほやけざま」といった使われ方や、「おほやけごと」(＝朝廷の儀式)、「おほやけばら」(＝他人のことながら腹が立つこと) など、様々な使われ方があります。

答〔天皇〕

□□□
## 069 きは 〔名〕《際》

①身分。
②限度。限り。

❖ 時間的な限界、空間的な限界、人間の才能や地位などの限界など、**他と区別する境**を示します。

問 必修!
① ものにも乗らぬ**きは**は、大路をよろぼひ行きて、 （徒然草）
訳 乗り物 (＝牛車や馬など) にも乗らない〔　　　〕(の者) は、大通りをよろよろ歩いて行って、

② 受領の北の方にて国へ下るをこそは、よろしき人の幸ひの**きは**と思ひて、 （枕草子）
訳 地方役人の奥方として地方へ下ることこそが、まあまあの身分の人の幸福の限り (＝最も幸福なこと) と思って、

試験では「身分」の意味で用いられていることが多いです。

答〔身分〕

□□□ 070

## しな ［名］《階・品・級》

①階級。（地位・身分・家柄）
②品位。品格。人格。

❖「しな」は、本来「階段」のように段々になっているものを指しました。そこから、**段階状に分かれているものを「品」と言うようになりました。**

問 必修！

①中の**しな**のけしうはあらぬ、選《え》り出でつべきころほひなり。（源氏物語）

訳 中流〔　　〕で悪くはない女性を、（恋人に）きっと選び出すこともできる頃である。

②心安く、うち捨てたる様にもてなしたるは、**品**なきわざなり。（源氏物語）

訳 気楽に、捨て置いた様子に扱っているのは、品格のないことである。

古典の世界では、品の高さがすべてだったので、「品」が高い人は、見た目も性格も良く、教養も高いというだけでなく、声も字もきれいだと評価されていました。形容動詞「しなやかなり」も「しな」と同根で、動作や姿態などが上品なさまを表します。

答〔階級〕

□□□ 071

## ただびと／ただうど ［名］《直人・徒人》

①（天皇に対して）臣下の身分。
②（身分の高い貴族に対して）一般の貴族。官位の低い貴族。

❖「特別に変わった点のない、普通」を表す**「ただ」に「人」が付きました。**

問 必修！

①二条の后の、まだ帝にもつかうまつり給はで、**ただびと**にておはしましける時のことなり。（伊勢物語）

訳 二条の后（＝藤原高子）が、まだ天皇のお側にお仕え申し上げなさらないで、〔　　〕でいらっしゃった時のことである。

関 **ただなり**〔形動・ナリ活用〕《直なり・徒なり》

①まっすぐだ。②普通だ。

関 355 **ただならず**

②**ただびと**の、上達部の北の方になり、上達部の御むすめ、后に居給ふこそは、めでたき事なめれ。（枕草子）

訳 **官位の低い貴族**が、上達部の奥方になり、上達部の御娘が中宮におなりになることはすばらしいことであるようだ。

天皇、身分の高い貴族など、何に対して「ただ」なのか、対比関係を考えると訳しやすいですね。

答〔臣下の身分〕

## ◆登場人物の様子を描く《動詞》

072

# あくがる〔動・ラ下二〕《憧る》

①さまよう。浮かれ出る。

②うわの空になる。

❖「がる」は、「離れる」の意で、「あくがる」は心や魂が肉体から離れるものであるという考えから生まれたと言われています。平安時代では、相手のことを強く思うと、魂が体から抜け出して相手のところへと飛んでいくと考えられていました。この**魂の抜け出た状態**が「あくがる」です。

問 必修！

①ある暮れ方に都を出でて、嵯峨の方へぞ**あくがれ**ゆく。（平家物語）

訳 ある暮れ方に都を出て、嵯峨の方へ〔　　〕歩く。

②もの思ふ人の魂は、げに**あくがるる**ものになむありける。（源氏物語）

訳 もの思いをする人の魂は、本当に身から離れ**うわの空になる**ものであるのだなあ。

試験では、何に対して魂が抜け出た状態になっているか考えて読みましょう。

答〔さまよい〕

□□□
073

## おどろく ［動・カ四］《驚く》

① 目を覚ます。
② はっと気づく。
③ 驚く。

関 おどろかす ［動・サ四］《驚かす》
① 目を覚まさせる。起こす。
② 気づかせる。

❖「おどろく」は、心ここにあらずの状況から、意識が体に戻ってくる状態を言います。**寝ていれば目を覚まし、呆然としていればはっと気づく、**というわけです。

問 必修！

① **ものにおそはるる心地して、おどろき給へれば、火も消えにけり。**（源氏物語）

訳 何かに襲われる気持ちがして、（光源氏が）〔　　〕なさったところ、灯火も消えてしまっていた。

② **秋来ぬと目にはさやかに見えねども風の音にぞ驚かれぬる**（古今和歌集）

訳 秋が来たと目にははっきりとはわからないけれど、風の音で（その訪れに）はっと気づかずにはいられなかった。

③ **とみのこととて御ふみあり。おどろきて見れば、歌あり。**（伊勢物語）

訳 急な用事といって（母から）御手紙が来る。驚いて（中を）見ると、和歌が書いてある。

試験では、「目を覚ます」の意が多く問われます。眠っているのか、ぼんやりしているのか、どの状態から意識が戻るかを考えましょう。

答 〔目を覚まし〕

□□□
074

## かきくらす〔動・サ四〕《掻き暗す》

①雨雲が空を暗くする。

②悲しみにくれる。心を暗くする。

❖「暗《くら》す」は、「空を暗くする」のが原義です。ここから、「**悲しみが心を暗くする**」の意味で用いられるようになりました。

①五節《ごせち》・御仏名《おぶつみやう》に雪降らで、雨の**かきくらし**降りたる。（枕草子）

訳（宮中の冬の行事の）五節の節会や御仏名会に雪が降らないで、雨が空を暗くして降っている（のは残念だ）。

問 必修！

②かかるおほせごとにつけても、**かきくらす**みだり心地になむ。（源氏物語）

訳 このような（天皇の）お言葉につけても、〔　　〕取り乱した気持ちです。

②の意味で用いられるときは、たいてい、涙も伴います。「暮らす（⇩042）」と混同しないようにしましょう。

答〔悲しみにくれ〕

□□□
## 075 かしづく
［動・カ四］《傅く》

①大切に育てる。

❖地面に頭を付けて相手を敬う様子を表す「頭《かしら》・付く」からできた動詞です。**大切な者として守り育む様子**を表します。

問 必修！

①**親たちかしづき給ふこと、限りなし。**（堤中納言物語）

訳 親たちが（この姫君を）〔　　　　〕なさることは、この上ない。

現代語の「かしずく」は、どちらかというと、人にお仕えしてその人を守るような意で用いますが、古語では、上の立場の人が育て、世話をするような意で用います。

答〔大切に育て〕

□□□
## 076 こころゆく
［動・カ四］《心行く》

①心が晴れ晴れする。
②満足する。納得する。

❖「気持ちがその方に進む」意から、「**満足する**」や「**晴れ晴れする**」の意となりました。

問 必修！

①**こころゆくもの。よく書きたる女絵の、ことばをかしう付けて多かる。**（枕草子）

訳〔　　　　〕もの。上手に描いてある女絵で、詞書をおもしろくつけて、分量の多いもの。

②**御いらへも聞こえ給はねば、心行かぬなんめりと、いとほしく思し召す。**（源氏物語）

訳（光源氏が）お返事を申し上げなさらないので、満足していないのであるようだと、（父の桐壺帝は）気の毒にお思いになる。

②の例文のように、打消の表現とともに、「納得できない、満足しない」の意で用いられることも多いです。

答〔**心が晴れ晴れする**〕

□□□
077

# したたむ 〔動・マ下二〕《認む》

①**処理する。整理する。**
②治める。支配する。

❖本来、「したたむ」は、「たたむ」（＝幾重にも重ね、まとめる）や「したたか」（＝しっかりしている）と親類で、「をさむ（治む）」に近い語でした。「**万全の準備をする、確実に後片付けする**」といった意味が原義です。

問 必修！

①寺へものせしとき、とかう取り乱しものども、つれづれなるままに**したたむれ**ば、（蜻蛉日記）

訳 寺へ参詣したとき、あれこれと散らかした物などを、所在ないので〔　　〕と、

②大隅守《おほすみのかみ》なる人、国の政《まつりごと》を**したため**おこなひ給ふあひだ、（宇治拾遺物語）

訳 大隅国の国守である人が、国を**治め**なさっておこないなさる間に、

現在でも「したためる」の形で使われている動詞ですが、多くは手紙を書くという意味で用いられています。試験のときは、「処理する」や「整理する」の意味に注意しましょう。

答〔**処理する**〕

□□□ 078

## すまふ

［動・ハ四］《争ふ・辞ふ》

①抵抗する。
②辞退する。ことわる。

❖あるものに対して力で**抵抗する様子**を表します。「相撲《すもう》」は、この「すまふ」の音が変化したものとも言われています。

問 必修！
①**女もいやしければ、すまふ力なし。**（伊勢物語）

訳 女も身分が低いので、〔　　　〕力がない。

②**いみじう書きにくう、すまひ申す人々ありけるに、**（枕草子）

訳 たいそう書くのが難しく、（和歌を書くのを）辞退申し上げる人々もいたが、

「住む」と混同しないように注意しましょう。

答〔抵抗する〕

□□□ 079

## たのむ

［動・マ四／マ下二］《頼む》

①【四段】あてにする。信頼する。期待する。
②【下二段】あてにさせる。期待させる。

❖四段活用と下二段活用があるので、活用に注意しましょう。**四段活用は、自分が相手を信じること**を言い、**下二段活用は、相手に自分を信じさせること**を言います。

①**後の矢をたのみて、はじめの矢になほざりの心あり。**（徒然草）

訳（矢を二本持つと）あとの矢をあてにして、最初の矢をいい加減にする気持ちがおこる。

問 必修！
②**待つ人は障《さは》りありて、頼めぬ人は来たり。頼みたる方の事はたがひて、思ひ寄らぬ道ばかりは適《かな》ひぬ。**（徒然草）

訳 待つ人は支障があって（来ず）、（来ると）〔　　　〕ない人がやって来た。あてにしていた方面の事は思い通りにならず、思いも寄らない方面のことだけが願い通りになった。

「頼《たの》め言《ごと》」は、「あてにして信頼するようにさせる言葉」のことです。「絶対大丈夫だから安心して！」などと言う、なほざりの（＝いい加減な）「頼め言」に騙《だま》されてはいけないのです。

答〔あてにさせ〕

□□□
080
081

## ながむ

［動・マ下二］《眺む／詠む》

**080【眺む】**
①もの思いにふける。

**081【詠む】**
①和歌を詠む。

❖「眺《なが》む」と「詠《なが》む」があります。「眺む」は、「**遠くを見ながらもの思いにふける**」の意、「詠む」は、「**声を長く引いて漢詩や和歌を吟じる**」の意です。二種類の漢字を覚えておけば、誤訳を避けられるでしょう。

問 必修！ **080** ①**暮れはつるまでながめ暮らしつ。**（蜻蛉日記）

訳 すっかり暮れるまで、一日中ぼんやり〔　　〕った。

問 必修！ **081** ①**「桜散る木《こ》の下風は寒からで」と、末の「で」文字を長々と詠めたるに、**（無名抄）

訳「桜の花びらが散る木の下を吹く風は寒くなくて…」と、（琳賢《りんけん》法師が）末尾の「で」の文字を長々と〔　　〕だところ、

和歌では、「ながめ」が「眺め」と「長雨」との掛詞になっている例がよく見られます。

花の色はうつりにけりないたづらに我が身よにふるながめせし間に（古今和歌集）

訳 桜の花の色は変わってしまったなあ。降る長雨に閉じ込められた私が、むなしくこの世に過ごし（世に経る）もの思いにふけっていた間に。

答 080〔もの思いにふけ〕 081〔詠ん〕

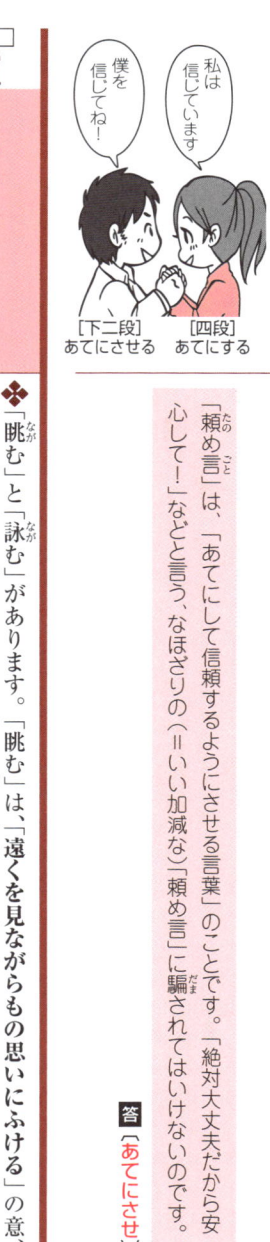

□□□
082

## ならふ 〔動・ハ四〕《馴らふ・慣らふ》

① 慣れる。習慣となる。
② 慣れ親しむ。

❖「習慣となる、親しむ」の意を持つ「なる（馴る・慣る）」に、継続の意味を表す接尾語「ふ」が付いてできました。**ある行為を継続して、慣れ親しむこと**を表します。また、「なる」は、「萎る・褻る」とも書いて、衣服の糊がなくなりよれよれになるさまを表すこともあります。

① **春霞立つを見捨てて行く雁は花なき里に住みやならへる**　（古今和歌集）

訳 春霞が立つさまを見捨てて（北へ）飛び去る雁は、桜のない里に住み慣れているのか。

問 必修！

② **ここにはかく久しく遊び聞こえて、ならひ奉れり。**　（竹取物語）

訳 この地ではこのように長く楽しく暮らさせていただいて、（竹取の翁・嫗《おうな》に）〔　　　　〕申し上げている。

古語でもあり、現代にも残っている、「習ふ」（＝学習する）と間違えないようにしましょう。

答〔慣れ親しみ〕

□□□
083

## にほふ 〔動・ハ四〕《匂ふ》

① つややかで美しい。美しく照り映える。

❖原義は「丹秀《にほ》ふ」（「に」＝赤い色、「ほ」＝先端などが出て目立つ）、つまり、赤い色が表に出て目立つことから、**美しく映えるの意**で用いられました。

問 必修！

① **紫草《むらさき》のにほへる妹を憎くあらば人妻ゆゑに我恋ひめやも**　（万葉集）

訳 紫草の色のように〔　　　　〕あなたを憎らしく思うなら、人妻なのに私が恋しく思うだろうか。

②香る。いい香りがする。

②大きなる松に、藤の咲きかかりて、月かげになよびたる、風につきてさと**にほふ**がなつかしく、（源氏物語）

訳 大きな松に、絡まって咲き、月の光の中でしなやかになびいている藤が、風に乗ってさっと**香る**のが好ましくて、

「にほふ」は、まず見た目の美しさから。「さくら♪ さくら♪」で始まる歌の「にほひぞ出づる」は、ほんのりと美しい色艶が花の奥から輝き出ているという意味です。

答〔つややかで美しい〕

□□□ 084

## まうく ［動・カ下二］《設く・儲く》

①準備する。用意する。

②持つ。設置する。

関 まうけの君［名］（漢語の儲君《ちょくん》の訓読み）

①皇太子。

❖**前もって準備している様子**を表します。現代語にも、「機会を設ける」などの使い方に、この意味が残っています。

問 必修！

①中宿りを**まうく**べかりけるなど言ひて、夜更けておはし着きぬ。（源氏物語）

訳 途中の休憩場を〔　　　〕方がよかったなあなどと言って、夜が更けて到着なさった。

②年ごろ住みけるほどに、男、妻**まうけ**て心変はりはてて、（大和物語）

訳 長年一緒に暮らしていた時に、男は（別の）妻を**持って**、（元の妻への）気持ちがすっかり変わって、

現代の「儲《もう》ける」（＝金品を得る、得をする）の意味もありますが、まずは、①②の意味を覚えましょう。

答〔準備する〕

□□□
085
## ものす 〔動・サ変〕

①ある。いる。
②行く。来る。

❖ ①②の他、様々な動詞の代わりに用いる代動詞として、「生まれる」「死ぬ」「言う」「書く」など、様々な意味で用いられます。

問 必修！
①まだ中将などに**ものし**給ひし時は、（源氏物語）
訳 （光源氏が）まだ中将という立場で〔　　〕た時は、

②この上の聖《ひじり》の坊に、源氏の中将の、わらは病みまじなひに**ものし**給ひけるを、（源氏物語）
訳 この（山の）上の修行僧の僧坊に、源氏の中将が、おこり病のまじないをしに来られたが、

試験のときは、「ものす」の前後をしっかり読んで、どのような動作なのかを把握しましょう。なお、「ものし給ふ」となっているときは、「おはします」「おはす」（⇩095）と同じように「いらっしゃる」と訳します。

答〔いらっしゃっ〕

□□□
086
## やむ 〔動・マ四／マ下二〕《止む》

①【四段】そのままになる。中止になる。

❖ 四段と下二段活用の違いを把握しておきましょう。**四段は、様々な現象が「自然に絶えて消えさる」「途中で行われなくなる」**意で、**下二段は、続いている状態や動作を「途絶えさせる」**意です。

①人にも言はで**やみ**ぬ。（蜻蛉日記）
訳 人にも言わないでそのままになってしまった。

② 【四段】死ぬ。

③ 【下二段】（病気を）治す。終わりにする。

関 218 やむごとなし

② 朽ち木などのやうにて、人に見捨てられて**やみ**なむ。（源氏物語）

訳 腐った木などのようなありさまで、人に見捨てられて死んでしまおう。

問 必修！

③ 医師《くすし》なり。御病もふと**やめ**奉りてむ。（落窪物語）

訳 （私は）医者である。ご病気もさっとお〔　　　〕申し上げてしまおう。

現代語でも用いる「止むを得ず」は、そのままにしておくわけにはいかないことから、「しかたない」という意となりました。

答 〔治し〕

今月のうた

呉竹の葉ずゑかたより降る雨に　暑さひまある水無月の空

（『遠島百首』後鳥羽上皇）

訳 呉竹の葉末が片側になびき寄るほど降る雨に、暑さも少し絶え間のある、陰暦六月の空だ。

＊呉竹《くれたけ》は、淡竹《はちく》の一種。六月は梅雨明けとともに訪れる厳しい残暑の頃ですが、ひとしきり激しく降った雨で暑さが和らいだと詠んでいます。後鳥羽上皇は承久の乱で隠岐島（隠岐国海士郡の中ノ島、現海士町）に配流され、この地で亡くなりました。

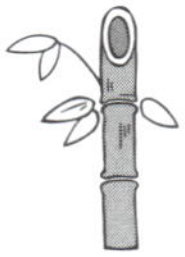

□□□

087

## あまた ［副］ 《数多》

①たくさん。数多く。

◆動詞「あまる」「あます」などの語幹「あま」に、状態を表す接尾語「た」が付いたものです。「**余るほどの状態**」＝「**たくさん**」ということなのでしょうね。

問 必修！

①**いづれの御時にか、女御・更衣あまた候ひ給ひける中に、**（源氏物語）

訳 どの天皇の御治世であったのだろうか、女御や更衣が〔　　〕お仕え申し上げなさった中に、

「あまた」からできた言葉で、数の多い様子を表す「あまたたび」があります。「何度も」と訳します。

答〔たくさん〕

□□□

088

## いと ［副］

①とても。たいそう。

②（下に打消を伴って）たいして～（ない）。それほど～（ない）。

◆「**程度が甚だしい**」の意で用いられます。形容詞「いたし」は、同様に「程度が甚だしい」の意で用いられ、「すばらしい」「ひどい」などと訳します。

問 必修！

①**その里に、いとなまめいたる女はらから住みけり。**（伊勢物語）

訳 その里に、〔　　〕若々しく美しい姉妹が住んでいた。

②**都の人のゆゆしげなるは、ねぶりて、いとも見ず。**（徒然草）

訳 都の人で、身分の高そうな人は、眠っていて、たいして見もしない。

関 124 いたし

②の、下に打消がくる場合は、部分否定になって、「たいして〜ない」と訳します。「いとも〜打消」「いとしも〜打消」などのかたちでよく用いられます。

答〔たいそう〕

□□□ 089

## いとど ［副］

①いっそう。ますます。

❖「いと」は、程度が甚だしいさま、「いとど」は、以前に比べて**よりいっそう程度が甚だしいさま**を表します。

問 必修！

①ところどころ語るを聞くに、**いとど**ゆかしさまされど、（更級日記）

訳 部分部分を語るのを聞くと、〔　　　〕読みたい気持ちが強くなるが、

「いといと」が縮まって「いとど」になったとも言われます。

答〔ますます〕

□□□
090
## おのづから 〔副〕

①自然に。
②たまたま。偶然に。
③(下に仮定表現を伴って)もしも。万一。

❖漢語の「自」を副詞として使う場合に、「みづから」と「おのづから」の二つの用法があります。「みづから」は、自己の意志で行うさま、**「おのづから」は、自然にそうなるさま**を表します。

①**母、物語など求めて見せ給ふに、げにおのづから慰みゆく。**(更級日記)
訳 母が、物語などを探して見せなさると、本当に自然に(私は)慰められていく。

問 必修！
②**今の世の人は、さのみこそは出でたて。さてもおのづからよきためしもあり。**(更級日記)
訳 今の世の人は、そんなふうにばかり出仕するものだ。出仕して、〔　　〕よい(ことの起こる)例もある。

③**おのづから後まで忘れぬ御事ならば、**(平家物語)
訳 もしも、後まで忘れない御事であるならば、

一番気をつけたいのは、②です。自然にそうなるさまから、人にとっては意識されない、つまり、「たまたま」起こるという意で用いられるようになりました。

答〔たまたま〕

□□□
091
## せちに 〔副〕 《切に》

❖「切《せち》」は、「切迫しているさま」や、「風情のすぐれているさま」などを表します。

①**ひたすら。熱心に。**しきりに。いちずに。

関 **せちなり**［形動・ナリ活用］《切なり》
①痛切である。

関180 **ひたぶるなり**

問 必修！
①**せちに**いなと言ふ事なれば、（竹取物語）
訳〔　　〕嫌だと言うことなので、

形容動詞「せちなり」は、心に強く感じているさまを表します。

答〔ひたすら〕

## 水無月　練習問題

### 問題

傍線部の現代語訳として適切なものを選べ。

□062 人のならひは、我よくなりて侘び人をあはれまむとこそ、**あらましにもすめる**を、これはまことに深き悲しみのあまりと覚えて、いといと尊く侍り。（閑居友・学習院女子大）

① 荒れた家でも住めるだろう　② うらやましくて妬むだろう
② 少しはましだと考えるだろう　④ 今後の目標にするだろう

□063 南殿の方より、夜中過ぎて、人々の**けしき**して、いとしるく聞きつけまゐらせて見ゐたれば、（四条宮下野集・同志社大）

① 容姿　② 顔色　③ 気配　④ 機嫌　⑤ 風情

### 解答《現代語訳》

062 ④
訳 人の世の常は、自分が裕福になって困っている人を憐れもうということを、**今後の目標にするだろう**が、これは本当に深い悲しみから生まれた行為だと見えて、たいそう尊いことでございます。

063 ③
訳 紫宸殿の方から、夜中過ぎてから、人々の**気配**がして、たいそうはっきりとお聞きつけ申し上げてじっと見ていると、

064
いたう降り明かしたる**つとめて**、「今宵《こよひ》の雨の音は、おどろおどろしかりつるを」などのたまはせたれば、（和泉式部日記・西南学院大）

① 前夜　② 早朝　③ 翌朝　④ 結果

065
十日あまりにて、もとの所へ帰り来ぬ。かくても**たづき**なきにて明かし暮らす。（なぐさみ草・青山学院大・改）

① 立つ瀬　② よるべ　③ 手段　④ すみか

066
御兄人《せうと》堀河の大臣《おとど》、太郎国経《くにつね》の大納言、まだ下臈にて**うちへまゐりたまふに**、（伊勢物語）

① ひそかにいらっしゃると　② 宮中に参上なさる途中で
③ 随身として従っていたが　④ 家にお帰りになるときに

067
兼好がいひし四十足らずの物ずき（＝四十才前に死ぬのがよいという物好きな考え方）は、**なべてのうへ**には早過ぎたり。（鶉衣・関西学院大）

① 一般の人の身の上　② 一般の人より身分の高い人
③ すべての人の年齢　④ すべての人の上に立つ人
⑤ すべての風流人

068
**おほやけ**聞こしめして、「あやしうめづらしきことなり。いかで試みむ」と思すほどに、（うつほ物語・同志社大）

① 国中　② 朝廷　③ 式部省　④ 天皇　⑤ 周囲の人たち

069
女御、夏ごろ、物の怪にわづらひたまひて、いとはかなく亡せたまひぬ。言ふかひなく口惜しきことを内裏にも思し嘆く。…（中略）…おほかた**さるまじき際の女官**などまで、しのびきこえぬはなし。（源氏物語・國學院大）

---

訳 064 ③
ひどく雨が降って夜が明けた**翌朝**、「今晩の雨の音は、ひどかったね」などとおっしゃるので、

訳 065 ③
十日くらいして、元のところに帰って来た。このようにして、（生きる）**手段**もない様子で朝晩暮らした。

訳 066 ②
兄君の堀河の大臣、太郎国経の大納言が、まだ身分が低くて**宮中に参上なさる途中で**、

訳 067 ①
兼好が言った四十才前に死ぬのがよいという物好きな考え方は、**一般の人の身の上**にとっては早過ぎるものである。

訳 068 ④
**天皇**はお聞きになって、「不思議で珍しいことである。（どんな人物か）何とかして見てみたい」とお思いになるときに、

訳 069 ③
女御は、夏頃、物の怪によって体調を崩され、あっけなくお亡くなりになった。

① 感情に流されるはずもない中立の立場の女房
② 何があっても解雇されるはずのない上級の女房
③ 女御の人柄に直接触れているはずもない下級の女房
④ 女御の死の意味など理解しようともしない薄情な女房
⑤ 女御が亡くなっても実家に引き上げるはずのない義理堅い女房

□ 070

朝成《あさひら》の君と一条殿と同じ折りの殿上人にて、**品**のほどこそ、一条殿にひとしからねど、身の才《ざえ》、人おぼえ、やむごとなき人なりければ、
（大鏡・学習院大）

① 上品さ　② 家柄　③ 官位　④ 財力

□ 071

さらに御宮仕へのやうにもあらで、**ただ人**の御仲らひのやうにぞおはしますや。
（うつほ物語・成蹊大）

① 凡人　② 臣下の者　③ 貴族　④ 中流の者　⑤ 無官の者

□ 072

もの思へば沢の蛍も**わが身よりあくがれいづる**たま（＝魂）かとぞみる
（後拾遺和歌集・早稲田大）

① 私の体から離れてさまよい出る　② 私の心からほしいと思っている
③ 私の身も絶えるほどいとおしい　④ 私の気持ちもそぞろになるような

□ 073

人**おどろきて**、「はるかにも来にけるかな。」と、
（中務内侍日記・センター）

① びっくりして　② あきれて　③ おびえて
④ 大声を出して　⑤ 目を覚まして

---

言いようもなく残念なことだと天皇もお嘆きになる。…（中略）…全て女御の人柄に直接触れているはずもない下級の女房まで、女御をしのび申し上げて嘆かないものはいなかった。

※身分の低い女房のことを「下級の女房」と言っています。

訳 070 ②
朝成の君と一条殿とは同じ時の殿上人で、家柄こそ、一条殿と等しくないけれども、学問、評判は、すばらしい人だったので、

訳 071 ②
全く宮中に仕えている方のようでもなく、臣下の者の夫婦のよう（なご関係）でいらっしゃるよ。

訳 072 ①
物思いをすると、沢の蛍も、私の体から離れてさまよい出る魂なのかと見てしまうことだ。

訳 073 ⑤
人が目を覚まして、「はるか遠くまで来たことだなあ。」と、

□ **074**

（幼い姫君の様子が）ただ母君のそのままにうつしとり給へるを見給ふには、（宮は）えたへ給はず、**かきくらされ給ふ**。（五葉・センター）

① むなしく時を過ごしていらっしゃる
② 悲しみにくれていらっしゃる
③ 感涙にむせんでいらっしゃる
④ 部屋にこもりきりでいらっしゃる
⑤ 心に描きつづけていらっしゃる

□ **075**

一人は姫君、世にすぐれ給ひければ、内へ参らせんとて**かしづき給ふ**ところに、（しぐれ・センター）

① お仕え申し上げている
② お控え申し上げている
③ 大切に育てていらっしゃる
④ 着々と準備していらっしゃる
⑤ 期待して待っていらっしゃる

□ **076**

さて月日へて、このほどこの男、物にかかづらひて、いとくるしくうちわびつつ、「こればかりの金《こがね》なむあらば**心ゆきなん**」など、朝夕に思ひをりけるころ、（三野日記・立教大）

① ゆるしてくれるだろう
② 心配もなくなるだろう
③ 気前よくなれるのに
④ 乗り気になるのに
⑤ 満足してくれないだろう

□ **077**

この女は、包みなどにもの入れ**したためて**、車とりにやりて、まつほどなり。（古本説話集・愛知大）

① 置き手紙を書いて
② きちんと整えて
③ 出発の用意をして
④ その包みをしばって

---

**訳 074** ②

（幼い姫君の様子が）ただ母君そのままに似ていらっしゃるのを御覧になると、（宮は）堪えなさることもできず、**悲しみにくれていらっしゃる**。

**訳 075** ③

一人は姫君で、並外れた容貌なので、宮中に（女御として）さしあげようと思って、**大切に育てていらっしゃる**ところに、

**訳 076** ②

さて月日を経て、このときこの男は、お金に困って、たいそう苦しくて嘆きながら、「これくらいの金があるならばきっと**心配もなくなるだろう**」などと、朝夕に思っていたとき、

**訳 077** ②

この女は、包みなどにものを入れて**きちんと整えて**、車を取りに行かせて待っていたときである。

□078

幼くても（法師に）なさむと思ひしかども、**すまひしかばこそあれ**。（大鏡・青山学院大）

① 一緒に住んでいたので出家させるに忍びなかったのだ
② 母親と住んでいたので強制できなかったのだ
③ 本人が嫌がっていたのでそのままになってしまったのだ
④ 一緒に住んでいたらそのこともできたのだが
⑤ 本人が抵抗するつもりなら出家させなかったのだが

□079

A **たのめ**つつ来ぬ年月をかさぬれば朽ちせぬちぎりいかがむすばん

B 心をばかけてぞ**たのむ**ゆふだすき七《なな》のやしろの玉のいがきに（今物語・中央大・改）

＊現代語訳と「たのむ」の活用の種類の組み合わせとして適切なものを選べ。

① 期待する（下二段活用）
② 期待する（四段活用）
③ 期待させる（下二段活用）
④ 期待させる（四段活用）

□080

（隠岐に流罪にされた後鳥羽院が）**たとしへなくながめしをれさせ給へる夕暮に**、沖の方にいと小さき木の葉浮かべると見えて漕ぎ来るを、あまの釣船かと御覧ずる程に、（増鏡・専修大）

① たとえようもない絶景に感動して眺めておいでになった夕暮れに
② たとえるものが見つからなくてぼんやり眺めておいでになった夕暮れに
③ たとえようもない程物思いに沈んでしおれておいでになった夕暮れに
④ たとえようもない程辺鄙な田舎風の景色を眺めておいでになった夕暮れに
⑤ たとえようもない程がっかりして海辺に佇んでおいでになった夕暮れに

---

訳 078 ③

幼くても（法師に）しようと思っていたけれども、**本人が嫌がっていたのでそのままになってしまったのだ。**

訳 079 A③ B②

Aあなたは、私のもとに訪れると**期待させ**続けながら訪れない月日を重ねるので、あなたと交わした約束をどうして守ることができようか、いやできない。

B私の心を神に託して、（あなたの訪れを）**期待して**います。木綿で作ったたすきを、山王七社の神聖な垣根に掛けるように。

訳 080 ③

（隠岐に流罪にされた後鳥羽院が）**たとえようもない程物思いに沈んでしおれておいでになった夕暮れに**、沖の方に木の葉が浮かんでいると見えて漕いで来るのを、漁師の釣り船かと御覧になるときに、

□ 081

もの思ふ涙に空はかきくれて我から月もおぼろにぞ見る

とうち**ながむ**ともなきさま、げにたぐひあらじと見えたり。

（あきぎり・清泉女子大）

① 物思いにふける　② 口ずさむ
③ 涙を流す　④ 長くのばす
⑤ 見渡す　⑥ 長雨にあう

□ 082

**君に人なれなならひそ**奥山に入りての後もわびしかりける

（今鏡・立教大）

① 増賀聖に他の人が柔軟に対処してほしい
② 三条院に他の人が慣れ親しまないでほしい
③ 妻とともに他の人が離れていくとしたら
④ 一の人に他の人が気安くするならば
⑤ 統理に他の人がつきあうことがあろうか

□ 083

三日、夕さりつかた、いささか空ものどやぎぬれば、をさなき（＝幼い子ども）をいだきて、埋火《うづみび》によりてゐて、外のかたを見出でたるに、籬《まがき》のむら竹の上に（＝垣根の竹の上から）、愛宕《あたご》・嵐《あらし》の山々、**にほひやかに**横ほれり。

（桂園遺文・センター）

① 美しく照りはえて　② 香気を漂わせて　③ 冷ややかに沈んで
④ ぼんやりと霞んで　⑤ 華やかにさかえて

□ 084

やうやく気色立ちて、**花咲くべしやと待ちまうけたる人にもことづけして**、今日や明日なんといふに、

（かたらひ山・早稲田大）

訳 081 ②

もの思いしながら流す涙によって、空は雲に隠れて暗くなってしまい、私のせいで、月もぼんやりとしかみえないことだ

と（和歌を）**口ずさむ**ともなく口ずさむのは、本当に並ぶものがないように見える。

訳 082 ②

**三条院に他の人が慣れ親しまないでほしい**。奥山に入った後もつらく思うから。

訳 083 ①

三日、夕方、少し空ものどかな感じなので、幼い子どもを抱いて、埋火のそばに座って、外の方を見ていたところ、垣根の竹の上から、愛宕・嵐の山々が、**美しく照りはえて**横たわっていた。

※「にほひやかなり」は「にほふ」の形容動詞です。

訳 084 ②

次第につぼみも膨らんできて、**花が咲く**

① 花が咲くはずもないと予測していた人にも風聞がつたわって
② 花が咲くにちがいないと待ち構えていた人にもたよりして
③ 花が早く咲かないものかと期待した人も様子を察知して
④ 花が咲くのかしらと首をかしげていた人に噂が届いて

□ **085**

この過ぎぬる人（＝亡くなった母）、わづらひつる日ごろ、ものなどもいはず、ただいふこととては、…（中略）…「あはれ、（私が死んだ後、あなたは）いかにしたまはむずらむ」と、しばしば息の下にも A**ものせ**られしを（私は）思ひ出づるに、かうまでもあるなりける。人（＝夫）（私が衰弱していることを）聞きつけて B**ものし**たり。われはものもおぼえねば、知りも知られず、人（＝侍女）ぞ（夫に）会ひて、「（奥方様は）しかじかなむ C**ものし**たまひつる」と語れば、（夫は）うち泣きて、

（蜻蛉日記・立命館大）

① 居る　② 死ぬ　③ 見る
④ 言う　⑤ 泣く　⑥ 来る

□ **086**

また、まことしくは覚えねども（＝本当のようには思われないけれども）、人のいふ事なれば、**さもあらんとてやみぬる人**もあり。

（徒然草・東洋大）

① そうであろうと取り合わない人
② そういうこともあろうとそのままにしてしまう人
③ そうかもしれないと気に病んでしまう人
④ そうかも知れないと思って見てしまう人
⑤ そうであろうというふりをやめてしまう人

---

**にちがいないと待ち構えていた人にもたよりして**、今日か明日（に咲くだろう）というときに、

**訳 085**

A④　B⑥　C①

この亡くなった母が、わずらっていた日頃、他のことは何も言わず、ただ言うことは、…（中略）…「ああ、（私が死んだ後、あなたは）どうなさるのだろうか」と、なんども苦しい息の下から**おっしゃった**ことを、（私は）思い出すと、自分がとても生きているとは思えないほどであった。夫は、（私が衰弱していることを）聞きつけて**やって来た**。私はどうしてよいか分からないので、何も分からず、侍女が夫に会って、「（奥方様は）これこれの状態で**いらっしゃいます**」と語ると、夫は泣いて、

**訳 086**

②

また、本当のようには思われないけれども、人の言うことなので、**そういうこともあろうとそのままにしてしまう人**もいる。

□ **087**

かかる程に弟子にならんとて、人**あまた**出で来集まりて、（閑居友・立教大）

① 徐々に　② 何度も　③ 再び　④ すべて　⑤ 数多く

□ **088**

（通俊卿が兼久の歌について）花こそといふ文字こそ、女の童などの名にしつべけれ、とて**いともほめられざりければ**、（宇治拾遺物語・実践女子大）

① それほどにはほめることができなかったので
② それほどおほめにならなかったので
③ 少しもおほめになられなかったので
④ 少しもほめてはもらえなかったので

□ **089**

黒き御衣にやつれておはするさま、**いとど**らうたげにあてなる気色まさりたまへり。（源氏物語・國學院大）

① かえって　② まさしく　③ ますます
④ たいへんに　⑤ あまりにも

□ **090**

定通の大臣、何となく、**おのづからの事もや**と思ひて、なえばめる烏帽子《えぼし》、直衣《なほし》にてさぶらひ給ひけるが、（増鏡・関西大）

① 自分から言い出そうか　② 悪い予感がする
③ 万一の場合もあろう　④ ほとんど無理であろう
⑤ よい事が起こるのではないか

□ **091**

（危篤の）北の方は（帥殿に会いたいと）**せちに**泣き恋ひ奉り給ふ。（栄花物語・センター）

① せっかちに　② おだやかに　③ ひたすらに
④ みだりに　⑤ おおげさに

---

訳 **087** ⑤
こうしている間に弟子になろうと言って、人が**数多く**集まってきて、

訳 **088** ②
（通俊卿が兼久の歌について）花という言葉は、女の童の名にしてしまう方がよい、といって**それほどおほめにならなかったので**、

訳 **089** ③
黒いお着物をお召しになって喪に服していらっしゃるご様子は、**ますます**かわいらしく上品なご様子がまさっていらっしゃった。

訳 **090** ③
定通の大臣は、何となく、**万一の場合もあろう**と思って、糊がきかなくなった烏帽子、直衣でお仕えなさっていたが、

※「なえばめる着物」は儀式ではないときに着用します。

訳 **091** ③
（危篤の）北の方は（帥殿に会いたいと）**ひたすらに**泣いて恋いしがり申し上げなさる。

# 第2章 伸長の季節

## ～文月《ふづき》・葉月《はづき》・長月《ながつき》

第1章で身につけた単語を土台として、さらに実力を伸ばすことにつとめましょう。

この章では、特に、主語を見極めるために重要となる敬語、心情や状況を把握するために重要な形容詞・形容動詞を中心に学習していきます。

動作の主語をおさえ、登場人物の関係や心情を読み取ることの大切さを実感してください。

## 文月（ふづき）〜7月〜 ―― 主語把握に重要な敬語 31語 ――

◆《尊敬語》動作をする人（動作主体）に対する敬意を表します。

□□□
092

### あそばす ［動・サ四］

①［「遊ぶ」の尊敬語］ 演奏なさる。お詠みになる。
②［「す」の尊敬語］ なさる。

❖「遊ぶ」の尊敬語です。楽器や和歌、あるいは狩猟や詩歌・碁などのように、**芸能や遊興を行うときに尊敬語として用いられます。**

問 必修！
①御手ひとつ**あそばし**て、山の鳥も驚かし侍らむ。（源氏物語）
訳 （琴を）御一曲〔　　　〕て、山の鳥にも気づかせてはいかがでしょうか。
②御硯《すずり》召し寄せて、みづから御返事**あそばされ**けり。（平家物語）
訳 御硯を取り寄せなさって、ご自身でお返事をなされた。

中世以降、「す」の尊敬語として用いられるようになりました。この場合、「す」の具体的な内容は文脈から考えることになります。

答〔演奏なさっ〕

□□□
093

### います ［動・サ四／サ変］

❖「あり」「行く」「来」の尊敬語です。奈良時代の尊敬の動詞「坐《ま》す」（「あり」「行く」「来」の尊敬語）に接頭語「い」が付いてできた語と考えられています。

①［「あり」「行く」「来」の尊敬語］
いらっしゃる。

問 必修！

①立ちて、こなたに**いまして**、「ここにやおはします」とて、（源氏物語）

訳（僧都は）立って、こちらに〔　　　　〕て、「ここにいらっしゃるのか」と言って、

「います」は、「あり＝居る」の尊敬語の場合と、「行く」「来」の尊敬語の場合があります。「いらっしゃる」が具体的にどのような意味であるか、注意しましょう。

答〔いらっしゃっ〕

## □□□ 094 いますがり　いまそがり ［動・ラ変］

①［「あり」の尊敬語］
いらっしゃる。

②［尊敬の補助動詞］
〜ていらっしゃる。

❖「あり」の**尊敬語**です。「います」と同じく、「いらっしゃる」と訳します。

問 必修！

①翁のあらむ限りは、かうても**いますがり**なむかし。（竹取物語）

訳 翁が生きているような間は、（かぐや姫は）きっとこのままで〔　　　　〕ことができるだろうよ。

②かの大将は、才もかしこく**いますがり**。（宇治拾遺物語）

訳 あの大将（＝藤原実頼）は、漢学の才もすぐれていらっしゃる。

ラ変動詞は、「あり」「をり」「侍り」「います（そ）がり」です。「います（そ）がり」がラ変動詞だということは知っていても、意味がわからない人が多いようです。注意しましょう。

答〔いらっしゃる〕

□□□
095

## おはします［動・サ四］
## おはす［動・サ変］

①［「あり」「行く」「来」の尊敬語］
いらっしゃる。

②［尊敬の補助動詞］
～なさる。お～になる。
～ていらっしゃる。

❖「います」と同じく、「あり」「行く」「来」の**尊敬語**です。「おはす」「おはします」は、平安時代になって用いられました。平安時代の人々にとっては、「います」は古風な言葉遣いだったようです。

問 必修！
①竹の中に**おはする**にて知りぬ。（竹取物語）
訳 竹の中に〔　　〕ことでわかった。

②上も聞こし召して興ぜさせ**おはしまし**つ。（枕草子）
訳 天皇もお聞きになっておもしろがりなさった。

「おはします」が、「せおはします」「させおはします」のように、使役・尊敬の助動詞「す」「さす」の連用形の下に付いているときや、「におはします」「にておはします」のように、断定の助動詞「なり」の連用形の下に付いているときは、②の補助動詞の用法となります。本動詞・補助動詞の区別はきちんとつけられるようにしておきましょう。

答〔いらっしゃる〕

□□□
096

## おぼしめす《思し召す》［動・サ四］
## おぼす《思す》

①［「思ふ」の尊敬語］
お思いになる。

❖「思ふ」の**尊敬語**です。同じ意味の尊敬語に「おもほす」「おもほしめす」がありますが、平安時代以降、「おぼす」「おぼしめす」が使われました。

問 必修！
①これを聞きて、かぐや姫少しあはれと**おぼし**けり。（竹取物語）
訳 これを聞いて、かぐや姫は（中納言のことを）少しお気の毒だと〔　　〕た。

関 **おぼしいづ**〔動・ダ下二〕《思し出づ》

①思い出しなさる。

関 **おぼししる**〔動・ラ四〕《思し知る》

①十分理解なさる。

関 **おぼしなげく**〔動・カ四〕《思し嘆く》

①お嘆きになる。

関 **おぼしやる**〔動・ラ四〕《思し遣る》

①遠方に思いをおはせになる。

「おぼす」には、他の動詞と複合した表現が多くあります。「おぼしいづ」「おぼししる」「おぼしなげく」「おぼしやる」を、関連語として覚えておきましょう。

答〔お思いになっ〕

□□□ 097

## おほとのごもる〔動・ラ四〕《大殿籠る》

①［「寝《ぬ》」「寝《い》ぬ」の尊敬語］おやすみになる。

❖「**寝《ぬ》**」「**寝《い》ぬ**」の**尊敬語**です。名詞「大殿（＝寝殿）」＋動詞「こもる」で、できた語です。

問 必修！ ①上のおはしまして**おほとのごもり**たり。（枕草子）

訳 天皇がいらっしゃって、（中宮定子は）〔　　〕ている。

「おほとの」は宮殿や邸宅の敬称ですが、大臣や当主の敬称として、屋敷の主という人そのものを表すこともあります。

答〔おやすみになっ〕

□□□
098

## おほす

〔動・サ下二〕《仰す》

①〔「言ふ」の尊敬語〕
お命じになる。おっしゃる。

□□□
099

## のたまふ
〔動・ハ四〕《宣ふ》

## のたまはす
〔動・サ下二〕《宣はす》

①〔「言ふ」の尊敬語〕
おっしゃる。

❖**平安時代は**「言ふ」**の尊敬語**として用いられました。ハ行四段動詞「負ふ」の未然形に使役の助動詞「す」が付いた「おはす」（＝負わせる）が転じたと言われています。「言葉を負わせる」意から「言いつける」を経て、「**お命じになる**」という尊敬語になったのですね。

問 必修！
①つかさ、つかさに**仰せ**て、…二千人の人を竹取の家に遣はす。
（竹取物語）

訳 （天皇は）役所、役所に〔　　　〕て、…二千人の人々を竹取の翁の家へ派遣なさる。

平安時代には、「仰せらる」や「仰せたまふ」の形がよく用いられました。鎌倉時代以降、「おほす」だけで「おっしゃる」の意を表すようになっていきます。

答〔お命じになっ〕

❖「言ふ」**の尊敬語**です。呪力を持った発言を意味する「告《の》る」に尊敬の補助動詞「たまふ」が付いた「のりたまふ」から転じて、「のたまふ」ができました。「のたまはす」は、「のたまふ」より強い敬意を表します。

問 必修！
①ものなど**のたまふ**御声なども、弱げなるを聞きおどろきて、
（浜松中納言物語）

訳 （吉野の入道の宮が）何かを〔　　　〕御声なども、弱々しそうなのを（中納言は）聞いて驚いて、

「のたまふ」に対して、「のたまはす」「仰せらる」は敬意が高い言い方です。平安時代の物

語では、地の文の「のたまはす」「仰せらる」の主語は、天皇・中宮と院（＝上皇）・東宮（＝皇太子）などの皇族であることが多いです。

**答**〔おっしゃる〕

□□□
**100**

# きこしめす ［動・サ四］《聞こし召す》

①［「聞く」の尊敬語］
お聞きになる。

②［「聞き入る」の尊敬語］
承知なさる。

③［「食ふ」「飲む」の尊敬語］
召し上がる。お飲みになる。

④［「治む」の尊敬語］
治めなさる。

❖「聞く」「食ふ」「飲む」の尊敬語です。奈良時代にあった、尊敬の動詞「聞こす」の連用形に、尊敬の補助動詞「召す」が付いてできた語で、高い敬意を表し、古くはその多くが天皇や皇后・中宮などの動作に用いられました。

**問** 必修！

①うへにも**聞こしめして**、渡りおはしましたり。（枕草子）

**訳** 天皇におかれても〔　　　　〕て（中宮定子のお部屋へ）いらっしゃった。

②ここにせちに申さむことは、**聞こし召さ**ぬやうあらざらまし。（源氏物語）

**訳** もし私が熱心に申し上げたらそのことは、（天皇は）承知なさらないことはなかっただろうに。

③ひろげて御覧じて、いといたくあはれがらせたまひて、物も**きこしめさ**ず。（竹取物語）

**訳**（天皇は手紙を）ひろげて御覧になって、たいそうしみじみとつらいとお思いになって、何も召し上がらない。

④やすみししわご大君の**きこしめす**天《あめ》の下に…（万葉集）

**訳** 我が大君（＝天皇）が治めなさる天下に…

「お聞きになる」と「召し上がる」というように大きく異なる二つの意味を持っているので注意しましょう。食事の場面で「きこしめす」が出てきたときは、③の可能性が高いですよ。

**答**〔お聞きになっ〕

□□□
## 101 **ごらんず** [動・サ変]《御覧ず》

①[「見る」の尊敬語] ご覧になる。

❖「見る」の尊敬語です。「御覧」にサ変動詞「す」が付いてできた語で、平安時代に用いられ、古くは天皇や皇后・中宮などの動作に用いました。

問 必修！ ①烏の群れゐて池の蛙をとりければ、**御覧じ**悲しませ給ひてなむ。 （徒然草）

訳 烏が群れとまって、池の蛙を捕ったので、〔　　　〕てお悲しみになってのことである。

尊敬語「ごらんず」に受身の助動詞「らる」の付いた「ごらんぜらる」（＝お目にかかる）や、使役の助動詞「さす」の付いた「ごらんぜさす」（＝お目にかける）は謙譲表現になります。訳に注意しましょう。

答〔ご覧になっ〕

□□□
## 102 **しろしめす** [動・サ四]《知ろし召す》

①[「知る」の尊敬語] ご存じである。知っていらっしゃる。

②[「領《し》る」の尊敬語] 統治なさる。

❖「知る」「領《し》る」の尊敬語です。奈良時代にあった、尊敬の動詞「しらす」の連用形に、尊敬の補助動詞「召す」が付いてできた語で、高い敬意を表し、古くはその多くが天皇や皇后・中宮などの動作に用いられました。

問 必修！ ①さる者ありとは、鎌倉殿までも**しろしめさ**れたるらんぞ。 （平家物語）

訳 そういう者がいるとは、鎌倉の源頼朝殿までも〔　　　〕だろうよ。

②今《いま》皇《すべらぎ》の天《あめ》の下**しろしめす**こと、四《よ》つの時、九返《ここのかへ》りになむなりぬる。 （古今和歌集仮名序）

訳 今上天皇（＝醍醐天皇）が天下を**統治なさる**ことは四季が九回目（＝九年）になった。

「しろしめす」は、「知る」と「領る」の漢字とともに、二つの意味を覚えておくとよいでしょう。

答〔**ご存じである**〕

---

□□□ 103

## たまはす ［動・サ下二］《賜はす》

①［「与ふ」の尊敬語］

**お与えになる。くださる。**

❖「与ふ」の**尊敬語**です。動詞「たまふ」の未然形に、尊敬の助動詞「す」が付いて一語化したものです。「**たまふ」よりも高い敬意**を示します。

問 必修！

①**不死の薬壺に、文具して、御使に賜はす。**（竹取物語）

訳 不死の薬壺に、（かぐや姫の）手紙を添えて、御使いの者に〔　　　〕。

「たまはす」とよく似た敬語動詞に「たまはる（⇩113）」という謙譲語があります。混同しやすいので、活用形を含め、しっかり覚えましょう。

答〔**お与えになる**〕

□□□ **104** **たまふ** [動・ハ四]《賜ふ・給ふ》

① **[「与ふ」の尊敬語]**
お与えになる。くださる。

② **[尊敬の補助動詞]**
～なさる。お～になる。～ていらっしゃる。

関 120 **たまふ** [下二段]

関 **たぶ・たうぶ** [動・バ四]《賜ぶ・給ぶ》
①お与えになる。くださる。②～なさる。お～になる。～ていらっしゃる。

関 **いざたまへ** [連語]《いざ給へ》
①さあ、いらっしゃい。

❖「与ふ」の尊敬語です。起源としては、上位の者が下位の者に何かを与える行為を表しました。また、動詞の下に付いて、補助動詞としても多く用いられました。

① 「稲荷より**たまふ**しるしの杉よ」とて、投げいでられしを、（更級日記）

訳 「稲荷の神が**お与えになる**『しるしの杉』だよ」ということで、（一枝の杉を）投げ出しなさったが、

問 必修！ ② 童べと腹立ち**たまへ**るか。（源氏物語）

訳 子どもたちとけんか〔　　〕たのか。

補助動詞としての「たまふ」は、敬語としては最頻出の語です。②の例文のように動詞の下に付きます。また、「せたまふ」「させたまふ」「しめたまふ」のように、使役・尊敬の助動詞「す」「さす」「しむ」の下に付く場合も補助動詞になります。

答 〔なさっ〕

□□□ **105** **つかはす** [動・サ四]《遣はす》

① **[「遣《や》る」「与ふ」「贈る」の尊敬語]**
派遣なさる。お与えになる。お贈りになる。

❖もともとは「使ふ」の尊敬語です。上位の者が下位の者を派遣して仲介させるところから、「**遣る**」「**与ふ**」「**贈る**」の尊敬語として用いられるようになりました。

問 必修！ ① またの日の昼つ方、岡辺《をかべ》に御文**つかはす**。（源氏物語）

訳 翌日の昼ごろ、（光源氏は明石の姫君の住む）丘の辺りの住まいにお手紙を〔　　〕。

②行かせる。与える。贈る。

② 「その田を刈りてとれ」とて、人を**つかはし**けるに、（徒然草）

訳 「その田の稲を刈って取れ」と言って、人を行かせたところ、

②は、①の敬意がなくなった用法です。「つかはす」が尊敬語として用いられているかどうかを判断するには、動作主体「…が」「…は」が敬意の対象となる人物かどうかで見分けます。

答 〔お贈りになる〕

□□□
106

## めす 〔動・サ四〕 《召す》

① 〔「呼ぶ」の尊敬語〕
お呼びになる。

② 〔「食ふ」「飲む」の尊敬語〕
召し上がる。お飲みになる。

③ 〔「着る」の尊敬語〕
お召しになる。

④ 〔「乗る」の尊敬語〕
お乗りになる。

❖動詞「見る」に尊敬の助動詞「す」が付いてできた語から、「**呼ぶ**」の**尊敬語**として用いられました。それから、「**食ふ**」「**飲む**」「**着る**」「**乗る**」の**尊敬語**として、様々な意味へと広がっていったと言われます。

問 必修！

① またの日、小君**召し**たれば、（源氏物語）

訳 翌日、（光源氏が）小君を〔　　〕たので、

② 己れまづ酔《ゑ》ひて臥しなば、人はよも**召さ**じ。（徒然草）

訳 自分がまず（酒に）酔って倒れたら、人はまさかお飲みにはならないだろう。

③ 宮の御物の具**めし**たりし御さまなど（建礼門院右京大夫集）

訳 中宮がご礼装をお召しになっていたご様子など

④ 主上をはじめ奉りて、人々皆御舟に**召す**。（平家物語）

訳 （安徳）天皇をはじめとし申し上げて、人々は皆、御舟にお乗りになる。

①②③の「召す」は現代語でも使用されています。④の意味を覚えることと、尊敬語であることを忘れずに、誰に対する敬意で用いられているかを考えながら読みましょう。

答 〔お呼びになっ〕

## ◆《謙譲語》動作をされる人（客体）に対する敬意を表します。

□□□
**107**

### うけたまはる［動・ラ四］《承る》

①［「受く」の謙譲語］お受けする。

②［「聞く」の謙譲語］お聞きする。うかがう。

❖「受く」「聞く」の謙譲語です。動詞「受く」の連用形に、謙譲の補助動詞「たまはる」が付いて一語化した語で、**身分の高い方のご命令を「受ける」**意を表します。

①頭中将、宣旨《せんじ》を**うけたまはり**て、（源氏物語）

訳 頭中将は、天皇のご命令を**お受けし**て、

問 必修！

②さだめて習ひあることにはべらむ。ちと**うけたまはら**ばや。（徒然草）

訳 きっといわれがあることでしょう。少し〔　　〕たい。

「承る」は現代語でも普通に用いられますが、意味はと聞かれると困ってしまう人が多いようです。「お受けする」「お聞きする」と、覚えておきましょう。

答〔お聞きし〕

□□□
**108**

### きこゆ［動・ヤ下二］
### きこえさす［動・サ下二］《聞こゆ・聞こえさす》

①［「言ふ」の謙譲語］申し上げる。

❖「言ふ」の謙譲語です。「聞く」に、奈良時代以前にあった、受身・自発の助動詞「ゆ」が付いてできた語です。自然に音が耳に入ってくるのが原義です。

問 必修！

①よろづの事を泣く泣く契りのたまはすれど、御いらへもえ**きこえ**給はず。（源氏物語）

訳（桐壺帝が）あらゆることを泣く泣く約束しお声をかけなさるけれど、（桐壺更衣は）ご返

②【謙譲の補助動詞】
(お)~申し上げる。お~する。

③(「きこゆ」のみの用法)
評判である。

事も〔　　　〕ことがおできにならない。

②ここには、かく久しく遊び**聞こえ**て、慣らひたてまつれり。（竹取物語）

訳 ここでは、このように長く逗留《とうりゅう》し〔　　　〕、(おじいさんやおばあさんにも) 馴染み申し上げてきた。

③猫殿は小食《せうじき》におはしけるや。**聞こゆる**猫おろしし給ひたり。（平家物語）

訳 猫殿 (＝猫間中納言) は小食でいらっしゃるのだなあ。世間で**評判の**「猫おろし (＝食べ残し)」をなさっている。

「聞こゆ」が敬語動詞であることを理解していない人が多いので、試験ではよく出題されます。また、③の一般動詞の用法も試験でよく出題されます。敬語動詞・一般動詞の用法をよく整理しておきましょう。

答 ①〔申し上げる〕②〔申し上げ〕

今月のうた

秋ちかう野はなりにけり白露のおける草葉も色かはりゆく（『古今和歌集』紀友則）

訳 野原は秋も近くなったなあ。白露に濡れている草の葉も桔梗の花も、みんな枯れ色に変わってゆく。

＊初句から二句にまたがって「きちかうのはな（桔梗の花）」が隠れています。桔梗は、秋の七草の一つとも言われました。

□□□ 109

## まうす [動・サ四]《申す》

① [「言ふ」の謙譲語]
申し上げる。

② [謙譲の補助動詞]
(お)〜申し上げる。お〜する。

❖「聞こゆ」と同様、「言ふ」の謙譲語です。主に女性がお耳に入れる意で用いたのが「聞こゆ」であるのに対して、**男性が公的な場で報告するような場合に用いたのが「申す」**でした。

問 必修!

① 燕《つばくらめ》の巣に手をさし入れさせて探るに、「物もなし」と**申す**に (竹取物語)

訳 燕の巣に手を入れさせて探らせるが、「何もない」と〔　　〕ので

② 刀どもを抜きかけてぞ守り**まうし**ける。(大鏡)

訳 刀などを抜くのを途中で止めて、お守り申し上げた。

「人々(我に)申す」「我に申せ」といった、会話主が自らへの敬意を表しているような場合がありますが、これは自身をへりくだる気持ちを表すために用いられるもので、自敬表現ではありません。⇩p.137〈謙譲語Ⅱについて〉

答〔申し上げる〕

□□□
110
## そうす
【動・サ変】《奏す》

□□□
111
## けいす
【動・サ変】《啓す》

**110【奏す】**
①（天皇・上皇に）申し上げる。

**111【啓す】**
①（中宮（＝皇后）・東宮（＝皇太子）に）申し上げる。

❖二つまとめて覚えておけば、その場にいる身分の高い人が誰かを把握できるだけでなく、誰への敬意かもすぐに答えられますね。

問 必修！
110 ①かぐや姫をえ戦ひ止めずなりぬること、こまごまと**奏す**。（竹取物語）
訳 かぐや姫を（天人と）戦って（この国に）止めることができなくなったことを、詳しく〔　　　〕。

問 必修！
111 ①よきに奏し給へ、**啓し**給へ。（枕草子）
訳 天皇によろしく申し上げなさってください、〔　　　〕なさってください。

以前、入試問題で、『枕草子』からの出題で、「啓す」に傍線が付され、「誰への敬意を表すか、歴史上の人物名で答えよ」という設問がありました。答えは、一条天皇の中宮である藤原定子。敬語の問題と文学史の問題の融合です。

答 110〔天皇に申し上げる〕 111〔中宮に申し上げ〕

□□□
## 112 たてまつる [動・ラ四／ラ下二] 《奉る》

①［「与ふ」の謙譲語］
差し上げる。

②［謙譲の補助動詞］
(お)〜申し上げる。お〜する。

③［「食ふ」「飲む」「乗る」「着る」の尊敬語］
召し上がる。お飲みになる。お召しになる。お乗りになる。

❖「与ふ」の**謙譲語**です。下位の者から上位の者へ、何かを献上するのが原義です。

問 必修！

①この殿は、こまつぶりに村濃《むらご》の緒付けて**奉り**給へりければ、（大鏡）

訳 この殿（＝藤原行成）は、独楽《こま》に濃淡のある紐を付けて（後一条天皇に）〔　　〕なさったところ、

②かぐや姫をやしなひ**たてまつる**こと二十余年になりぬ。（竹取物語）

訳 かぐや姫をご養育**申し上げる**ことは、二十年以上になった。

③一人の天人言ふ、「壺なる御薬**たてまつれ**」（竹取物語）

訳 一人の天人が（かぐや姫に）言う、「壺にある御薬を**召し上がれ**」

③の用法は試験に頻出します。「たてまつる」の前に、食べ物や飲み物、杯、車、衣装などが出てきたら、③ではないかと考えてみましょう。

答〔差し上げ〕

□□□
## 113 たまはる [動・ラ四] 《賜はる・給はる》

①［「受く」「もらふ」の謙譲語］
いただく。

❖「受く」の**謙譲語**で、下位の者が上位の者から何かを得る意です。

問 必修！

①禄ども、しなじなに**たまはり**給ふ。（源氏物語）

□□□
114

## つかうまつる 〔動・ラ四〕 《仕うまつる》

① 〔「仕ふ」の謙譲語〕
お仕え申し上げる。

② 〔謙譲の補助動詞〕
（お）〜申し上げる。お〜する。
〜させていただく。

訳 褒美の数々を、それぞれ身分に応じて〔　　　〕なさる。

尊敬語の「たまはす（⇩103）」、「たまふ（⇩104）」と混同しやすいので、試験によく出題されています。「たまふ」「たまはす」は、「上位の者が下位の者に何かを与える」の意ですから、それぞれ、「与える」と「もらう」の、動作そのものが違うことに注意しましょう。

答 〔いただき〕

❖「仕ふ」の謙譲語です。「つかへまつる」から変化しました。

問 必修！

① 例の狩りしにおはします供に、馬の頭《かみ》なる翁、**つかうまつれり**。（伊勢物語）

訳 （惟喬《これたか》親王が）いつものように鷹狩りをしにいらっしゃるお供として、馬の頭である翁が、〔　　　〕た。

② はや、この皇子にあひ**つかうまつり**給へ。（竹取物語）

訳 早く、この皇子と結婚**申し上げ**なさってください。

古典では、主に和歌を「つかうまつれ」と命じられる場面がよく出てきますが、このときの「つかうまつる」は「和歌をお詠み申し上げる」の意です。

答 〔お仕え申し上げ〕

第2章 文月 敬語

□□□
## 115 まゐらす ［動・サ下二］《参らす》

①［「与ふ」の謙譲語］差し上げる。
②［謙譲の補助動詞］（お）〜申し上げる。お〜する。〜て差し上げる。

❖「与ふ」の**謙譲語**です。もとは謙譲語「まゐる」に使役の助動詞「す」が付いてできた語ですが、平安時代に「まゐる」と「まゐらす」は別の用法を持つ語となりました。

問 必修！
①**薬の壺に御文添へてまゐらす。**（竹取物語）
訳（中将が）薬の壺に（かぐや姫の）お手紙を添えて（天皇に）〔　　〕。
②**土御門《つちみかど》より東《ひむがし》ざまに率《ゐ》て出《い》だしまゐらせ給ふに、**（大鏡）
訳（道兼が花山天皇に）土御門の門から東の方角に連れ出し**申し上げ**なさると、

「まゐる」と「まゐらす」は見た目が似ていますが、別語です。間違えやすいので、試験によく出題されます。ただし、「参上させる」の意の「まゐら＋す（使役）」と「まゐらす」一語が文章に混在したりするので、読む際に注意が必要です。

答〔差し上げる〕

□□□
## 116 まかる ［動・ラ四］《罷る》

①［「出づ」の謙譲語］退出する。

❖「出づ」の**謙譲語**です。身分の高い人のところから「退出する」ことを言います。また、「みまかる（身罷る）」という動詞は、「身体がこの世から退出する」ということで、「死ぬ」という意味です。

問 必修！
①**あなたにまかりて、禄《ろく》のことなどものし侍らむ。**（枕草子）
訳 あちらに〔　　〕て、（天皇からの使者への）祝儀のことなどをしましょう。

②〔「まかり＋動詞」の形で、丁寧表現〕～ます。

③〔「行く」の丁寧表現〕参ります。

□□□ 117

## まかづ

［動・ダ下二《罷づ》］

①〔「出づ」の謙譲語〕退出する。

②今井四郎兼平、生年三十三に**まかり**なる。（平家物語）

訳 今井四郎兼平は、年齢は三十三歳になり**ます**。

③花見に**まかれ**りけるに、早く散りすぎにければ、（徒然草）

訳 花見に**参りまし**たのに、（桜が）すでに散り果ててしまっていたので、

中古（平安時代）以降は、③の用法が多くなります。②は、現代でも、「まかり通る（＝通ります）」などと言いますね。②や③の用法は、謙譲語Ⅱと呼ばれます。⇩p.137〈謙譲語Ⅱについて〉

答〔退出し〕

❖「まかる」と同じく、「**出づ**」の**謙譲語**です。「まかる」に動詞「出づ」が付いた「まかりいづ」からできた語と言われています。

問 必修！

①**まかで**て聞けば、…かしがましきまでぞ鳴く。（枕草子）

訳（うぐいすは、宮中から）〔　　　〕聞くと、…うるさいくらいに鳴く。

「退出する」とは、身分の高い方の所から下がることを言います。「まかる」「まかづ」は「まゐる（⇩118）」の対義語と考えておくと、意味が理解しやすいですね。

答〔退出して〕

□□□
118

# まゐる

〔動・ラ四〕《参る》

① 〔「行く」「来」の謙譲語〕
参上する。

② 〔「す」の謙譲語〕
（貴人に何かを）し申し上げる。して差し上げる。

③ 〔「食ふ」「飲む」「す」の尊敬語〕
召し上がる。なさる。

❖「行く」の謙譲語で、貴所に参上する意が原義です。それ以外に、貴人に奉仕するの意があります。②の用法は、「御格子《みこうし》まゐる」（＝御格子を下ろし申し上げる、お上げ申し上げる）、「大殿油《おほとなぶら》まゐる」（＝明かりをおつけ申し上げる）、「御前駆《みさき》まゐる」（＝先払いをし申し上げる）というような形で用いられます。この用法はよく出題されるので、代表的な形を記憶しておきましょう。

①人より先に**まゐり**給ひて、やむごとなき御思ひなべてならず、（源氏物語）

訳 ほかの人（＝妃）よりも先に（宮中に）参上なさって、（天皇が）大切に思うお心は並みひととおりでなくて、

問 必修！
②雪のいと高う降りたるを、例ならず御格子**参り**て、炭櫃《すびつ》に火おこして、（枕草子）

訳 雪がとても高く降り積もっているのに、いつもと違って御格子を〔　　〕て、炭櫃に火をおこして、

③ほかにて酒など**まゐり**、酔ひて、（大和物語）

訳 よそで酒などを召し上がり、酔って、

「たてまつる（⇩112）」と同じく、尊敬語の用法があります。こちらもよく試験に出題されます。「まゐる」の前に、食べ物や飲み物が出てきたら、③の用法ではないかと考えてみましょう。

答 〔下ろし申し上げ〕

□□□ 119

## まうづ [動・ダ下二] 《参づ・詣づ》

① [「行く」の謙譲語]
参上する。

② [社寺に「行く」の謙譲語]
参詣する。お参りする。

❖「行く」の謙譲語です。謙譲語「まゐる」の連用形に「づ」が付いた「まゐづ」のウ音便と言われています。

問 必修！
①かくしつつ、**まうで**つかうまつりけるを、（伊勢物語）
訳 このようにしながら、〔　　〕お仕え申し上げていたのに、

②その秋、住吉に**詣で**給ふ。（源氏物語）
訳 （光源氏は）その秋、住吉大社に参詣なさる。

「まうづ」は、社寺への参詣だけとは限りません。①の身分の高い方の所へ行くという場合を忘れないようにしましょう。

答〔参上して〕

□□□ 120

## たまふ [動・ハ下二] 《賜ふ・給ふ》

① [謙譲の補助動詞] ⇩p.137
(私は)〜ております。
(私は)〜ます。
(私は)〜させていただく。

関 104 たまふ [四段]

❖謙譲の補助動詞「たまふ」は試験でよく出題されます。主に会話文中で用いられ、話者自身の動作「思ふ」「見る」「聞く」「知る」に付いて、**聞き手に敬意を表す**語です。

問 必修！
①今はこの世のことを思ひ**たまへ**ねば、（源氏物語）
訳 （私は）今は現世のことを考え〔　　〕んので、

謙譲語「たまふ」の付いた動詞の動作の主語は「私」になります。下二段の「たまふ」を見つけたら、主語の「私」を補っておきましょう。

答〔ておりませ〕

## ◆《丁寧語》目の前にいる、話の聞き手に対する敬意を表します。

□□□ **121** **はべり** 【動・ラ変】《侍り》

□□□ **122** **さぶらふ** 【動・ハ四】《候ふ》

① **【「あり」「をり」の丁寧語】** ありますの。おります。ございます。

② **【丁寧の補助動詞】** ～ます。

③ **【「仕ふ」の謙譲語】** （貴人の）おそばにお仕え申し上げる。お控え申し上げる。

❖「侍」も「候」も高貴な方のおそばに控え、命令を待つ意を表す謙譲語の用法が原義となりますが、本文中では、「侍り」「候ふ」は丁寧語の用法がよく見られます。

**121** ①正月の十余日までは**はべり**なむ。（枕草子）

訳（積もった雪は）正月の十日過ぎまではきっとございましょう。

問 必修！ **121** ②かの白く咲けるをなむ、夕顔と申し**侍る**。（源氏物語）

訳 あの、白く咲いている花を、夕顔と申し〔　　〕。

**121** ③「誰誰か**侍る**」と問ふこそをかしけれ。（枕草子）

訳（役人が）「（天皇のおそばに）誰と誰が〔　　〕のか」と尋ねるのもおもしろい。

**122** ①直垂などの**候は**ぬにや。（徒然草）

訳 直垂などがありませんか。

問 必修！ **122** ②忠度が帰り参つて**候ふ**。（平家物語）

訳 忠度が帰参してい〔　　〕。

**122** ③殿上の小庭に畏まってぞ**候ひ**ける。（平家物語）

訳 清涼殿の小庭にかしこまって〔　　〕た。

③の用法のときは、そばに身分の高い人がいるかどうかが目安です。

**答** 121 ②〔ます〕③〔お控え申し上げる〕 122 ②〔ます〕③〔お控え申し上げ〕

## 文月 練習問題

**問題** 傍線部の現代語訳として適切なものを選べ。

□ **092** 南院にて人々集めて弓**あそばしし**に、（大鏡）

① 遊んだ ② 披露した ③ なさった ④ 射た

□ **093** 右大将の宇治へ**いまする**こと、なほ絶え果てずや。（源氏物語）

① 通う ② いらっしゃる ③ お帰りになる ④ 参上する

□ **094** なにがしぬしの蔵人にて**いますがりし**時、（大鏡・中央大）

① いらっしゃった ② お仕えしました ③ おりました ④ ございました ⑤ ありました

□ **095** 昔、惟高《これたかの》親王《みこ》と申す親王**おはしましけり**。（伊勢物語）

① お生まれになった ② おりました ③ いらっしゃった ④ いたのでした

**解答**《現代語訳》

**092** ③
訳 南の院で人々を集めて弓を**なさった**時に、

**093** ②
訳 右大将が宇治へ**いらっしゃる**ことは、依然としてすっかり途絶えていないのか。

**094** ①
訳 誰それ様が蔵人で**いらっしゃった**時、

**095** ③
訳 昔、惟高親王と申し上げる親王が**いらっしゃった**。

□096 子安貝取らむと**思しめさば**、（竹取物語）

① 思ったならば　② お思いになるならば　③ 覚えていたならば　④ お思い申し上げるならば

□097 親王、**おほとのごもらで**、あかし給うてけり。（伊勢物語・共立女子大）

① 悲しみに沈むこともなさらないで　② 寝所にお入りにもならないで　③ お腹立ちにもならないで　④ 読書にふけることもなさらないで

□098 「あさましきことかな」と（殿が）**おほせ給ふ**ほどに、（今昔物語集）

① おっしゃる　② 申し上げる　③ 感じなさる　④ おほめになる

□099 仁和寺の僧正のにやと思へど、**よにかかることのたまはじ**。（枕草子・同志社大）

① とても気にかかることであるなあ
② この世にこんな事があるだろうか
③ まさかこんな事はなさらないだろう
④ この世にこんな事があってはいけない
⑤ まさかこんな事はおっしゃらないだろう

□100 ことのついでありて人の奏しければ、**きこしめしてけり**。（大和物語）

① 聞くことになってしまった
② 噂《うわさ》をされるはめになってしまった
③ 自然と耳に入れてしまった
④ お聞きになってしまった
⑤ お気付きになってしまった

---

訳 096 ②
子安貝を取ろうと**お思いになるならば**、

訳 097 ②
親王は、**寝所にお入りにもならないで**、夜を明かしなさってしまった。

訳 098 ①
「おどろきあきれることだなあ」と（殿が）**おっしゃる**うちに、

訳 099 ⑤
仁和寺の僧正のであろうかと思うけれども、**まさかこんな事はおっしゃらないだろう**。

訳 100 ④
何かの機会があって人が天皇に申し上げたので、**お聞きになってしまった**。

□ **101** かひ無き身なりとも今一度参りて**御覧ぜられで**や止み侍りなんと思ひ給ふるに、（栄花物語）

① ご覧になって　② 拝見しないで
③ お見せになって　④ お目にかからないで

□ **102** 随蓮この事すべて人にも申さず、なにとして**しろしめしたる**にかと思ひながら、（法然上人絵伝・近畿大）

① しるしを示した　② 白い着物をお召しになった
③ 霊験をあらわに示した　④ お知りになった

□ **103** 院より（女に）**たまはせむ物**も、かの七郎君がりつかはさん。（大和物語）

① いただくような物　② 頂戴したような物
③ お与えになるような物　④ お預かりしたような物

□ **104** 大御酒《おほみき》たまひ、**禄たまはんとて**、つかはさざりけり。（伊勢物語・共立女子大）

① いろいろな仕事をさせようとして　② 褒美を頂戴しようと思って
③ 褒美をお与えになろうとして　④ 位階を上げてくださろうとして

□ **105** 木草につけても御歌を詠みて**つかはす**。（竹取物語）

① 配る　② お贈りになる　③ 差し上げる　④ お与えになる

□ **106** **物めしける**に、世に良き酢《す》い茎のありけるを、（沙石集・中央大）

① 召使いをお呼びになる　② 出し物をご覧になる
③ 衣服を着用される　④ お食事をなさる

---

訳 **101** ④ つまらない我が身であっても、もう一度（中宮のところに）参って**お目にかからないで**きっとそれきりになってしまうのだろうかと思いますと、

訳 **102** ④ 随蓮はこの事を決して人にも申しておらず、どうやって、**お知りになった**のであろうかと思いながら、

訳 **103** ③ 院から（女に）**お与えになるような物**も、この七郎君のところにお贈りしよう。

訳 **104** ③ 大御酒をお与えになり、**褒美をお与えになろうとして**、おやりにならなかった。

訳 **105** ② 木の草につけて御歌を詠んで**お贈りになる**。

訳 **106** ④ **お食事をなさる**時に、非常によい酢茎があったが、

□ **107**
「**何事をも承らん、うしろやすくおぼせ**」とこたふ。（藤簍冊子・早稲田大）
① どんなことでも伺いましょう。どうぞ心配なさらないでください。
② なにも聞いてはおりません。どうぞご注意なさいませ。
③ どんなことをお聞かせくださるのでしょう。心置きなくお話しください。
④ なんでも相談にのりましょう。安心してすごしなさい。

□ **108**
竹の中より、**見つけ聞こえたりしか**ど、（竹取物語）
① 見つけたと聞いた　② 見つけたとお聞きになった
③ 見つけました　④ 見つけ申し上げた

□ **109**
見ぬ骨のさまなりとなむ人々**まうす**。（枕草子）
① 不思議に思う　② 非難する　③ 申し上げる　④ 噂する

□ **110**
**よきに奏したまへ**など言ひおきてまかでぬ。（大和物語・中央大）
① みんなによろしくお伝えください
② わたしにいいことだけお伝えください
③ お上によろしく申しあげてください
④ 上手に和歌をさしあげてください

□ **111**
心も乱れて**啓す**べきかたもなければ、（枕草子）
① 東宮がお話になる　② 中宮がおっしゃる
③ 天皇に申し上げる　④ 中宮に申し上げる

□ **112**
禅林寺深覚僧正、宇治殿へ**消息を奉りて**（十訓抄・名城大）

---

訳 **107** ①
「**どんなことでも伺いましょう。どうぞ心配なさらないでください。**」と答える。

訳 **108** ④
竹の中から、**見つけ申し上げた**けれども、

訳 **109** ③
（まだ）見たことのない（扇の）骨の様子であると人々は**申し上げる**。

訳 **110** ③
**お上によろしく申しあげてください**など言い置いて退出した。
※「お上」は天皇のことです。

訳 **111** ④
心も乱れて、**中宮に申し上げる**のによい方法もないので、

**112** ②

① 使者を送って　② 手紙をさしあげて
③ 連絡なさって　④ 報告しまして

□ **113**
主上、御感のあまりに、「師子王《ししわう》」といふ御剣を頼政に下し賜はる。**頼長の左府これを賜はりついで、**（平家物語・共通一次）
① 左大臣頼長は、この御剣を帝からいただいてとりついで
② 左大臣頼長は、この御剣を頼政から一度はもらい受けて
③ 左大臣頼長は、帝からの御剣に他の引き出物を添えて
④ 左大臣頼長は、御剣を下さるという帝のことばを伝えて
⑤ 左大臣頼長は、妖怪を退治した時の剣を帝に献上したついでに

□ **114**
むかし、ならの帝に**つかうまつる**采女《うねべ》ありけり。（大和物語）
① 仕える　② お世話になっている
③ お仕え申し上げる　④ お仕えなさる

□ **115**
御賀茂《かも》詣《まうで》の日は、社頭にて三度の御土器《おほんかはらけ》定まりて**まゐらする**わざなるを（大鏡・國學院大）
① 参拝する　② 退出する　③ 差し上げる
④ 献上させる　⑤ 召し上がる

□ **116**
ひととせごろ、**物にまかりたりしに**、いと暑かりしかば（更級日記・駒澤大）
① 都から任地へ赴任してまいりましたときに
② 久しくおいでにならなかったときに
③ 用事があっておうかがいしたときに
④ ある所へまいりましたときに
⑤ 御所から出かけましたときに

---

訳 禅林寺深覚僧正が、宇治殿へ**手紙をさしあげて**

訳 **113** ①
帝は、ご感動のあまりに、「師子王」という御剣を頼政に下された。**左大臣頼長は、この御剣を帝からいただいてとりついで、**

訳 **114** ③
昔、奈良の都の天皇に**お仕え申し上げる**采女がいた。

訳 **115** ③
御加茂参詣の日は、社頭で三度の御盃を**差し上げる**きまりであるのを

訳 **116** ④
ある年、**ある所へまいりましたときに、**たいそう暑かったので

□ 117 **人まかでなどして**、右近の尉さしいでたれば、（和泉式部日記）

① 人々を参上させなさって　② 人々を退出させなさって

③ 人々が参上などしてから　④ 人々が退出などしてから

□ 118 水を**参りて**、少し御心地つかせ給ひぬ。（保元物語・東洋大）

① 頂いて　② 差し上げて　③ お飲みになって

④ お持ち申し上げて　⑤ お参りして

□ 119 ここに侍りながら、御とぶらひにも**まうでざりける**。（源氏物語）

① 行けなかった　② 退出しなかった

③ 参上しなかった　④ いらっしゃらなかった

□ 120 **所せう思ひ給へ侍れども**、（伊勢源氏十二番女合・センター）

① 意気盛んにお感じになっていますが

② 仰々しく大げさに存じておりますが

③ 狭くて窮屈にお思いになっていますが

④ 気詰まりで恐縮に存じておりますが

⑤ あわれで気の毒に感じていますが

□ 121 北山になむ、なにがし寺といふ所に、かしこき行ひ人**侍る**。（源氏物語）

① 修行なさる　② おります　③ いらっしゃる　④ お参りする

□ 122 （鳥羽天皇が）「**いましばしさぶらはばや**」とおほせられしを、（讃岐典侍日記・上智大・改）

① もう少しお仕えしてほしい

② もうちょっとおそばにお仕えしたい

---

訳 117 ④ **人々が退出などしてから**、右近の尉が出たところ、

訳 118 ③ 水を**お飲みになって**、少しご気分が回復なさった。

訳 119 ③ ここにおりますのに、お見舞いにも**参上しなかった**。

訳 120 ④ **気詰まりで恐縮に存じておりますが**、

訳 121 ② 北山に（ある）、何とか寺という所に、すぐれた行者が**おります**。

訳 122 ② （鳥羽天皇が）「**もうちょっとおそばにお仕えしたい**」とおっしゃったのを、

③ もうしばらくここにいてくれたらよいのに

④ 今すぐに差し上げたいものがあります

## 〈謙譲語Ⅱについて〉

補助動詞の「給ふ」には、四段に活用する尊敬語の用法と、下二段に活用する謙譲語Ⅱの用法とがあります。下二段に活用する「給ふ」は、話し手が、自分の動作をへりくだって、聞き手に対する敬意（畏《かしこ》まりの気持ち）を表す表現です。動作の受け手（＝客体）への敬意を表す通常の謙譲語に対して、謙譲語Ⅱの補助動詞と言われています。

丁寧語と考える説もありますが、「思ひ給へ侍り」などと、丁寧語にも付くことがあることを考えると、丁寧語ととらえるのは難しいと言えます。

畏まりの気持ちを表しますので、会話文や手紙文など、改まった場面で用いられるのが原則です。また、自分の動作をへりくだりますので、主体は「私」になり、「給ふ」の上にくる動詞も、他に働きかけるのではない、「思ひ」「見」「聞き」「知り」など、自己の認識行為を表す動詞に限られます。

時代が下ると、補助動詞の「給ふ」の他に、「参る」「まかる」「申す」などの語においても、謙譲語Ⅱの用法で使われるようになりました。その場合は、「参る」「まかる」は「参ります」、「申す」は「申す、申します」などと訳します。

前の河原へ参り合はん（徒然草）

訳 前の河原へ参りまして戦おう

夏山となむ申す。（大鏡）

訳 （私の姓は）夏山と申します。

## ◆《形容詞》良いにつけ悪いにつけ…。

□□□
123

### あさまし ［形・シク活用］

①驚きあきれるほどだ。意外だ。

②ひどい。程度が甚だしい。

❖「**良いにつけ悪いにつけ、予想外で呆然《ぼうぜん》とする**」の意です。「あさましくなりぬ」という表現は、あきれてどうしてよいかわからないときに使いますが、人が病気になっている場面では、その人が「亡くなってしまった（⇩p.350）」ことを表す場合もあります。

問 必修！

①かく**あさましき**そらごとにてありければ、はやとく返し給へ。（竹取物語）

訳 このように、〔　　　〕作り話であったのだから、すぐにさっさとお返しになってください。

②むく犬の、**あさましく**老いさらぼひて、毛はげたるを引かせて、（徒然草）

訳 むく犬で、ひどく老いてよぼよぼになって、毛が抜けたのを（人に）引かせて、

現代語で、「あさましい」は、人間らしくないありさまで情けないというときに使いますが、古文では、予想外のことに呆然とするときに使います。試験で問われたときは、まず、「驚いて、呆然とする」の意味を考えてみましょう。

答〔驚きあきれる〕

□□□
124

## いたし ［形・ク活用］《甚し》

①**すばらしい。ひどい。**

②（**連用形「いたく」で**）
**たいそう。激しく。**

③（**連用形「いたく」＋下に打消を伴って**）
**それほど～（ない）。**

関 **いたる** ［動・ラ四］《至る》
①**到着する。**

関 **いたむ** ［動・マ四］《痛む・傷む》
①**激しく嘆く。**

関 088 **いと**

❖「いた」は「**究極に至る**」の意です。関連語として、「いたる」（ラ行四段動詞）や「いたむ」（マ行四段動詞）、さらに「いと」（副詞）などがあります。

①**造れるさま木深《こぶか》く、いたきところまさりて見所《みどころ》ある住まひなり。**（源氏物語）

訳（明石入道の娘が住む邸《やしき》の）造ってある（あたりの）様子は、木立が深く茂り、**すばらしい**（と感心する）ところが多くて見事な住まいである。

問 必修！

②**八月十五日ばかりの月に出で居て、かぐや姫いといたく泣き給ふ。**（竹取物語）

訳 八月十五日近くの月の夜に（縁先に）出て座って、かぐや姫はたいそう〔　　〕泣きなさる。

③**我がため面目あるやうに言はれぬる虚言《そらごと》は、人いたくあらがはず。**（徒然草）

訳 自分にとって名誉になるように言われた嘘《うそ》は、人は**それほど**言い争って否定もしない。

気をつけるのは、③の連用形の用法で、下に打消がきているときです。「たいそう～（ない）」ではなく、「それほど～（ない）」という意ですよ。

答〔**激しく**〕

□□□
125

## いみじ〔形・シク活用〕

①すばらしい。
②ひどい。
③（連用形「いみじく」で）とても。たいそう。

❖「忌む」と関わりの深い語で、本来、「**不吉なほど甚だしい**」の意で用いられます。

問 必修！
①**いみじき**絵師といへども、筆限りありければ、（源氏物語）
訳〔　　　〕画家といっても、筆の力には限界があったので、

②あな**いみじ**。昼見まゐらせざりつるほどに、腫《は》れさせたまひにけり。（讃岐典侍日記）
訳 まあ、**ひどい**。（堀河天皇を）昼に拝見しなかった間に、むくんでおしまいになったなあ。

③昔の人は、いささかのことをも、**いみじく**自賛したるなり。（徒然草）
訳 昔の人は、ほんのちょっとしたことをも、**たいそう**自慢したようだ。

「いみじ」は良いにしろ悪いにしろ、甚だしいさまを表します。入試では、何が甚だしいのか、具体的な内容が問われることがあります。

答〔すばらしい〕

□□□
126

## おぼつかなし〔形・ク活用〕《覚束なし》

①ぼんやりしている。はっきりしない。

❖「おぼつかなし」の「おぼ」は、形容動詞「おぼろなり」の「おぼ」と同じで、「ぼんやりしている」の意です。「おぼつかなし」は、「**ぼんやりしていて、つかみ所がない**」ありさまを表しています。

①夕月夜の**おぼつかなき**ほどに、忍びて尋ねおはしたるに、（徒然草）
訳 夕方の月が**ぼんやりしている**時に、こっそりと尋ねていらっしゃったが、

②気がかりだ。心もとない。

③待ち遠しい。じれったい。

---

**問 必修！**

②若宮のいと**おぼつかなく**、露けきなかに過ぐし給ふも心苦しう思さるるを、（源氏物語）

訳 若宮が非常に〔　　〕、涙におぼれながら過ごしていらっしゃるのも（桐壺帝は）気の毒にお思いにならずにはいられないので、

③都のおとづれいつしかと**おぼつかなき**ほどに、（十六夜日記）

訳 都からの連絡が早く（来ないか）と待ち遠しい（と思っている）ときに、

試験対策としては、「気がかりだ」の意に注意します。状況に合わせて「ぼんやりしている」「待ち遠しい」などと訳すこともあります。

答〔気がかりで〕

### 今月のうた

秋萩の花咲きにけり　高砂の尾上の鹿は今や鳴くらむ

（『古今和歌集』藤原敏行）

訳 秋萩の花が咲いた。山の高い尾根にすむ鹿は今頃鳴いているだろうか。

＊万葉の時代から、萩の花は鹿、秋風、露、月、雁と共に、秋を代表するものとして詠まれてきました。また、仲秋（旧暦八月）の満月は一年で最も美しい月です。

□□□
127

# こころもとなし

［形・ク活用］《心許なし》

①待ち遠しい。じれったい。
②心配だ。不安だ。
③はっきりしない。

❖「心がやたらに落ち着かない状態」を表します。「心」＋「もとな」（＝根拠がなく、やたらに）からできた語と言われています。恋人からの手紙がしっかり糊《のり》づけされてなかなか開かなかったら、昔の人は、「ああ、心もとなし」とイライラしたのでしょう。

問 必修！

①かたく封《ふん》じたる続《そく》飯《ひ》など開くるほど、いと**こころもとなし**。（枕草子）

訳 固く封をした（恋人からの手紙の）糊づけなどを開ける時間は、たいそう〔　　〕。

②**心もとなき**御ほどを、わが心をやりてささげうつくしみ給ふも、ことわりにめでたし。（紫式部日記）

訳 （娘の生んだ皇子は生まれたばかりで）心配な御年齢を、（道長は）自分の心をこめてかわいがりなさるのも、なるほどすばらしい。

③せめて見れば、花びらのはしに、をかしき匂ひこそ**こころもとなう**付きたんめれ。（枕草子）

訳 しいて（よく）見ると、（梨の花の）花びらの端には、心ひかれる色つやがはっきりしない程度に付いているようだ。

現代語では、頼りなくて心配だの意で用いますが、この「頼りなくて」という感覚は古語にはありません。試験では、「待ち遠しい」で問われることが多いので注意しましょう。

答〔じれったい〕

□□□
128

# ゆゆし〔形・シク活用〕
《斎斎し・忌忌し》

①（悪い意味）**不吉だ。**
②（程度の甚だしい意味）**重大だ。大変だ。**
③（良い意味）**すばらしい。**

関 188 いまいまし

❖「**口に出して言うのがはばかられる状態**」を表します。「斎《ゆ》」は本来、神聖なものや穢《けが》れたものに触れてはならないとする禁忌（タブー）を示す言葉です。はじめは不吉なものに対して用いられましたが、やがて、正反対の、良い意味でも用いられるようになりました。

問 必修！
①**ゆゆしき身にはべれば、かくておはしますも、いまいましう、**（源氏物語）
訳（娘桐壺更衣の喪中で）〔　〕身でございますので、（更衣の息子の若宮が）こうして（ここに）いらっしゃるのも、はばかられて、

②**上古の歌もさのみこそ侍んめれとて、病、禁忌をも除かざること、ゆゆしき過ちにて侍り。**（野守鏡）
訳 上古の歌にもそうだった（＝明らかに「病」や「禁忌」にあたる表現があった）からと思って、「病」や「禁忌」を取り除かないのは、**重大な**間違いです。

③**ただ人も、舎人《とねり》などたまはる際《きは》は、ゆゆしと見ゆ。**（徒然草）
訳 普通の貴族も、（朝廷から）護衛の官人などをいただく身分（の人）は、**すばらしい**と思われる。

①の「不吉だ」については、「不吉なほど美しい」という意味で用いられることがあります。あまりにも美しいと神に魅入られて、命を失ってしまうのだという俗信があったからです。

答〔不吉な〕

□□□ 129

## あいなし 【形・ク活用】

①つまらない。不都合だ。

②（連用形で）むやみに。わけもなく。

関139 わりなし

関253 あやなし

あいなし＝つまらない
124 いたし＝すばらしい・ひどい
125 いみじ＝すばらしい・ひどい
157 かしこし＝すばらしい

⇦連用形＋用言

あいなく…
いたく…
いみじく…
かしこく…
＝
たいそう…
ひどく…
むやみに…

❖「愛無し＝愛が無い＝つまらない」からできたとも、「合ひなし＝理屈に合うことが無い＝筋が通らない」とも、「あやなし」のイ音便とも言われています。

問 必修！

①我が方にありつる事、数々に残りなく語り続くるこそ**あいなけれ**。（徒然草）

訳 自分に関わる方面であった事を、あれこれとすべて語り続けることは〔　　〕。

②忍ばれで**あいなう**起き居つつ、鼻をしのびやかにかみわたす。（源氏物語）

訳 こらえきれずに、むやみに起きて座っては、（涙を流しながら）鼻をこっそりかみ続けている。

心の中の状態を表す形容詞は、一般に、連用形で下に動詞などの用言がくると、もとの意味が薄れて程度の著しさを表します。「あいなし」「いたし」「いみじ」「かしこし」などは、「あいなく」「いたく」「いみじく」「かしこく」＝「たいそう」「ひどく」「むやみに」というパターンで覚えてしまいましょう。

答〔つまらない〕

□□□
130

# あぢきなし 〔形・ク活用〕

① つまらない。

② どうにもならない。道理に反している。

関 200 あへなし

❖「分別・道理」の意の「あづき」が「あぢき」になったと考えられます。「あぢきなし」は、**理不尽だがどうにもならないと諦める様子**を表し、「諦め」から「つまらない」という意味が生じました。

問 必修！

① 筆に任せつつ、**あぢきなき**すさびにて、かつ破《や》り捨つべきものなれば、人の見るべきものにもあらず。（徒然草）

訳（この文は）筆に任せながら（書いた）、〔　　　〕慰みで、書いたと同時に破り捨てねばならないものなので、人が見るほどの価値があるものではない。

② 天の下にも**あぢきなう**、人のもて悩みぐさになりて、（源氏物語）

訳（あまりの天皇の寵愛ぶりは）世間でも道理に反していると、人々の悩みの種となって、

試験で問われることが多いのは、①の「つまらない」です。「味気なし」は当て字で、「味がまずい」の意味はありません。

答〔つまらない〕

□□□
131
132

## あやし［形・シク活用］
《怪し・奇し・異し／賤し》

**131【怪し・奇し・異し】**
①不思議だ。
②不都合だ。よくない。

**132【賤し】**
①みすぼらしい。粗末だ。
②身分が低い。

❖感動詞「あや」からできたと考えられています。**理解できないものに対する驚き**を表します。また、貴族から見ると、庶民の生活・考え方は理解できないものなので、「身分が低い」という意味が生まれました。

問 必修！
131 ①**げに御かたちありさま、あやしきまでぞおぼえ給へる。**（源氏物語）
訳 本当に、（藤壺女御は）お顔立ちもお姿も、〔　　〕くらい（亡き桐壺更衣に）似ていらっしゃる。

131 ②**遣戸《やりど》を荒く立て開くるもいとあやし。**（枕草子）
訳 引き戸を荒々しく閉めたり開けたりするのはとてもよくない。

問 必修！
132 ①**あやしき家の見どころもなき梅の木などには、かしがましきまでぞ鳴く。**（枕草子）
訳 （鶯は）〔　　〕家の見ばえもしない梅の木などでは、やかましいくらいに鳴く。

132 ②**あやしき賤山賤《しづやまがつ》も、力尽きて、**（方丈記）
訳 （大飢饉のため）身分が低い者や山に住む身分が低い者たちも、力が尽きて、

平仮名で表記されていることが多いので、普段意識することのない、「身分」関係を見落としがちです。「賤し」の、「身分が低い」の意に気をつけましょう。

答 131〔不思議な〕132〔粗末な〕

□□□ 133

## いふかひなし [形・ク活用]

《言ふ甲斐無し》

❖「言ふ」＋「甲斐」（＝値打ちや効果）＋「無し」なので、わざわざ口にする値打ちや効果がないことに対して用いられる単語です。

問 必修！

①聞きしよりもまして、**いふかひなく**ぞこぼれ破れたる。（土佐日記）

訳（留守中隣人に頼んでおいた我が家は）聞いていた以上に、〔　　〕ほど壊れ傷んでいる。

①どうにもならない。
②たわいない。
③いやしい。身分が低い。

②いで、あな、幼《をさな》や。**いふかひなう**ものし給ふかな。（源氏物語）

訳 いやはや、ああ、幼いことだなあ。（子どもっぽく）たわいなくいらっしゃるなあ。

③女、親なくたよりなくなるままに、もろともに**いふかひなく**てあらむやはとて、（伊勢物語）

訳 女が、親がなくなり、頼りにできるものがなくなるにつれ、一緒にいやしい暮らしをしてはいられないだろうということで、

いふかひなくなる
あさましくなる（⇩123）
362 いかにもなる
363 いたづらになる
364 はかなくなる
365 むなしくなる
（⇩p.350）

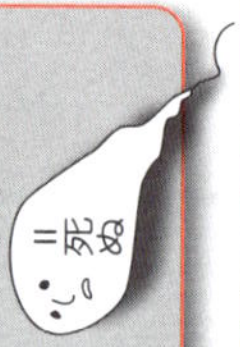


「いふかひなくなる」は、人が死んだことを表すこともあります。

答〔どうにもならない〕

□□□ 134

## いぶせし 〔形・ク活用〕

①気がかりだ。不調和だ。気が晴れない。

関254 いぶかし

❖ **思い通りにならず、気が晴れない状態**を表します。「気がかりだ」「うっとうしい」「胸にわだかまりがある」「気が休まらない」といった心情です。

問 必修！
①あらいまいまし。風早《かぜはや》といふだにも**いぶせき**に、（沙石集）

訳 ああ、不吉だ。「風早」という地名でさえも〔　　〕なのに、

「いぶかし」と似ていますが、「いぶせし」の方がより強い不快感を表します。

答 〔気がかり〕

□□□ 135

## けし 〔形・シク活用〕《異し・怪し》

①異様だ。怪しい。

関211 けしからず
関212 けしうはあらず

❖ 普通ではないという意の「異《け》」の形容詞です。**異様でとてもなじめない様子**を表します。

問 必修！
①内にはいつしか**怪《け》しかる**物など住みつきて、（増鏡）

訳 内裏にはいつのまにか〔　　〕物などが棲みついて、

「けし」は、連語として「けしからず」「けしうはあらず」の形で用いられます。こちらもよく出題されるので、あわせて覚えておきましょう。

答 〔異様な〕

□□□
136

## こころづきなし

〔形・ク活用〕《心付き無し》

①気に入らない。心ひかれない。おもしろみがない。

❖他人の行為や状態に魅力を感じられず、**「心」がぴったりと付くことがない様子**を表します。

問 必修！

①**こころづきなき**ことあらん折は、なかなかその由をも言ひてん。（徒然草）

訳〔　　　　〕ことがあるようなときには、かえってそのことを言ってしまうのがよい。

「心づくし」と似ているので間違えそうですが、「心づくし」はいろいろともの思いをすること、気をもむことの意で用いられる名詞です。

答〔気に入らない〕

□□□
137

# すさまじ 〔形・シク活用〕

①興ざめだ。不調和だ。つまらない。がっかりだ。

②もの寂しい。殺風景だ。

対162 をかし
関141 つれづれなり
関263 さうざうし

❖マ行四段動詞「すさむ（荒む・進む・遊む）」（＝とどめようのない状態のまま、事態・動作が進む）と関わりの深い単語で、**季節外れだったり、期待外れだったりした場合の不快感、不調和感**を表します。

問 必修！

①**すさまじき**もの。昼吠ゆる犬。（枕草子）

訳〔　　　〕もの。昼吠える犬。（↑犬の遠吠えは夜が似合う。）

②年暮れてわが世更けゆく風の音に心のうちの**すさまじき**かな（紫式部日記）

訳 年末になって、だんだん年をとっていく自分の人生を思うと、夜更けの風の音に、心の中が**もの寂しくなる**なあ。

現代語の「すさまじい」は、「恐怖を感じるほどすごい」や「勢いや程度が非常に激しい」の意ですが、古語にはこの意味はありません。よく皆さんが「サムッ」と言うときの心境です。

答〔興ざめな〕

□□□
138

# よしなし

［形・ク活用］《由無し》

① つまらない。役に立たない。
② 関係がない。ゆかりがない。

関 よしなしごと［名］《由無し事》
① つまらないこと。

❖理由や由縁・由緒の「由」に形容詞の「無し」が付いてできた語ですので、これらが無くて不満を感じている状態を表します。

問 必修！
① 昔より、**よしなき**物語、歌のことをのみ心に占めで、夜昼思ひて行ひをせましかば、（更級日記）

訳 昔から〔　　　〕物語や和歌のことばかり熱中しないで、夜も昼も一心に仏道修行をしていたならば、

② 門たたけば、胸すこしつぶれて、人出だして問はするに、あらぬ**よしなき**者の名乗りして来たる。（枕草子）

訳 門を叩くので、胸が少しどきどきして、使用人を出して尋ねさせると、思いもよらない**関係ない**者が名乗って来たこと。

「よしなし」の語源となっている「由《よし》」には、①由緒・由来、②事の次第、③風情などの意味があります。「よしなし」と一緒に覚えておくといいですね。

答〔つまらない〕

□□□
139

# わりなし

〔形・ク活用〕《理無し》

①無理だ。理不尽だ。どうしようもない。

②(耐えがたいほど)つらい。

③(連用形「わりなく」で)ひどく。程度が甚だしく。

関 129 あいなし

関 253 あやなし

❖「わり」は、「ことわり」の「わり」と同じです。「わりなし」は、**物事の道理が立たないの意**になります。よく、皆さんが、「無理っ」「無理無理っ」と、叫んでいるときの心境です。

問 必修！

①**人の後ろにさぶらふは、様あしくも及びかからず、わりなく見んとする人もなし。**(徒然草)

訳 (身分の高い)人のうしろにお控え申し上げている者は、みっともなくも(前の人に)よりかかることもせず、〔　　　　〕(祭りを)見ようとする者もいない。

②**女君は、わりなう苦しと思ひ臥し給へり。**(落窪物語)

訳 女君(＝落窪の君)は、耐えがたいほどつらく苦しいと思って横になっていらっしゃった。

③**忘れたるなどもあらば、いみじかるべき事と、わりなく思し乱るべし。**(枕草子)

訳 忘れていることなどもあったら、ひどく恥ずかしいにちがいない事だと、ひどく思い乱れていらっしゃるだろう。

「わりなし」と同じように、「物事の道理が立たない」という意を持つ形容詞に「あやなし」があります。あわせて覚えておきましょう。

答〔無理に〕

## ◆最頻出の《形容動詞》

□□□
**140**

### あらはなり〔形動・ナリ活用〕
《露なり・顕なり》

①まる見えだ。
②はっきりしている。

❖ラ行下二段動詞「現る《あらはる》」と関係のある語で、精神的にも、物理的にも、表面化しているさまを表します。

問 必修！
①御格子おろしてよ。をのこどもあるらむを、**あらはにもこそあれ**。（源氏物語）
訳 格子をおろしてしまいなさい。男たちがいるだろうに、〔　　　　〕だったら困る。

②今年《こんねん》又入道相国失せ給ひぬ。運命《うんめい》の末になる事**あらはなりしかば**、年来《としごろ》恩顧《おんこ》の輩《ともがら》の外《ほか》は、随《したが》ひつく者なかりけり。（平家物語）
訳 今年また入道相国（＝平清盛）がお亡くなりになった。運命が末に近づいている事ははっきりしていたので、長年恩を受けた連中以外は、（平家に）従い付く者はなかった。

①の例文の「もこそ」は、悪い事態が来ることを心配する意を表します。「〜したら大変だ」「〜すると困る」などと訳します。

答〔まる見え〕

□□□
141

# つれづれなり［形動・ナリ活用］《徒然なり》

①何もすることがなく、退屈だ。所在ない。

②もの寂しい。

つれづれなり
関 263 さうざうし
関 137 すさまじ

❖「連々《つれづれ》」あるいは「綿々《つれづれ》」とも書き、「**単調である、することがなく心が虚しくなる状態である**」意を表します。「つれづれと」という副詞は、「長々と」「手持ちぶさたで」などの意味で使われます。また、江戸時代になると「よくよく」「つくづく」の意味でも使われるようになりました。「顔をつれづれと眺むれば」（冥土の飛脚）は、「顔をよくよく眺めると」という意味です。

問 必修！

①**つれづれなる**ままに、日暮《ひぐ》らし、硯《すずり》に向かひて、（徒然草）

訳〔　　　〕なので、一日中、硯に向かって、

②そこはかとなく、**つれづれに**心細うのみ覚ゆるを、（源氏物語）

訳 なんとなく、もの寂しくて心細くばかり思われるが、

「退屈だ」と訳してはいけない②の場合は、「つれづれなり」の前後に、「嘆く」「心憂し」「心細し」などの憂鬱なありさまを表す語句があることに注意します。「もの寂しい」の意を持つ言葉は、「つれづれなり」の他に、「さうざうし」「すさまじ」があります。あわせて覚えておくとよいですね。

答〔何もすることがなく、退屈〕

□□□
142
143

# おろかなり〔形動・ナリ活用〕《愚かなり／疎かなり》

142【愚かなり】
①思慮が浅い。
②劣っている。

143【疎かなり】
①いい加減だ。
②（〜という表現では）言い尽くせない。

おろかなり
おろそかなり
153 おぼろけなり
144 なのめなり
237 なべて

＋打消表現

おろかならず
おろそかならず
おぼろけならず
なのめならず
なべてならず

程度が並々ではない

❖物事が**粗略で不完全・不十分な様子**を表します。考えが粗略であるというところから、「愚かなり」が生まれました。「愚かなり」と「疎かなり」は、二種の漢字とともに意味を理解しておきましょう。

142 ①至りて**おろかなる**ひとは、たまたま賢なる人を見て、これを憎む。（徒然草）

訳 最も**思慮が浅い**人は、まれに賢い人を見て、これを憎む。

問 必修！ 142 ②賢き人の、この芸に**おろかなる**を見て、（徒然草）

訳 立派な人で、この（碁を打つ）技に〔　　　〕人を見て、

143 ①かばかり心ざし**おろかなら**ぬ人にこそあんめれ。（竹取物語）

訳 これほど愛情が**いい加減で**はない人であるようだ。

問 必修！ 143 ②恐ろしなんども**おろかなり**。（平家物語）

訳 恐ろしいなどという表現では、〔　　　〕。

「おろかならず」「おろそかならず」「おぼろけならず」「なのめならず」「なべてならず」は、「程度が並々ではない」という意味で用いられる連語です。あわせて覚えておきましょう。

答 142〔劣っている〕 143〔言い尽くせない〕

□□□

## 144 なのめなり

〔形動・ナリ活用〕

①いい加減だ。不十分だ。

②平凡である。ありふれている。

❖「並々《なみなみ》」から「なのめ」に変形し、傾斜の意の「ななめ」も生まれました。「斜めなり」と表記されることもあります。

①世を**なのめに**書き流したることばの憎きこそ。（枕草子）

訳 世の中をいい加減に書き流している言葉が憎い（ことだ）。

問 必修！ ②我がむすめは、**なのめならむ**人に見せむは惜しげなるさまを、（源氏物語）

訳 自分の娘は、〔　　〕ような男と結婚させたら、それは残念なような様子なのに、

中世以降、「なのめなり」は、「なのめならず」と同じ意味でも使われるようになります。

答 〔平凡である〕

### ◆現代語とは異なるところに注意したい《形容動詞》

□□□

## 145 あからさまなり

〔形動・ナリ活用〕

①ほんのちょっと。

②〔慣用句〕（「あからさまにも～打消」の形で）まったく～（ない）。

❖「あからさまなり」は、動詞「あかる（別る・散る）」（＝別々に別れる）から生まれた語で、あっという間にちりぢりになる、あっけないさまを表します。

問 必修！ ①次ざまの人は、**あからさまに**立ち出でても、今日ありつる事とて、息もつぎあへず語り興ずるぞかし。（徒然草）

訳 二流の人は、〔　　〕出かけても、今日あったことだといって、息継ぎもできず語りおもしろがるのだよ。

関270 あからめ

②**大将の君は、二条の院にだに、あからさまにも渡り給はず。**（源氏物語）

訳 大将の君は、二条院にさえ、まったく出かけなさらない。

現代語の「あからさま」は、「隠さずありのままに、はっきり」の意味ですが、古文ではまったく違います。頻出単語ですので注意しましょう。

答〔ほんのちょっと〕

□□□ 146

## うちつけなり

［形動・ナリ活用］

①突然だ。だしぬけだ。

②軽率だ。

③露骨だ。ぶしつけだ。

❖「ぶつける」の意のカ行下二段動詞「打ちつく」と関係のある形容動詞で、**突然の様子**を表します。

問 必修！

①**うちつけに、海は鏡の面のごとなりぬれば、**（土佐日記）

訳〔　　　〕、海が鏡面のように（穏やかに）なったので、

②**いとうちつけなる心かな、なほ移りぬべき世なりけり、と思ひゐたまへり。**（源氏物語）

訳 たいそう軽率な（私の）心だなあ、やはり（恋心に）変わってしまうはずの男女の仲であるなあ、と（薫は）思っていらっしゃった。

③**うちつけにひがひがしう言ひなす人も侍りける。**（増鏡）

訳 露骨にひがみっぽく言い立てる人もいました。

入試では、「突然だ」「軽率だ」の意味は同じくらいの比率で出題されます。どちらもよく覚えておきましょう。

答〔突然〕

□□□
147

## とみなり ［形動・ナリ活用］

①急ぎである。にわかなさま。

関 とみに ［副］

①（打消を伴って）すぐには〜（ない）。

❖「急」の意を表す「頓《とん》」が形容動詞化した語です。「頓」の字を「とに」と表記したものが、「とみ」という形に変化しました。**物事が急に行われる様子**を表します。副詞「とみに」は、下に打消表現を伴い、「すぐには〜ない」と訳します。

問 必修！

①明くるまで試みむとしつれど、**とみなる**召し使ひの来合ひたりつればなむ。（蜻蛉日記）

訳 夜が明けるまで（戸が開くのを）試しに待とうとしたが、〔　　〕の使いが来合わせたので（帰った）。

形容動詞「とみなり」が体言に続くときは、連体形「とみなる」も用いられますが、語幹に格助詞「の」が付いた「とみの」という形で用いられることも多いです。

答〔急ぎ〕

□□□
148

## かりそめなり ［形動・ナリ活用］

①はかない。一時的な状態である。

②いい加減である。

❖かりさま（仮り様）からきていると言われ、**本格的ではなく、永遠に続くものでもない状況**を表します。

問 必修！

①あまりにこの世の**かりそめなる**事を思ひて、（徒然草）

訳 あまりにもこの現世が〔　　〕ことを思って、

②男は、もとよりいと**かりそめなる**気色にて、（いはでしのぶ）

訳 男は、はじめからたいそういい加減な様子で、

同じように一時的な状態を表す「あからさまなり（⇩145）」の方は、時間的に短いさまを表すのに対し、「かりそめなり」は本格的でないさまを表します。

答〔はかない〕

□□□
149

## たまさかなり ［形動・ナリ活用］

①偶然だ。
②まれだ。
③万一。

❖「たまたま」と関係のある言葉で、**予期しないことが起きたこと**を表します。平安時代には「まれだ」の意で用いられることが多く、「偶然だ」の意味で用いられることはあまり多くはありません。

① **たまさかに**立ち出づるだに、かく思ひの外なることを見るよ。（源氏物語）

訳（光源氏が）偶然出かけてきてさえも、このように思いがけないことを見るよ。

問 必修！

② 年を経て思ひ初めける事の、**たまさかに**本意かなひて、（源氏物語）

訳 年月が経って思い始めた事が、〔　　〕その本来の目的がかなって、

③ もし**たまさかに**出づべき日あらば、告げよ。（蜻蛉日記）

訳 もし万一（山寺から）出る予定の日があったら、知らせよ。

③の、可能性がまれなさまを表すのに用いられる場合は、「未然形＋ば」の仮定条件の句の中に用いられます。

答〔まれに〕

□□□
150
# あだなり
〔形動・ナリ活用〕《徒なり》

①**浮気だ。**まことがない。
②**はかない。**
③無駄だ。むなしい。

対 176 まめなり

あだなり
関 151 いたづらなり
関 かひなし〔形・ク〕《甲斐無し》
①効き目がなく無駄である。

無駄だ

❖花が咲いて実を結ばないさまを「あだ」と言いました。ここから、**実質的な中身がないさまや、誠実な気持ちがないさま**を「あだなり」と言うようになりました。「あだなり」の反対語に「まめなり」があります。

問 必修！
① **御ためにはかくまめにこそ。あだなれとやおぼす。**（うつほ物語）
訳 あなたのために、（私は）このように誠実でいるのです。（私が）〔　　〕であってほしいと（あなたは）お思いですか。

② **わが身と栖《すみか》との、はかなくあだなるさま、またかくのごとし。**（方丈記）
訳 我が身と住居とが、あっけなく**はかない**様子は、またこのようなものである。

③ **蚕《かひこ》のまだ羽つかぬにし出だし、蝶になりぬれば、…あだになりぬるをや。**（堤中納言物語）
訳 蚕がまだ羽の付かないうちに、絹を作り、蝶になってしまうと、…**無駄に**なってしまうなあ。

「あだ心」は浮気な心を表す言葉です。対義語は「まめ心」（＝誠実な心）です。

答〔浮気〕

□□□
151
# いたづらなり
〔形動・ナリ活用〕《徒らなり》

❖「いたづら」は、**無駄なことに対する失望の気持ち**を表します。そこから「**役に立たない**」「**むなしい**」の意味が生まれました。

① **無駄だ。役に立たない。**
② **むなしい。**

問 必修！

① **上人の感涙、いたづらになりにけり。**（徒然草）

訳 上人の（流した）感涙は、〔　　〕なってしまった。

② **いたづらに日を経れば、人々、海を眺めつつぞある。**（土佐日記）

訳 **むなしく**毎日を過ごすので、人々は、海を眺めてはもの思いにふけっている。

人が「いたづらになる（⇩363）」と書かれると、「死ぬ」の意味で用いられていることがあります。

答 〔無駄に〕

□□□ 152

## あながちなり

〔形動・ナリ活用〕《強ちなり》

① **強引だ。**無理だ。
② **度を超している。**ひどい。

❖「あながち」は、自己中心的であることを表す語だと考えられています。ここから「あながちなり」は、自分の意志を抑えることができず、**強引に行動するさま**を表すようになりました。

問 必修！

① **父大臣《おとど》のあながちにし侍りしことなれば、否《いな》びさせ給はずなりにしこそ侍れ。**（大鏡）

訳 父の大臣が〔　　〕しましたことなので、（天皇も）拒否なさらなくなってしまったのです。

② **あながちに、心ざしを見えありく。**（竹取物語）

訳 （五人の貴族たちは、かぐや姫に）**度を超すほどに**、（自分の）愛情を見せ続ける。

「強」という漢字とあわせて覚えておくと忘れにくいですね。また、「あながち」は、呼応の副詞として用いられることもあり、「あながち～打消」で「決して～ない」の意となります。

答 〔強引に〕

□□□
153

## おぼろけなり
〔形動・ナリ活用〕

①並々である。普通だ。
②並大抵でない。並ひととおりではない。

✤「おぼろけ」とは、**ぼんやりとしていて特徴がない様子**を表します。平安時代では、下に打消の表現を伴う「おぼろけならず」の形で、「程度が並々ではない」の意味で多く用いられましたが、**鎌倉時代以降、「おぼろけなり」と「おぼろけならず」は同じ意味で用いられる**ようになりました。この語義の変化は、先に挙げた「なのめなり（⇩144）」の場合と同じです。

問 必修！
①**おぼろけにては船もかよはず。**（平家物語）
訳（鬼界が島は）〔　　〕は船も行き来しない。

②**おぼろけの願に依りてにやあらむ、風も吹かずよき日出できて、漕《こ》ぎ行く。**（土佐日記）
訳 並大抵でない祈りのためであろうか、風も吹かず良い日が出てきて、漕いで行く。

「おぼろけの」は、形容動詞「おぼろけなり」の語幹に、格助詞「の」が付いたものです。形容詞・形容動詞の語幹に「の」が付いて、連体形の働きを持ちます。

答〔普通で〕

**問題** 傍線部の現代語訳として適切なものを選べ。

□ **123** **あさましの人や**。慎みて清々《すがすが》しき心もてこそ（富士山に）登らめ。（閑田文草・センター・改）

① 貧しい人だなあ ② 無謀な人だなあ ③ 冷たい人だなあ ④ 呆《あき》れた人だなあ ⑤ 気短な人だなあ

□ **124** この叔母いと**いたう**老いて、二重にてゐたり。（大和物語・名城大）

① いたいたしく ② 体を痛がり ③ 上品に ④ 威厳をともなって ⑤ はなはだしく

□ **125** 今日の事（＝宮廷行事における女房たちの派手な服装は）、すべていと殊《こと》の外にけしからずせさせ給へり。この年ごろ世の中いとかう**いみじう**なりにて侍る。（栄花物語・センター）

① 目新しげに ② ぜいたくに ③ ひかえめに ④ 風変わりに ⑤ 風雅に

□ **126** 人々、あまりの**おぼつかなさ**に、今夜東使着くなり、いかがあるとて、三四人つれて三条河原へ出でて見ければ、（五代帝王物語・センター）

① 心もとなさ ② なやましさ ③ 腹立たしさ ④ 情けなさ ⑤ くやしさ

**解答** 《現代語訳》

**123** ④

訳 呆れた人だなあ。真心を込めてさわやかな気持ちで（富士山に）登った方がよい。

**124** ⑤

訳 この叔母は、たいそうはなはだしく年を取って、折れ曲がるほど腰が曲がっていた。

**125** ②

訳 今日の事は、たいそう思いのほかにまったくとんでもない様子でいらっしゃった。この数年来この世の中がたいそうこのようにぜいたくになっております。

※世の中が「ひどく」なっているということを、具体的に「ぜいたく」と訳しています。

**126** ①

訳 人々は、あまりの心もとなさに、今夜関東からの使いが着くということだが、どうなっているのかと思って、三、四人が連れ立って三条河原に出て見たところ、

□ **127** 「これをうへの御前、宮などに、とう聞こしめさせばや」と思ふに、いと**心もとなけれど**、

（枕草子・同志社大）

① 安心するけれども　② 頼りないけれども　③ じれったいけれども
④ ものたりないけれども　⑤ はっきりしないけれども

□ **128** （姫君が物語を読んで）かかること（＝男女間の恋愛）世にはありけりと見慣れたまはむぞ、**ゆゆしき**や。

（源氏物語・立教大）

① 重大事だ　② 不幸だ　③ 当然だ　④ 浅はかだ　⑤ さすがだ

□ **129** 何事も**あいなく**なりゆく世の末に、この道（＝和歌の道）ばかりこそ、山彦の跡絶えず、柿の本の塵つきず（＝山部赤人や柿本人麻呂からの伝統は尽きることがない）、とかやうけたまはりはべれ。

（無名草子・東京女子大）

① わけもなく　② 関わりなく　③ つまらなく
④ あたりまえに　⑤ 穏やかでなく

□ **130** （思いを寄せていた皇女が天皇から）ときめきたまふことといみじきを見聞くに、いとど**あぢきなさ**まさりて、

（松浦宮物語・センター）

① うらやましさ　② やりきれなさ　③ もどかしさ
④ うとましさ　⑤ あさましさ

□ **131** はかなき夢の主知らぬことの、その故となく御心にかかりておぼえ給ふぞ、我ながら**あやしき心地**し給ふ。

（うたたね草子・明治大）

① つらい心持ち　② 不思議な感じ　③ 無意味な考え

---

訳 **127** ③
「このことを天皇や、中宮に、早く申し上げたい」と思うと、たいそう**じれったいけれども**、

訳 **128** ①
（姫君が物語を読んで）このようなことが世の中にあるのだなあと見慣れなさるようなことは、**重大事だ**よ。

訳 **129** ③
何事も**つまらなく**なっていく世の末に、この和歌の道だけは、山部赤人や柿本人麻呂からの伝統は尽きることがない、とかお聞きしています。

訳 **130** ②
（思いを寄せていた皇女が天皇から）寵愛をお受けになっていることが甚だしいことを見たり聞いたりすると、ますます**やりきれなさ**がまさって、

※「あぢきなさ」は、「あぢきなし」の名詞形。

訳 **131** ②
はかなく夢の中で現れた男君が誰だかわからないことが、訳もなく気がかりに思われなさることは、自分自身のことなが

④ 慕わしい気持ち　⑤ 具合の悪い気分

□ **132**
花の名は人めきて、かう**あやしき**垣になむ咲き侍りける。（源氏物語）

① 粗末な　② 立派な　③ 不完全な　④ 気がかりな

□ **133**
**言ふかひなくなりにし人**よりも、この君の御心ばへなどのいと思ふやうなりしを、（源氏物語・センター）

① 死んでしまった娘　② 忘れられてしまった娘
③ すべてを失ってしまった浮舟　④ 姿を隠してしまった浮舟
⑤ 過ちを犯してしまった浮舟

□ **134**
先火を乞ふにぞ、真柴はぬれにぬれて火つかず。烟《けぶり》は立《たち》こめて、**いぶせき事いふかぎりなし**。（折々草・佛教大）

① 不快であることは、この上もない。
② 汚らしいことは、言っても無駄だ。
③ 気が休まらないことは、言わないとわからない。
④ 煙たいことは、言うまでもない。

□ **135**
「**けしかる法師の、かくしれがましきよ**」と思ひたるけしきにて、侍ども、にらみおこせたるに、（今物語・中京大）

① えたいの知れない法師の、こんな理由を知りたくなるような振舞いよ
② 立派な法師なのに、こんなばかばかしい行動をすることよ
③ あやしげな法師の、こんな傍若無人な振舞いよ
④ 風変わりな法師の、こんな興味深い行動よ
⑤ 異様な法師の、隠しきれないまがまがしさよ

---

ら**不思議な感じ**がなさる。

訳 **132** ①
花の名前は人の名のようで、このように**粗末な**垣根に咲いていました。

訳 **133** ①
**死んでしまった人**よりも、この君の御気立てなどがたいそう理想的であったことを、

訳 **134** ①
まず火を求めるけれども、柴はびっしょりと濡れていて火が付かず、煙は立ちこめて、**不快であることは、この上もない。**

訳 **135** ③
「**あやしげな法師の、こんな傍若無人な振舞いよ**」と思っている様子で、侍たちがにらんでいたが、

※⑤は「しれがまし」の意味が異なります。

□ 136 女三の宮こそ、いとほしき人とも言ひつべけれど、…（中略）…（そのふるまいは）あまりに言ふかひなきものから、さすがに色めかしきところのおはするが、**心づきなき**なり。（無名草子・明治大）

① ぴったりする　② 心が動かない
③ 気にくわない　④ 心にしみ入る

□ 137 **返しせざらむも、すさまじかるべし**、などいふ声、かすかに聞ゆれば、猶《なほ》奥の方をまもりをるに、（琴後集・青山学院大）

① 扇を返さないのも無礼にあたるだろう　② 仕返しをしないのも癪《しやく》だろう
③ 歌を返さないのもつまらないだろう　④ 無視するのは大人げないだろう
⑤ 返答しないのも悔しがるだろう

□ 138 世《よ》末《するゑ》なれども、神なほ歌を捨てさせ給はぬとぞ、実綱申しける。これら、**よしなき事なれど**、神の御歌のつづきに、さることありけりとも、聞こし召さむ料《れう》に、書きて候なり。（俊頼髄脳・東洋大）

① 良くないことだけれど　② 方法がないことだけれど
③ 理由がないことだけれど　④ かりにも無いことだけれども
⑤ 役にも立たないことだけれども

□ 139 乳母、「**あなわりな**。大殿《おとど》（＝父の大将）も、しかと思《おぼ》し立ちて、いそぎ給ふものをば。」（落窪物語・センター）

① まあ仕方がない　② なんと理不尽な　③ とても不可能だ
④ ああすばらしい　⑤ ひどくつらい

訳 136
③
女三の宮は、気の毒な人だとも言うことができそうだけれども、…（中略）…（そのふるまいは）あまりにもひどいことがあったのだけれども、そうはいってもやはり好色なところがおありになるのは、気にくわないのである。

訳 137
③
歌を返さないのもつまらないだろう、などという声が、かすかに聞こえるので、やはり奥の方を見つめていると、

訳 138
⑤
末世であるけれども、神はやはり歌をお捨てにならないと、実綱は申していました。これらの言葉は、（歌の論としては）役にも立たないことだけれども、神の御歌との関連で、そのようなできごともあったと、お聞きになるような話の種として、書いたのでございます。

訳 139
②
乳母は、「なんと理不尽な。父の大将殿も、そのように（しよう）と決心しなさって、ご準備なさっているものを。」

□ **140** 東の山ぎはは、比叡の山よりして、稲荷などいふ山まで**あらはに**見えわたり、（更級日記）

① 明るく ② はっきりと ③ 意外にも
④ 荒々しく ⑤ あらたに

□ **141** 松蔭《まつかげ》しげく、風の音もいと心細きに、（浮舟は）**つれづれにおこなひをのみしつつ**、いつともなくしめやかなり。（源氏物語・学習院大）

① 退屈な仏道修行ばかりしては
② 退屈なあまりに歌の修行ばかりに精を出しては
③ 所在ないままに勤行ばかりに明け暮れては
④ つまらない管弦の宴ばかりを催しては
⑤ 所在ないままに善行ばかり積み上げては

□ **142** 名利《みやうり》（＝名誉や利益）に使はれて、静かなる暇《いとま》なく、一生を苦しむるこそ**おろかなれ**。（徒然草）

① もったいない ② 思慮が浅い ③ うんざりだ ④ 見事だ

□ **143** ことさら「宮の御乳母子《めのとご》なり」とて、人も**おろかならず思ふさまなり**。（兵部卿物語・センター）

① 賢明な人だと思っている様子だ
② 言うまでもないと思っている様子だ
③ いいかげんに思っている様子だ
④ 並一通りでなく思っている様子だ
⑤ 理由もなく思っている様子だ

---

訳 **140** ②
東の山際は、比叡山から、稲荷などという山まで**はっきりと**一面に見え、

訳 **141** ③
松がうっそうと茂っていて、風の音もたいそう心細い所で、（浮舟は）**所在ないままに勤行ばかりに明け暮れては**、いつということもなくひっそりと暮らしている。

訳 **142** ②
名誉や利益にあやつられて、（心に）静かな余裕がなく、一生を苦しめることは、**思慮が浅い**。

訳 **143** ④
とりわけ「宮の御乳母子である」と言って、人も**並一通りでなく思っている様子だ**。

□ 144 上に、かく（＝僧都が恋焦がれている）と聞こえ給ふに、「さらなり。**なのめに仰せられむやは**。…いなび給はじ」とあれば、（発心集・國學院大）

① 何気なくおっしゃったのだろう　② 失礼なことをおっしゃらないだろう
③ まじめにおっしゃるのだろうか　④ 何のためにおっしゃるのだろうか
⑤ いいかげんな気持ちでおっしゃるのだろうか

□ 145 （東宮から）蔵人なにがしを御使ひにて、「**あからさまに**まゐらせたまへ」とあるを、（大鏡・青山学院大）

① こっそり　② ちょっと　③ すぐに　④ ぜひとも　⑤ できれば

□ 146 この男、**うちつけながらも**、立つこと惜しかりければ、かうぞ。（平中物語・西南学院大）

① 唐突なことではあったが　② 軽率なようではあったが
③ 図々しいようではあるが　④ 奇妙なことではあるが

□ 147 前なる人を起こして、問はせむとすれど、**とみにも**起きず。（和泉式部日記・駒澤大）

① だれも　② まったく　③ しばらく
④ そのまま　⑤ すぐには

□ 148 **かりそめなれど**、あてはかに住まひなしたり。（源氏物語）

① 住み始めたばかりであるけれど　② 一時的であるけれど
③ 粗末であるけれど　④ 長く住んでいるけれど

□ 149 （中将は）姫君（＝三の君）のゆかしさに、**たまさかにおはすれども**、三の君も北の方も、いと心苦しく思はれけり。（住吉物語・センター）

---

訳 144 ⑤
奥方に、このように申し上げなさると、「言うまでもない。**いいかげんな気持ちでおっしゃるのだろうか**。…断りなさらない方がよい」とおっしゃるので、

訳 145 ②
（東宮から）蔵人の何某を御使として、「**ちょっと**参上なさってください」と仰せごとがあるので、

訳 146 ②
この男は、**軽率なようではあったが**、立ち去ることが残念だったので、このように（歌を贈ったのだった）。

訳 147 ⑤
前にいる人を起こして、問わせようとするけれど、**すぐには**起きない。

訳 148 ②
**一時的であるけれど**、特に上品で優美に住んでいる。

訳 149 ⑤
（中将は）三の君に会いたさに、**まれにお**

① 偶然を装ってお越しになるけれども
② 期待しながらいらっしゃるけれども
③ しぶしぶお会いになるけれども
④ 頻繁においでになるけれども
⑤ まれにお通いになるけれども

□ **150** 花紅葉の**あだなる**色も、すさまじとや思はるらむ。（鈴屋集・共通一次）

① あざやかな　② 興ざめな　③ きれいな
④ 挑発的な　⑤ 移ろいやすい

□ **151** 船も出ださで**いたづらなれば**、ある人のよめる、（土佐日記・関西大）

① 寝てばかりいるので　② 手持ちぶさたで暇なので
③ 遊び疲れているので　④ わるふざけばかりしているので
⑤ 管弦の遊びをしているので

□ **152** 「そもそもいかなる人におはするぞ」と**あながちに問ひければ**、（沙石集・日本女子大）

① 興味本位に問いかけたところ　② 無理やり尋ねたところ
③ 厳しく叱責したところ　④ 自分勝手に尋ねたところ

□ **153** 高名せんずる人は、その相ありとも、**おぼろけの**相人の見る事にてもあらざりけり。（宇治拾遺物語・愛知大）

① 要領を得ない　② ぼんやりとした　③ 並大抵の
④ 優秀な　⑤ 人並みはずれた

---

**通いになるけれども**、三の君も母も、たいそう心苦しく思わずにはいられなかった。

訳 **150** ⑤
花や紅葉の**移ろいやすい**色も、興ざめだと思われているのであろうか。
※花や紅葉があっという間に散る様子を「あだなり」と表しています。

訳 **151** ②
船も出さないで**手持ちぶさたで暇なので**、ある人が詠んだ歌、
※「むなしく時間を過ごす」ことを、「手持ちぶさたで暇だ」と言っています。

訳 **152** ②
「そもそもどのような人でいらっしゃるのか」と**無理やり尋ねたところ**、

訳 **153** ③
名声を上げるような人は、その人相を持っていても、**並大抵の**人相見が見ることができるものではなかったのだよ。

## ——状況を把握するために重要な《形容詞》《形容動詞》（その2）30語——

◆《形容詞》理想的だ。すばらしい。

□□□ 154

### あらまほし ［形・シク活用］

① 望ましい。理想的である。

❖ ラ変動詞「あり」の未然形に希望（願望）の助動詞「まほし」が付いた連語が、一語化して形容詞となったものです。**望ましくて理想的な状態**を表します。

問 必修！ ①人は、かたちありさまのすぐれたらんこそ、**あらまほしかる**べけれ。（徒然草）

訳 人は、容姿端麗であるようなことが、〔　　　　〕にちがいない。

同じ「あらまほし」でも、「あってほしい」と訳す場合は、ラ変動詞＋希望（願望）の助動詞から成る連語ですが、「理想的だ」と訳す場合は一語の形容詞です。まぎらわしいので注意しましょう。

答〔望ましい〕

□□□ 155

### ありがたし ［形・ク活用］《有り難し》

❖「あり」＋「難し」からできた形容詞で、**存在するのが難しい**というところから、「めったにない」という意味が生まれました。それが賞賛の意で用いられて、「めったにないほどすぐれている」という意味になりました。

① めったにない。まれだ。

② めったにないほどすぐれている。

**問 必修！**

① **ありがたき**もの。舅《しうと》にほめらるる婿。（枕草子）

訳 〔　　　〕もの。妻の父から褒められる婿。

② 宮内卿の君と言ひしは、まだいとわかき齢にて、そこひもなく深き心ばへをのみ詠みしこそ、いと**ありがたけれ**。（増鏡）

訳 宮内卿の君と言った人は、まだたいそう若い年齢で、際限もなく深い情趣ばかりを詠んだことは、たいそう**めったにないほどすぐれている**。

「あり」という動詞は本来存在を表すので、人に使う場合は「生きる」の意となります。だから、「ありがたし」も、生きながらえにくい、生活しにくいという意で用いられることもあります。「世の中はありがたくむつかしげなるものかな」（源氏物語）は、「この世は、生きにくく、煩わしい気がするものだなあ」ということですね。

答〔めったにない〕

今月のうた

久方《ひさかた》の雲の上にて見る菊は　天の星とぞあやまたれける

（『古今和歌集』藤原敏行）

訳 宮中（雲の上）で見る菊は空の星と見あやまるほどうつくしいなあ。

＊旧暦九月九日は「重陽《ちょうよう》の節句」（菊の節句）で、菊の花を酒に浮かべ、漢詩や和歌を作り、菊を眺めながら、左右に分かれて歌を詠み優劣を競う「菊合わせ」も盛んに開かれました。

□□□
156
157
## かしこし ［形・ク活用］《畏し／賢し》

156【畏し】
① おそれ多い。もったいない。かたじけない。

157【賢し】
① すばらしい。立派だ。
② （連用形で）うまい具合に。

対 303 をこがまし

❖「畏《おそ》れ敬う」の意味の動詞「かしこむ」からできた形容詞です。**力のあるものを畏れ敬う気持ち**を表して「おそれ多い」、**優れている様子**を表して「すばらしい」などと訳します。

問 必修！
156 ① 帝の召してのたまはむ事、**かしこし**とも思はず。（竹取物語）
訳 天皇が（私を）お呼びになっておっしゃるようなことは、〔　　〕とも思いません。

問 必修！
157 ① 寺をこそいと**かしこく**造りたるなれ。（源氏物語）
訳 寺をたいそう〔　　〕造ったそうだ。

157 ② **かしこう**も取りつるかな。（落窪物語）
訳 うまい具合にも（良い婿を）取ったものだなあ。

連用形の用法は、程度を表すときにも使います（⇩p.144）。「かしこく嘆く」は、「ひどく嘆く」の意です。連用形「かしこく」の訳は、単純に程度を表しているのか、「うまい具合に」「幸運にも」といった良い意味で用いられているのか見極めましょう。

答 156〔おそれ多い〕 157〔立派に〕

□□□
158
## こころにくし ［形・ク活用］《心憎し》

① 奥ゆかしい。すばらしい。

❖**ねたましく思うほどに相手が優れているありさま**を表します。中世以降、「恐るべきだ」、近世以降、「不審だ」の意味が生まれていきました。

問 必修！
① 木立・前栽など、なべての所に似ず、いとのどかに**こころにくく**住みなし給へり。（源氏物語）

②恐るべきことだ。

**訳** 木立や前庭の草木などが、普通の場所とはちがって、（六条御息所は）たいそうゆったりと〔　　〕暮らしていらっしゃる。

**②定めて討手《うって》向けられ候はんずらん。心にくうも候はず。**（平家物語）

**訳** きっと（頼政は）討手の兵士をこちらに向けることでしょう。恐るべきことでもありません。

「にくし」に引きずられて、憎らしいの意味があると思ってしまいますが、基本的には、「すばらしい」という良い意味で使われる単語ですので注意しましょう。

**答**〔奥ゆかしく〕

□□□
159
160

## さうなし ［形・ク活用］
《双無し／左右無し》

**159【双無し】**
①比べるものがない。並ぶものがない。

**160【左右無し】**
①ためらわない。言うまでもない。

❖「双無し」と「左右無し」があるので注意しましょう。**「双無し」は、並ぶものがない様子を表します。「左右無し」は、左右どちらとも考えるまでもないこと**を表し、「ためらわない」「言うまでもない」と訳します。

問 必修！
**159 ①鳥は雉《きじ》、さうなきものなり。**（徒然草）

**訳** 鳥料理には雉が、〔　　〕ものである。

問 必修！
**160 ①古くよりこの地を占めたるものならば、さうなく掘り捨てられがたし。**（徒然草）

**訳** （この蛇は）古くからこの地を栖《すみか》としているものであるならば、〔　　〕掘り捨てなさることはむずかしい。

試験によく出題される「さうなし」は、「左右無し」です。

**答** 159〔並ぶものがない〕160〔ためらわず〕

□□□
161

## ゆかし 〔形・シク活用〕

①見たい。聞きたい。知りたい。

関254 いぶかし

❖語源は「行《ゆ》かし」で、そちらへ行きたいの意。**好奇心を持って引きつけられ、行って、見・聞き・知りたい**ということです。

問 必修！

①**ゆかしかりしかど、神へ参るこそ本意なれと思ひて、山までは見ず。**（徒然草）

訳（山の上に何があるか）〔　　〕と思ったけれど、神社にお参りすることが本来の目的だと思って、山の方までは見ない。

現代語の「奥ゆかしい」は、奥に隠しているものを知りたいように思わせる態度に細やかな心配りが見えて引きつけられる人に使います。この意味も「ゆかし」にはあるのですが、それはごく一部。見たい、聞きたい、知りたいと覚えて、「何」に対して「ゆかし」と言っているかを把握しましょう。例文では、あとの「見ず」に注目します。

答〔見たい〕

□□□
162

## をかし ［形・シク活用］

①おもしろい。
②美しい。かわいらしい。
③上品だ。心ひかれる。優雅だ。

関 170 あはれなり
対 137 すさまじ

❖**感性に響くおもしろさ**を表します。動詞「招《を》く」と関わる形容詞で、**招き寄せたい感じがする状態**を表します。「あはれなり」が対象に感情移入して主観的な感傷を表すのに対して、「をかし」は対象を客観的に捉えたときの知的な興奮を表します。

①**ある人の、月ばかりおもしろきものはあらじと言ひしに、また一人、露こそなほあはれなれと争ひしこそ、をかしけれ。**（徒然草）

訳 ある人が、月ほどおもしろいものはないだろうと言ったところ、もう一人が、露がやはりしみじみと心打たれると反論したのは、おもしろい。

問 必修！
②**いづかたへかまかりぬる。いとをかしう、やうやうなりつるものを。**（源氏物語）

訳 （飼っていた雀《すずめ》の子は）どこへ行ってしまったのか。たいそう〔　　〕、だんだんなってきたのになあ。

③**笛いとをかしく吹き澄まして、過ぎぬなり。**（更級日記）

訳 （男は）笛をたいそう優雅に心を澄まして吹き、通り過ぎていってしまうようだ。

「をかし」はすべて、「情趣がある」「興趣がある」と訳せばよいと思っている人がいますが、何に心ひかれて「をかし」と表現しているかを把握しないと間違ってしまいます。たとえばセンター試験では、「おもしろい」「かわいらしい」の意で出題されました。何のどのような状態が「をかし」であるのかをよく考えて、「をかし」の意味を決めましょう。

答〔かわいらしく〕

□□□
**163**

## いときなし《幼きなし》
## いとけなし《幼けなし》
## いはけなし《稚けなし》
〔形・ク活用〕

① 幼い。あどけない。

対290 おとなし

❖「いときなし」「いとけなし」は、実際の年齢が幼いこと、「いはけなし」は、精神的に幼いことを表します。参考ですが、「あどなし」は鎌倉時代以降に出てきた語で、幼く、無邪気なさまを表します。

問 必修！

① **いとけなき**子の、なほ乳《ち》を吸ひつつ臥《ふ》せるなどもありけり。（方丈記）

訳（母親の死を知らないで）〔　　〕子が、やはり乳を吸い続けて横たわっているなどということもあった。

「いときなし」「いとけなし」と「いはけなし」は、実質的か精神的かだけの違いなので、とにかく「幼い」と覚えます。

答〔幼い〕

□□□
**164**

## うつくし
〔形・シク活用〕《美し》

① かわいらしい。
② 立派だ。

❖小さなもの、幼いものに対する愛着を表す言葉です。「美しい」の意味で用いられるようになるのは、多くは鎌倉時代以降です。

問 必修！

① **うつくしき**もの。瓜《うり》に描きたる児《ちご》の顔。（枕草子）

訳〔　　〕もの。瓜に描いた幼児の顔。

関168 らうたし

②かくて大学の君、その日の文、**うつくしう**作り給うて進士になり給ひぬ。（源氏物語）

訳 こうして、大学に学ぶ君（＝夕霧）は、その日の漢詩文を、立派にお作りになって進士におなりになった。

入試では、「かわいらしい」の意味を聞かれることが多いです。「うつくし」は「かわいらしい」で覚えておきましょう。

答〔かわいらしい〕

□□□
165

## うるはし ［形・シク活用］《麗し》

①きちんとしている。整っている。

②仲が良い。親しい。

対302 らうがはし

対 しどけなし ［形・ク活用］

①乱れている。無造作だ。

❖**整った美しさに感嘆する意**を表す言葉です。ほころびのない、**端正すぎるくらい端正な、整った様子**を表します。「うるはしき女」とは、完璧できちんとした欠点のない美しい女性のことです。

問 必修！

①**うるはしく**さうぞきたる者、**南面にただ参りに参りて、**（栄花物語）

訳〔　　　〕正装した者が、南向きの正殿にひたすら参上して、

②昔、男、いと**うるはしき**友ありけり。（伊勢物語）

訳 昔、男は、たいそう仲が良い友がいた。

容姿、態度、すべてにおいて整っているさまなので、「うるはし」＝「きちんと」と覚えましょう。

答〔きちんと〕

□□□ 166 167

## かなし ［形・シク活用］《愛し／悲し》

166【愛し】 ①かわいい。いとおしい。

167【悲し】 ①心が痛む。気の毒だ。

✤**胸に痛切に迫る感情**です。喜怒哀楽のいずれの感情にも使われます。我が子などの身近なものに対して用いられるときは「愛し」、その他のものに対しては「悲し」という意味になります。

問 必修！ 166 ①父母にもあひ見ず、**かなしき**妻子の顔をも見で死ぬべきことと嘆く。（源氏物語）

訳 父母にも会えず、（　　）妻子の顔も見ないで死なねばならないとはなあと嘆く。

問 必修！ 167 ①人の亡きあとばかり**かなしき**はなし。（徒然草）

訳 人が亡くなった後ほど、（　　）ものはない。

試験のときには、「愛し」＝「かわいい」の方の意味でよく問われます。

答 166（いとおしい） 167（心が痛む）

□□□ 168

## らうたし ［形・ク活用］《労たし》

①かわいい。愛らしい。

✤「労痛《らういた》し」が語源だと言われています。「労」は、いたわるの意。これに「いたし」が付いて、**強くいたわってやりたいさま**に対して「らうたし」と言います。

問 必修！ ①をかしげなる児《ちご》の、あからさまにいだきて遊ばし、うつくしむほどに、かいつきて寝たる、いと**らうたし**。（枕草子）

訳 かわいらしい様子の赤ん坊が、ほんのちょっと抱いて遊ばせ、かわいがるうちに、しがみついて寝てしまったのは、たいそう（　　）。

関 **らうたがる**〔動・ラ四〕《労たがる》

①かわいがる。

関 **らうたげなり**〔形動・ナリ活用〕《労たげなり》

①いかにもかわいらしい様子だ。

関 292 **らうらうじ**

関 164 **うつくし**

小さいものに対する愛着を表すという点では、「らうたし」「うつくし」はほぼ同じものです。「らうたし」は平安時代に漢語「労」から作られた新しい言葉のようです。

答〔かわいらしい〕

## ◆《形容動詞》美しさを表す語。

□□□
169

# あてなり〔形動・ナリ活用〕《貴なり》

①上品だ。優雅だ。

②身分が高い。高貴である。

関 **けだかし**〔形・ク活用〕《気高し》

①品位・風格がある。

関 218 **やむごとなし**

❖「あて」には「貴」という漢字を当てます。**「身分が高い」**が原義で、そこから**「上品だ」**という意味が生まれました。

問 必修！

①**四十《よそぢ》あまりばかりにて、いと白う、あてに、痩《や》せたれどつらつきふくらかに、**（源氏物語）

訳 四十歳過ぎぐらいで、たいそう白く、〔　　〕、痩せているけれど頬《ほお》のあたりがふっくらとして、

②**一人はいやしき男の貧しき、一人はあてなる男、持たりけり。**（伊勢物語）

訳 （姉妹の）一人は身分の低い男で貧しい男を、もう一人は身分が高い男を、（夫に）持っていた。

上品だという意味で用いられる語には、「けだかし」「やむごとなし」などがあります。

答〔上品で〕

□□□
170

## あはれなり

〔形動・ナリ活用〕

①しみじみと（心打たれるほど）すばらしい。美しい。

②気の毒だ。つらい。

関162をかし

❖「ああ、晴れ」（＝人目につく）に由来するとも言われ、人目につくようなものに対し、**しみじみと身にしみるような感動**を表します。美しいもの、気の毒なもの、かわいいものなど、とにかく対象に感情移入した主観的な感動です。

問 必修！

①**見聞く人々、目もあやに、あさましく、あはれにもまもりゐたり。**（大鏡）

訳（大宅世継の話を）見聞きする人々は、目もくらみ、驚きあきれ、〔　　　〕と（心を動かされて）じっと見つめて座っていた。

②**わがものの悲しき折なれば、いみじくあはれなりと聞く。**（更級日記）

訳（妻を亡くした藤原長家のことを）私もなんとなく悲しいときだったので、ひどく気の毒だと聞く。

「あはれ」はもともとは感動詞で、「ああ」と訳します。喜怒哀楽すべてのものについて「あはれ」と言ってしまうようなものを「あはれなり」と言います。「あはれ」は、涙を流す場面で多く用いられる言葉なので、涙を流しそうな感じを現代語訳として生かすために「しみじみと」「身にしみて」という言葉を入れるのです。

答〔しみじみとすばらしい〕

□□□
171

## きよらなり

〔形動・ナリ活用〕《清らなり》

❖これ以上美しいものはないと思われる、**欠点の見つからない最高の美**を表します。

①美しい。

関 **きよげなり**〔形動・ナリ活用〕《清げなり》

①美しい。

問 必修！

①装束の**きよらなる**こと、ものにも似ず。（竹取物語）

訳（天人たちの）衣装の〔　　〕ことは、何ものにもたとえようがない。

「きよらなり」の関連語に「きよげなり」があります。「きよげなり」は、清潔感がありこざっぱりとした美しさを表すのに対して、「きよらなり」は、光り輝くような完璧な美しさを表します。『源氏物語』では「きよらなり」は、光源氏など第一級の人物に対して用いられ、「きよげなり」は、内大臣などそれに次ぐ人物に対して用いられます。

答〔美しい〕

□□□
172

## こまやかなり〔形動・ナリ活用〕
《細やかなり・濃やかなり》

①心がこもっている。行き届いて丁寧である。

❖「こまやかなり」は、**細かなところにまで心がこもっている感じ**を表します。

問 必修！

①奥に人や添ひ居たらむと、うしろめたくて、え**こまやかに**も語らひ給はず。（源氏物語）

訳（御簾の）奥で（誰か）他の人が一緒にいるのだろうかと、気がかりで、〔　　〕語り続けることがおできにならない。

「こまやかなり」が色について用いられる場合は、「色が濃い」と訳します。

答〔心をこめて〕

## ◆《形容動詞》好悪の表現。

□□□ 173

### あやにくなり［形動・ナリ活用］

①意地悪に感じられる。意に染まない。
②都合が悪い。折りに合わない。

❖感動詞「あや」に形容詞「憎し」の語幹「にく」が付いてできました。「ああ憎らしい」という意味が原義です。**予想に反して事態が進行するのに対して、失望したり、困惑したりする気持ち**を表します。

問 必修！
①**さらに知らぬよし申ししに、あやにくに、強《し》ひ給ひしこと**（枕草子）
訳 まったく知らないということを申し上げたのに、〔　　　　〕、（言うことを）強要なさったことだよ。

②**暗うなるままに、雨いとあやにくに頭さし出づべきもあらず。**（落窪物語）
訳 暗くなるにつれ、雨がたいそう都合が悪いことに降って、頭を突き出すこともできない。

「あやにくなる心」とは、予想外の事態に困惑している心のことなので、「どうしてよいかわからず困っている心」です。原義がわからないと解釈できませんね。

答〔意地悪にも〕

□□□ 174

### かたくななり［形動・ナリ活用］《頑ななり》

①頑固だ。

❖「かた」は片寄っていて不完全なことを表し、「くな」は「くねる」と同義で、ねじ曲がっていることを表します。**ある方向に考えがねじ曲がっている状態**を「かたくななり」と言います。

①いとど、人悪《わろ》う、**かたくなに**なり果つるも、（源氏物語）
訳 ますます、人聞きも悪く、すっかり頑固になるにつけても、

②教養がない。

関 かたくなし［形・シク活用］《頑なし》

①強情だ。

②見苦しい。

問 必修！

②ことにかたくななる人ぞ、「この枝、かの枝散りにけり。今は見どころなし」などは言ふめる。（徒然草）

訳 特に（　　　　）人が、「この枝もあの枝も散ってしまった。もう見所がない」などと言うようだ。

「かたくななり」の「なり」を、断定の助動詞と間違えないようにしましょう。

答〔教養がない〕

---

□□□ 175

## ねんごろなり［形動・ナリ活用］《懇ろなり・寧ろなり》

①熱心だ。

②丁寧だ。親切だ。親密だ。

対143 おろかなり

対179 なほざりなり

❖**心を込めて丁寧に接する様子**を表します。漢字の「懇ろ・寧ろ」で、「懇切丁寧」という四字熟語を浮かべると、忘れにくいですね。

①狩りは**ねんごろに**もせで、酒をのみ飲みつつ、大和歌にかかれりけり。（伊勢物語）

訳 狩りは熱心にもしないで、酒ばかりを飲んでは、和歌（を詠むの）に熱中していた。

問 必修！

②親のことなりければ、いと**ねんごろに**いたはりけり。（伊勢物語）

訳 親の言葉であったので、（勅使を）たいそう（　　　　）もてなした。

「丁寧だ」と訳す「ねんごろなり」の対義語は、「いい加減だ」と訳す「おろかなり」「なほざりなり」となります。

答〔丁寧に〕

□□□ 176

# まめなり［形動・ナリ活用］《実なり・忠実なり》

①誠実である。まじめである。
②実用的である。

対 150 あだなり

関 **まめごと**［名］《実事・忠実事》
①まじめなこと。

関 **まめびと**［名］《実人・忠実人》
①まじめな人。

対 **あだびと**［名］《徒人》
①浮気な人。

関 336 **まめまめし**　対 あだあだし

❖「真実《まみ》」や「真目《まめ》」が「まめ」になったなどと考えられ、**誠意のある様子**を表しています。おせち料理に、黒豆やごまめといった、「まめ」の入る名前の食材が使われるのは、健康でまじめに一年過ごせるようにという思いからですね。

問 必修！

①**まめに**思はむと言ふ人につきて、人の国へ往にけり。（伊勢物語）

訳〔　　〕（自分を）愛そうと言う人に従って、地方へ行った。

②車にて、**まめなる**もの、さまざまに持て来たり。（大和物語）

訳 牛車で、実用的な物をあれこれ持ってきた。

恋愛では、「まめびと（忠実人）」と言えば、手紙や和歌をよく贈り、一心に愛してくれる人のことで、「あだびと（徒人）」と言えば、行きずりの恋も恋、美しい人がいると聞けばふらふらと手紙を書くような人です。「あだびと」も、「情趣がわかる」という意味では高い評価を受けることがあります。

答〔誠実に〕

□□□
177

# おいらかなり
［形動・ナリ活用］

①おっとりしている。
②率直である。

❖おっとりしているのと率直であるのとは相容れないようですが、「おいらかなり」は、本来、**人の性格や行動についての穏やかさ、すなおさを表す**ので、姑息《こそく》な考えを持たないありさまなのですね。

問 必修！

①「いかでか。にはかならむ」と、いと**おいらかに言ひて居たり**。（源氏物語）

訳 （夕顔は）「どうして（行けるだろう）か。急だろう」と、たいそう〔　　〕言って座っている。

②**おいらかに**、あたりよりだにな歩きそとやはのたまはぬ。（竹取物語）

訳 率直に、「このあたりさえ歩かないでくれ」と、おっしゃらないのか、おっしゃってほしい。

②の例文は、かぐや姫が求婚者になかなか手に入れがたい品物を持ってきてほしいと望んだときに、求婚者たちが怒って帰りながら言ったセリフでした。「ストレートに結婚できないと言ってよ〜」という意味ですよね。

答〔おっとりと〕

□□□ 178

## おほどかなり《大どかなり》
## おほのかなり《大のかなり》

〔形動・ナリ活用〕

① おっとりとしている。ゆったりとしている。

② (度を超して)大きい。

関177 おいらかなり

❖「度」が過ぎるくらいに**大きくてゆったりしているさま**が原義です。「おいらかなり」と類義語の関係になります。「おいらか」は自分の感情を抑えて、事を荒立てたりしない態度を表すのに対し、「おほどか」は世間や男女関係に疎いおっとりとした様子を表します。

問 必修!

① 「あなかま」とまねき制すれども、女、はた知らず顔にて、**おほどかにて**居給へり。(枕草子)

訳 「しずかにしなさい」と(周囲を)手招きして制するが、姫君は、それでもまた知らないふりで、〔　　　〕て座っていらっしゃる。

② さる**おほのかなる**ものは、所せくやあらむと思ひしに、(枕草子)

訳 そのような大きなもの(=牛車)は、堂々としているのだろうかと思ったのに、

「おほどかなり」から転じて「おほのかなり」となりました。「ど」が「の」に転じた例として、「退《ど》く」が「退《の》く」に転じたというのもありますね。

答 〔おっとりとし〕

□□□ 179

## なほざりなり

〔形動・ナリ活用〕

❖「猶《なほ》あり」から生まれた言葉だと言われています。「大したことないけれど、やはり、そこにある」という意味から、**格別に、気にもとめないさま**を表します。

①いい加減だ。本気ではない。
②あっさりしている。

関143 おろかなり
関144 なのめなり
関 おろそかなり［形動・ナリ活用］《疎かなり》
①いい加減だ。

問 必修！
①**なほざりなる**御心かな。（うつほ物語）
訳（　　　）（あなたの）御心であるなあ。

②よき人は、ひとへに好けるさまにも見えず。興ずるさまも**なほざりなり**。（徒然草）
訳 身分の高い人は、ひたすら好んでいる様子にも見えない。おもしろがる様子も**あっさりしている**。

類義語に、「おろかなり」「なのめなり」「おろそかなり」があります。皆さんが使う、「ツー」っていう言い方で表せるものですね。

答（いい加減な）

□□□
180
## ひたぶるなり［形動・ナリ活用］

①いちずだ。むやみに。

関091 せちに

❖「ひたぶる」の「ひた」は、「ひたすら」「ひたむき」の「ひた」と関係があると考えられています。**いちずで、思いのままに行動するさま**を表しています。

問 必修！
①親ののたまふことを**ひたぶるに**否み申さむことのいとほしさに、（竹取物語）
訳 親がおっしゃることを（　　　）拒否申し上げるようなことがお気の毒で、

「ひたぶるなり」の他に「いちずに」と訳す言葉には、「せちに」があります。

答（いちずに）

□□□
181

## むげなり

［形動・ナリ活用］《無下なり》

①まったくひどい。最悪だ。
②（連用形で）むやみに。ひどく。

❖「無上」に対する「無下」からできた言葉です。「下が無い」ことから、**まったくひどいさまを表します。**

問 必修！

①**むげ**のことをも仰せらるるものかな。（徒然草）

訳〔　　　〕ことをおっしゃるものだな。

②**むげに**うたてき事どもなり。ためし少なうぞおぼえける。（平家物語）

訳 **むやみに**ひどい事である。先例が少なく思われた。

連用形「むげに」は、副詞的用法が慣用化し、副詞として扱われることもあります。

答〔まったくひどい〕

◆《形容動詞》予想外である。

□□□
182

## おもはずなり

［形動・ナリ活用］《思はずなり》

①意外である。思いがけない。

❖動詞「思ふ」と打消の助動詞「ず」に分けてしまうと、「なり」の説明がつかないので、一語と考えます。「なり」を断定の助動詞だと思うかもしれませんが、断定の助動詞であれば連体形に接続しますので、前の「ず」は「ぬ」となって、「思はぬなり」となりますね。

問 必修！

①うつくしければにや、いと**思はずなり**。（土佐日記）

訳 子がたいそうかわいらしかったためであろうか、（こんな和歌が詠めるとは）とても〔　　　〕。

「思はずなり」は、単語の意味の問題よりも、文法問題としてよく出題されます。「思はずなり」「思はずに」とあったら、形容動詞の活用語尾と答えられるようにしましょう。

答〔意外である〕

□□□
183

## すずろなり
## すぞろなり
## そぞろなり

［形動・ナリ活用］《漫ろなり》

①（連用形で）あてもなく。わけもなく。

②思いがけない。

❖「すずろ（漫ろ）」は「目的・理由がない」の意です。「すずろなり」は、これという**確かな理由もなく、無意識のままに行動する様子**を表して、「わけもなく」「あてもなく」と訳します。また、**こちらの予想外の形で物事が進行する様子**を表して、「思いがけない」と訳します。

問 必修！

①昔、男、**すずろに**陸奥《むつ》の国までまどひいにけり。（伊勢物語）

訳 昔、ある男が、〔　　〕奥州までさまよい出かけた。

②蔦《つた》、楓《かへで》は茂り、もの心細く**すずろなる**目をみることと思ふに、（伊勢物語）

訳 つたやかえでが茂って、なんとなく心細く、思いがけない目にあうことだなあと思うが、

現代語の「そぞろ歩き」という表現は、特にこれという目的もなくぶらぶら歩くことですよね。

答〔あてもなく〕

**問題**　傍線部の現代語訳として適切なものを選べ。

□154　**家居のつきづきしくあらまほしきこそ**、仮の宿りとは思へど、興あるものなれ。（徒然草・同志社大）

① 住居が住んでいる人に似つかわしく、かつ理想的であることが、
② 家の造り方が変化に富んでおり、かつ生活に適したものであることが、
③ 住居の制作年代が古く、かつ豪華さがきわだっていることが、
④ 家の造り方に対して余り気を遣わないのに、かつ行き届いていることが、
⑤ 住居の在り方としては、住む人に適して、かつ閑静であることが、

□155　ほとけの道にも、**世にありがたき人**は、山にこもりてあらはれず。（痴癖談・南山大）

① 俗世に住みにくい人
② 霊験《れいげん》あらたかな山伏
③ 世間から感謝される奉仕者
④ 世にもまれな高僧
⑤ 世俗的なことを嫌う人

□156　御乳母、「かくなむ侍る（＝右大臣があなたを娘の婿にぜひということでございます）。いとやむごとなく、よき事にこそ侍るめれ」と言へば、中将、「**一人侍る程ならましかば、いとかしこき仰せ言ならましを**、今かくて通ふ所あるやうにほのめかし給へ（＝何となくおっしゃってください）」とて立ち給ひぬれば、（落窪物語・明治大）

① 私が独身でいるころでしたら、たいそう恐れ多いお言葉でしょうが

**解答**　《現代語訳》

訳 154　①
**住居が住んでいる人に似つかわしく、かつ理想的であることが、**（この無常の世では）仮の住居とは思うけれど、おもしろいものだ。

訳 155　④
ほとけの道でも、**世にもまれな高僧**は、山に籠《こも》っていて（世の中に）姿を現さない。

訳 156　①
御乳母が、「右大臣があなたを娘の婿にぜひということでございます。たいそうすばらしく、よいことであるようです」と言うので、中将は、「**私が独身でいるころでしたら、たいそう恐れ多いお言葉でしょ**

② 私が単独でお仕えしていますのに、大変もったいないお言いつけですが
③ 私が独立したばかりのころでしたら、とてもありがたいお話でしょうが
④ 私が独身でいることになっていますので、はなはだ賢明な御判断をいただきますが
⑤ 私が単独でお仕えするようになったら、非常に尊重すべき御命令になるでしょうが

□157 （病気で立てない）上は、**かしこく**御車に乗せ奉りて、おましながらかきおろし奉りける。（栄花物語・センター）

① おそれおおく　② うまく　③ おそろしく
④ うつくしく　⑤ うれしく

□158 （人々）「源氏は読み給へりや」と言へば、（童）「少々習ひたることも侍り」と言ひければ、（人々）「**心にくきことかな。さらば読み給へ**」と引き広げたり。（ねさめの記・センター）

① 奥ゆかしいことだね。それならばお読みなさい。
② 憎たらしいやつだなあ。おまえが去ったら読んでみるよ。
③ 上品ぶったことを言うね。それでは読んでみなさい。
④ なんとなく憎らしいことだね。とにかく読んで御覧なさい。
⑤ どうも気になりますよ。もう一度読んでみてください。

□159 園の別当入道は、**さうなき**包丁師なり。（徒然草・神戸女子大）

① それほどの者ではない　② 誰も知る者のいない
③ 並ぶ者のない　④ 目立たない
⑤ 軽率なところのない

うが、今はこのように妻として通う人がいると何となくおっしゃってください」とおっしゃってお立ちになったので、

※「一人侍る」とは独身でいることです。

訳 157 ②
（病気で立てない）母上については、うまくお車に乗せ申し上げて、座ったままで、抱き下ろし申し上げた。

訳 158 ①
（人々が）「源氏物語は読みなさったか」と言うと、（童は）「少し習ったこともございます」と言ったので、（人々は）「奥ゆかしいことだね。それならばお読みなさい。」と引き広げた。

訳 159 ③
園の別当入道は、並ぶ者のない料理人である。

□ **160** やがて走り入りて、車寄せに、女の立ちたる前についゐて、申せと候ふとは、**さうなく**いひ出でたれど、（十訓抄・上智大）

① 勢いもなく　② そのようでなく　③ このうえなく　④ ためらいなく

□ **161** 年ごろ**ゆかしう**思ひわたりし所なりければ、このたびはいかでとく登りてみん。（菅笠日記・センター）

① 行ってみたく　② 懐かしく　③ 優美に気高く　④ 待ち遠しく　⑤ 親しみ深く

□ **162** 「俳諧師といふものは、気の付かぬものにて、（こちらが困っているのに）長遊びをする」と、勝手の下女ども、お客に退屈するも**をかし**。（西鶴名残の友・センター）

① 風流だ　② かわいい　③ おもしろい　④ 奇妙だ　⑤ 困ったことだ

□ **163** 「あしくとも、**いとけなき**者のことなり。苦しからじ。よませてきけ」と仰せごとありければ、（和歌威徳物語・共通一次）

① かわいらしい　② 愚かな　③ 悪気のない　④ 幼い　⑤ 頼りない

□ **164** （若君は）**うつくしく**大きになりたまひて、母君の御頸《くび》にとりつきて、「など吾子をば見たまはでおはする。恋しくはおはせぬか」とて、笑ひたはぶれたまへば、（しのびね・成蹊大）

① 大人っぽく　② 背が高く　③ たいへん　④ 少しだけ　⑤ 愛らしく

---

**訳 160** ④
そのまま走っていって、車寄せで、女が立っている前に跪《ひざまず》いて、「『申し上げよ』ということでございます」とは、**ためらいなく**言い出したけれども、

**訳 161** ①
長年**行ってみたく**思い続けていた所であったので、今回は何とかして早く登ってみよう。

**訳 162** ③
「俳諧師というものは、気が利かない者であって、（こちらが困っているのに）長遊びをする（人たちだ）」と、台所の下女たちが、お客に退屈するのも**おもしろい**。

**訳 163** ④
「悪くても、**幼い**者の（する）ことである。さしつかえないだろう。詠ませて聞け」と仰せごとがあったので、

**訳 164** ⑤
（若君は）**愛らしく**大きくなりなさって、母君の御首にしがみついて、「どうして私をご覧にならないでいらっしゃるのか。恋しくはおありにならないのか」と言って、笑い戯れなさるので、

**165** この中納言（一座の人たちの所に）参りたまへれば、**うるはしくなりて、ゐなほりなどせられければ、**（大鏡・センター試行テスト）

① 中納言がごきげんもよくなって、うちくつろいで、座りなおしなどなさったので、

② 一座の人たちがごきげんもよくなって、うちくつろいで、座りなおしなどなさっておられた時なので、

③ 中納言がきちんとした態度になり、威儀を正して座りなどなさったので、

④ 一座の人たちがきちんとした態度になり、いずまいを正したりなどなさったので、

⑤ 中納言がきちんとした態度であるので、一座の人たちが座りなおしなどなさったので、

**166** あるが中にも**かなしき**子のかかる（＝危篤である）よりも、（うつほ物語・早稲田大）

① なさけない　② かわいそうな　③ 運のない

④ いとしい　⑤ やるせない

**167** （道兼が花山院をだましたのは）**あはれにかなしきこと**なりな。（大鏡）

① 興味深く滑稽なこと　② 道理に合わずいい加減なこと

③ しみじみと心が痛いこと　④ 意外で不思議なこと

**168** 婿どらるるも、いとはしたなき心地すべし。**らうたう**なほおぼえば、ここに迎へてむ。（落窪物語・立教大）

① かわいそうに　② かわいらしく　③ 妻にふさわしく

④ 信頼できそうに　⑤ 心遣いが細かそうに

---

訳 **165** ④ この中納言が（一座の人たちの所に）参上なさると、**一座の人たちがきちんとした態度になり、いずまいを正したりなどなさったので、**

訳 **166** ④ （大勢）いる子の中でも**いとしい**子が危篤であることよりも、

訳 **167** ③ （道兼が花山院をだましたのは）**しみじみと心が痛いこと**であるなあ。

訳 **168** ② 婿にされることも、たいそう体裁が悪い気持ちがするにちがいない。**かわいらしく**やはり思われるならば、ここに迎えてしまおう。

□ **169**

ここに、いづくともなく、いと**あてなる**女、一人たたずみて、（曽呂利物語・センター）

① 寂しそうな　② 愛嬌《あいきょう》のある　③ あでやかな
④ 上品な　⑤ 輝くばかりの

□ **170**

（帝は、本当の父親である）大臣の、かくただ人にて世に仕へ給ふも**あはれにかたじけなかりけること**、かたがた思し悩みて、（源氏物語・センター）

① 身にしみて畏《おそ》れ多いこと　② 情けないほど恥ずかしいこと
③ まことに申し訳ないこと　④ 何とも面目ないこと
⑤ しみじみと悲しいこと

□ **171**

この児の**きよらなる**こと世になく、屋の内は暗き所なく光満ちたり。（竹取物語）

① かわいらしい　② みすぼらしい　③ 美しい
④ 魅力的な　⑤ 立派な

□ **172**

「今日か明日かの心地するを、対面の心にかなはぬこと」など、**こまやかに**書かせ給へり。（源氏物語・関西学院大）

① ほそぼそと　② 心細げに　③ 愛情深く
④ 真面目に　⑤ 口うるさく

□ **173**

なほ、**あやにくなる御心**胸に満ちて、限りなき御物思いになりければ、（太平記・センター）

① 気まずくてたまらない思い　② 何となくにくらしい思い
③ 筋が通らないという思い　④ とてもつまらないという思い
⑤ どうすることもできないという思い

---

訳 **169** ④
ここに、どこともなく、たいそう**上品な**女が、一人たたずんで、

訳 **170** ①
（帝は、本当の父親である）大臣が、このように臣下として朝廷にお仕えなさることも**身にしみて畏れ多いこと**だと、いろいろと思い悩みなさって、

訳 **171** ③
この子（＝かぐや姫）の**美しい**ことは比類なく、家屋の中は暗い所がなく光が満ちている。

訳 **172** ③
「今日か明日かの気持ちがするのに、対面が心にかなわないこと」など、**愛情深く**書きなさっていた。

訳 **173** ⑤
やはり、**どうすることもできないという思い**が胸に満ちて、この上なくお悩みになったので、

□ **174**

道々の物の上手のいみじき事など、**かたくななる人**の、その道知らぬは、そぞろに神のごとくに言へども、道知れる人は、さらに信も起こさず。（徒然草）

① 風流を理解する人　② いじっぱりな人　③ 教養がない人　④ 才能がある人

□ **175**

あやしのわび人のさすらひ行かむに、かならず宿をかし、食ひものを用意して、**ねんごろに**あたるべし。（閑居友・就実大）

① 熱心に　② うやうやしく　③ 親切に　④ こころよく　⑤ 仲良く

□ **176**

塘雨《とうう》（人名）も去何《きょか》（人名）もともに**まめ人にて、浮きたること言ふ類にあらず**。（閑田文草・センター）

① 勤勉であって、むやみに遊びたいなどと言うような人たちではない
② 誠実であって、全く根拠がないことを言うような人たちではない
③ 冷静であって興に乗って大声でものを言うような人たちではない
④ 忠実であって、軽々しく人を裏切ることを言うような人たちではない
⑤ 現実的であって、空想めいたことを言うような人たちではない

□ **177**

しばし人にも知らせで**おいらかにおはしませ**。（怪しの世がたり・センター）

① 内密に処置なさってください
② くれぐれも用心なさってください
③ 安心してお出かけになってください
④ 穏やかに構えていらっしゃってください
⑤ 寛大にお許しになってください

---

訳 **174** ③
諸道の名人のすぐれた事など、教養がない人で、その道を心得ていない人は、むやみに神のように言うけれども、その道を心得ている人は、全く信じもしない。

訳 **175** ③
みすぼらしい世捨て人がさまよい行くならば、その時に必ず宿を貸して、食べ物を用意して、親切に扱ってください。

訳 **176** ②
塘雨も去何もどちらも誠実であって、全く根拠がないことを言うような人たちではない。

訳 **177** ④
しばらく人にも知らせないで穏やかに構えていらっしゃってください。

第2章

長月

練習問題

□ 178

らうたげに**おほどかなり**と見えながら、（源氏物語）

① 上品な様子である　② ゆったりしている様子である

③ はっきりしない様子である　④ せっかちな様子である

□ 179

うき世を出でて、仏の御国に生まれんと願はん人、いかでか捨つとならば**なほざりの事**侍るべき。（閑居友・関西学院大）

① ほどほどの事　② あっさりしている事　③ これ以上の事

④ いいかげんな事　⑤ なお去り難いと思う事

□ 180

よきあしきを言はず、**ひたぶるに**古きを守るは、学問の道には、言ふかひなきわざなり。（玉勝間）

① 人知れず　② いちずに　③ 勝手に　④ とっさに　⑤ 移り気に

□ 181

（尼君は）**むげに**弱くなりて、たのもしげもなし。（今昔物語集・駒澤大）

① 思いのほか　② 急に　③ 次第に　④ ひどく　⑤ わずかに

□ 182

**いと思はずにあさましがりて**（無名草子・青山学院大）

① 人々は、私が驚くほどひどく心配して

② 人々は、ふと急に私をかわいそうに思って

③ 人々は、私の考えていることなどいっこうに気にもしないで

④ 人々は、場所がらをわきまえぬことだと非難して

⑤ 人々は、ひどく意外らしく驚きあきれて

□ 183

かたじけなく思ほゆべかめれば、**すずろに**涙がちなり。（源氏物語・京都産業大）

① 大変に　② 遠慮がちに　③ わけもなく　④ 心から

---

訳 178 ②

かわいらしい様子で**ゆったりしている様子である**とは見えるが、

訳 179 ④

つらいこの世を捨てて、仏の国に生まれ変わろうと願うような人は、どうして世を捨てるというならば**いいかげんな事**があってよいでしょうか、いや、よくありません。

訳 180 ②

良い悪いを言わず、**いちずに**古いことを守るのは、学問の道では、どうしようもない行為である。

訳 181 ④

（尼君は）**ひどく**弱くなって、頼りない様子だ。

訳 182 ⑤

**人々は、ひどく意外らしく驚きあきれて**

訳 183 ③

もったいないと思われるにちがいないようなので、**わけもなく**涙を流しがちである。

# 第3章 豊熟の季節

～神無月《かんなづき》・霜月《しもつき》・師走《しわす》～

いよいよ、知識を充実させ、様々な古文を読み解く季節が来ました。

この章では、古文を読み進める中で、知っている語やその語と関連の深い語を見つけることによって、読解力を磨きます。

一千年も前の人々が、どのような状況でどのような語句を使用したのでしょうか。その文章が書かれた時代に思いを馳せ、意味の似ている語や、似ている中にも存在する「違い」を知って、誤訳を避けていきましょう。

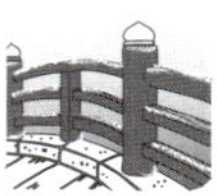

## ―― まとめて覚えておきたい語（その1）31語 ――

### ◆《動詞》と《形容詞》のペア

□□□ 184 **あさむ**［動・マ四］

□□□ 123 **あさまし**［形・シク活用］

184【あさむ】
①驚きあきれる。意外に思う。
②馬鹿にする。軽蔑する。

123【あさまし】
①驚きあきれるほどだ。意外だ。
②ひどい。程度が甚だしい。

❖形容詞「あさまし」と動詞「あさむ」は、まとめて覚えておきましょう。「あさまし」は「意外さに驚きあきれる」ような状態を表すのに対して、「あさむ」は「**驚きあきれる**」「**馬鹿にする**」「**軽蔑する**」という動作を表します。

184 ①見るもの**あさま**ずといふ事なし。（宇治拾遺物語）

訳 見るもので**驚きあきれ**ないという事はない。

問 必修！

184 ②これを見る人、あざけり**あさみ**て、「世のしれ物かな。かく危き枝の上にて、安き心ありて睡《ねぶ》るらんよ」と言ふに、（徒然草）

訳 これを見る人は、あざけって〔　　〕て、「本当の馬鹿者だなあ。このように危ない枝の上で、安心して眠っているようだよ」と言うけれども、

「あさむ」は、②の「馬鹿にする、軽蔑する」の意がよく出題されます。

答（馬鹿にし）

## 185 いとふ 〔動・ハ四〕《厭ふ》

## 186 いとほし 〔形・シク活用〕

185【いとふ】

①**いやがる。**

②（「世をいとふ」の形で）**出家する。この世を避ける。**

186【いとほし】

①**かわいそうだ。気の毒だ。**

②かわいい。いとおしい。

❖形容詞「いとほし」は、動詞「いとふ」（「見るのが嫌だ」の意）が形容詞化した語と言われています。**幼い者、弱い者を見ていると胸が痛くなって目を背けたくなる**というのが**原義**です。そういう**同情や切なさの気持ちから、「かわいい」「いとおしい」といった感情**を表すようになりました。

問 必修！

185 ①世の常ならぬさまなれども、人に**いとは**れず、よろづ許されけり。（徒然草）

訳（盛親僧都は）世間並みではない様子であるけれども、人に〔　　〕れず、何事につけても許されていた。

185 ②世の憂きにつけて**いとふ**は、なかなか人わろきわざなり。（源氏物語）

訳 この世のつらさにつけて、出家するのは、かえって人聞きのよくないことである。

問 必修！

186 ①熊谷あまりに**いとほしく**て、いづくに刀を立つべしともおぼえず。（平家物語）

訳 熊谷直実は（平敦盛が）、あまりにも〔　　〕で、どこに刀を突き立てたらいいのかもわからない。

186 ②宮は、いと**いとほし**と思す中にも、男君の御かなしさはすぐれ給ふにやあらん、（源氏物語）

訳 大宮は、（孫たちを）とてもかわいいとお思いになる中でも、男君（＝夕霧）のおかわいらしさはまさっていらっしゃるのであろうか、

「いとほし」は、試験では①の「かわいそうだ、気の毒だ」の意が出題されます。

答 185〔いやがら〕 186〔かわいそう〕

□□□
187
## いむ〔動・マ四〕《忌む・斎む》

□□□
188
## いまいまし〔形・シク活用〕《忌忌し》

❖形容詞「いまいまし」は、動詞「忌む」からできた語と言われ、**忌み慎む気持ち**を表すのが原義です。中世以降「憎らしい」「腹立たしい」の意も現れました。

**187【いむ】**
①不吉として避ける。忌み嫌う。

**188【いまいまし】**
①慎むべきだ。はばかられる。
②不吉だ。

関128 ゆゆし

---

187 ① 問 必修！ 「月の顔見るは**いむこと**」と制しけれども、（竹取物語）

訳 「月の面を見ることは〔　　〕ことだ」と制止したけれども、

188 ① ゆゆしき身に侍れば、かくておはしますも、**いまいましう**、かたじけなくなん。（源氏物語）

訳 （喪中で）不吉な身でございますから、こうして（若宮がここに）いらっしゃることも**慎むべきで**、おそれ多いことです。

188 ② 問 必修！ 聞くも**いまいましう**恐ろしかりし事どもなり。（平家物語）

訳 （それを）聞くのも〔　　〕恐ろしかった事である。

不吉だと思ったときに、側から遠ざけたい心情を表すのが「いまいまし」、近づいてはならないという心情は「ゆゆし」です。どちらも「不吉だ」の訳となるので、関連語として覚えておくとよいでしょう。

答 187〔不吉として避ける〕 188〔不吉で〕

□□□
189
## つつむ
〔動・マ四〕《慎む》

□□□
190
## つつまし
〔形・シク活用〕《慎まし》

189【つつむ】
①はばかる。遠慮する。

190【つつまし】
①遠慮される。恥ずかしい。

関 223 はしたなし
関 217 まばゆし

❖「つつむ」は、**感情を包み隠す様子**を表す動詞です。「つつまし」は、「つつむ」から生まれた形容詞で、**感情を包み隠しておきたい様子**を表し、「遠慮される」「恥ずかしい」と訳します。

問 必修！
189 ①人目も、今は**つつみ**たまはず、泣きたまふ。（竹取物語）
訳 人目も今は〔　　〕なさらず、お泣きになる。

問 必修！
190 ①久しく行かざりければ、**つつましくて**立てりけり。（大和物語）
訳 長い間行っていなかったので、〔　　〕て立っていた。

「恥ずかしい」という訳を持つ形容詞には、この「つつまし」の他に「はしたなし」「まばゆし」があります。

答
189〔はばかり〕
190〔遠慮され〕

□□□
191
## なつく ［動・カ四］《懐く》

□□□
192
## なつかし ［形・シク活用］《懐かし》

191【なつく】
①慣れ親しむ。慕う。

192【なつかし】
①親しみやすい。心ひかれる。

❖形容詞「なつかし」は、動詞「なつく」からできた語と言われ、**慣れ親しみたい気持ち**を表すのが原義です。

問 必修！
191 ①猫はまだよく人にも**なつか**ぬにや、（源氏物語）
訳 猫はまだよく人に〔　　〕ないのであろうか、

問 必修！
192 ①ただおほかたのことどもを、常よりことに**なつかしう**聞こえさせたまふ。（源氏物語）
訳 世間の一般的な事柄を、（冷泉帝は光源氏に）いつもより特に〔　　〕申し上げなさる。

「なつかし」には現代語の「懐かしい」と同じように、「久しぶり、懐かしい」という意もありますが、試験では心ひかれる気持ちの意味が問われます。「なつい」てしまうような状態を「なつかし」と言うと覚えておきましょう。

答
191〔慣れ親しま〕
192〔親しみやすく〕

□□□ 193
## なやむ
〔動・マ四〕《悩む》

□□□ 194
## なやまし
〔形・シク活用〕《悩まし》

193【なやむ】
①病気になる。病気で苦しむ。

194【なやまし】
①（病気などで）気分が悪い。

対 317 おこたる

❖「なやむ」「なやまし」は「萎《な》ゆ」からできた言葉だと考えられています。**体からエネルギーがなくなって、苦しい思いをすること**を言います。

問 必修！ 193 ①いはば、よき女の**悩める**ところあるに似たり。（古今和歌集仮名序）

訳 いうなれば、身分の高い女が〔　　〕でいるところがあるのに似ている。

問 必修！ 194 ①御心地も浮きたるやうにおぼされて、**なやましうし**給ふ。（源氏物語）

訳 （六条御息所は）お気持ちも落ち着かないようだとお思いにならずにはいられなくて、〔　　〕いらっしゃる。

「なやむ」の対義語は「おこたる」です。「なやむ」「なやまし」は病気になる、「おこたる」は病気が治る、と覚えておくとよいでしょう。（⇨p.316）

答 193〔病気で苦しん〕 194〔気分が悪くて〕

**195 むつかる** ［動・ラ四］《憤る》

**196 むつかし** ［形・シク活用］《難し》

❖形容詞「むつかし」は、動詞「むつかる」が形容詞化した語で、**機嫌が悪くてぐずぐず泣きたい気持ち**を表します。

195【むつかる】
①不快に思う。（機嫌を悪くして）腹を立てる。

196【むつかし】
①不快である。うっとうしい。

問 必修！
195 ①「あなにく。例の御癖ぞ」と、見奉り**むつかる**めり。（源氏物語）

訳「ああ憎い。いつもの（色好みの）お癖だ」と、拝見して（　　）ようだ。

問 必修！
196 ①惜しむ由《よし》して、請《こ》はれむと思ひ、勝負の負けわざにことづけなどしたる、**むつかし**。（徒然草）

訳 秘蔵するふりをして、欲しがられようと思い、勝負ごとに負けたことの口実にしている態度は、（　　）。

「むつかし」が試験に出たときは、「不快である」という意味で考えましょう。現代語の「難しい」の意は、古語の「むつかし」にはありません。

答
195（不快に思う）
196（不快である）

**197 わぶ** ［動・バ上二］《侘ぶ》

**198 わびし** ［形・シク活用］《侘びし》

❖形容詞「わびし」は、動詞「わぶ」が形容詞化した語で、**物事が思い通りにならず困惑したり苦しんだりする状態**を表します。

**197【わぶ】**

①**嘆く。**思い悩む。

②**困る。**

③[補助動詞]〜しづらくなる。〜しかねる。〜しきれない。

**198【わびし】**

①**つらい。**やりきれない。困ったことだ。

②**興ざめだ。**がっかりする。物足りない。

③貧しい。みすぼらしい。

---

問 必修！

**197 ①限りなく遠くも来にけるものかなと、わび合へるに、**（伊勢物語）

訳 この上もなく遠くに来てしまったものだなあと、互いに〔　　〕合っていると、

**197 ②つれづれわぶる人は、いかなる心ならむ。**（徒然草）

訳 手持ち無沙汰で困る人は、どのような気持ちなのだろうか。

**197 ③京にありわびて東《あづま》に行きけるに、**（伊勢物語）

訳 （ある男が）都に住みづらくなって東国へ行ったが、

**198 ①やうやう暑くさへなりて、まことにわびしくて、…何しにまうでつらむとまで、**（枕草子）

訳 （道の途中で）徐々に暑くまでもなって、とてもつらくて、…何のために今お参りしてしまったのだろうとまで、

問 必修！

**198 ②知らぬ事、したり顔に、おとなしく、もどきぬべくもあらぬ人の言ひ聞かするを、さもあらずと思ひながら聞きゐたる、いとわびし。**（徒然草）

訳 知らない事を、よく知っているような顔をして、年配者だけにきっと反論もできない人が言い聞かせているのを、そうでもないと思いながら聞いているのは、たいそう〔　　〕。

**198 ③身のわびしければ、盗人をもし、**（今昔物語集）

訳 自分が貧しいので、盗人にもなり、

センター試験において、「わびし」は①③の意味ではなく、②の「興ざめだ」という意味が問われました。「興ざめだ」は盲点になりやすい意味なので、注意しましょう。

答 197〔嘆き〕 198〔興ざめだ〕

## ◆セットで覚えるとよいもの

□□□ 199 **あへず**［連語］《敢へず》

□□□ 200 **あへなし**［形・ク活用］《敢へ無し》

□□□ 201 **あへなむ**［連語］《敢へなむ》

❖「あへず」「あへなし」「あへなむ」はすべて動詞「敢《あ》ふ」からできた言葉です。「敢ふ」は「堪える、我慢する、持ちこたえる」の意味の動詞です。「あへず」「あへなし」は「堪えられない」、「あへなむ」は「堪えることができる」という意味から生まれた慣用表現です。

**199【あへず】**
①（「…もあへず」の形で）～やいなや。～しきらないうちに。

**200【あへなし】**
①今となってはどうしようもない。
関130 あぢきなし

**201【あへなむ】**
（動詞「敢ふ」＋完了の助動詞「ぬ」未然形＋推量の助動詞「む」）
①さしつかえないだろう。

問 必修！
199 ①主上《しゅしゃう》いとどしく夜の御殿《おとど》を出でさせたまひも**あへず**、かしこへ行幸なつて、（平家物語）
訳 天皇はいつもより早く夜の御所をお出でになる〔　　〕、そちらにお出でになって、

問 必修！
200 ①誰も誰も、怪しう**あへなき**事を思ひ騒ぎて、（源氏物語）
訳 だれもかれも、不思議で、〔　　〕できごとに心の中であわてて、

問 必修！
201 ①京に出で給はばこそあらめ、ここまでは**あへなむ**。（源氏物語）
訳 京に出ていらっしゃるなら大変だろうが、ここ（＝坂本）までなら〔　　〕。

「あへなし」は「今となってはどうしようもない」という諦めの気持ちを表します。類義語に「あぢきなし」があります。関連させて覚えておきましょう。

答 199〔やいなや〕 200〔今となってはどうしようもない〕 201〔さしつかえないだろう〕

□□□ 202 **うし** 〔形・ク活用〕《憂し》

□□□ 203 **つらし** 〔形・ク活用〕《辛し》

202【うし】
①嫌だ。つらい。残念だ。
②憎らしい。薄情だ。

203【つらし】
①薄情だ。冷淡だ。つれない。

「不愉快」のイメージ ⇨p.318

129 あいなし
257 うたてし
320 うるさし
321 むくつけし
196 むつかし
322 ものし
323 わづらはし

❖恋愛や人間関係など、**思い通りにならないことに対して、用いる言葉**です。「うし」は、自分に対して抱く感情で、「つらし」は相手に対して抱く感情です。

問 必修！
202 ①古代の親は、宮仕へ人はいと**憂き**ことなりと思ひて、（更級日記）

訳 古風な親は、宮仕えする人（になるの）はたいそう〔　　　〕ことだと思って、

202 ②荻の葉の答ふるまでも吹き寄らでただに過ぎぬる笛の音ぞ**憂き**（更級日記）

訳 荻の葉（と呼ばれる人）が返事をするまで吹き寄ろうとしないで、さっさと通り過ぎてしまった笛の音が薄情だ。

問 必修！
203 ①**つらき**人の御前渡りの待たるるも心弱しや。（源氏物語）

訳〔　　　〕人（＝光源氏）が前を通っていかれるのを待たずにいられないのも意志が弱いなあ。

「つらし」は、他人からの自分への仕打ちを切なく思う気持ちを表し、「薄情だ」と訳します。現代語とは意味が大きく異なるので、注意しましょう。

答 202〔嫌な〕 203〔薄情な〕

□□□ 204 **めづ** 〔動・ダ下二〕《愛づ》

□□□ 205 **めでたし** 〔形・ク活用〕

□□□ 206 **めづらし** 〔形・シク活用〕

204【めづ】
①褒《ほ》める。感嘆する。
②好む。気に入る。

205【めでたし】
①すばらしい。立派だ。

❖形容詞「**めでたし**」は、動詞「めづ」＋「いたし」(＝程度が甚だしい)からできた語とされていて、**強く賞賛する状態**を表現しています。一方の「**めづらし**」は、目新しくて、**まれにしか見られない様子**を表す語です。「めでたし」とは異なる用法を持っているので気をつけましょう。

問 必修!
204 ①「光る君」といふ名は、高麗人《こまうど》の**めで**きこえて、付け奉りける。(源氏物語)
訳「光る君」という呼び名は、高麗国の人が〔　　〕申し上げて、付け申し上げた。

204 ②蝶**めづる**姫君のすみたまふかたはらに、按察使《あぜち》の大納言の御むすめ、心にくくなべてならぬさまに、親たちかしづきたまふことかぎりなし。(堤中納言物語)
訳 蝶を好む姫君が住んでいらっしゃる隣にいる、按察使の大納言の姫君は、奥ゆかしく並々でないご様子で、親たちが大切に扱いなさることはこの上もない。

問 必修!
205 ①藤の花は、しなひ長く、色濃く咲きたる、いと**めでたし**。(枕草子)
訳 藤の花は、しなやかに垂れた花房が長く、濃い色で咲いているのがとても〔　　〕。

206【めづらし】
①新鮮だ。目新しい。
②すばらしい。

問 必修！

206 ①明けゆく空の気色、昨日に変はりたりとは見えねど、引き替へ**めづらしき**心地ぞする。（徒然草）

訳 明けてゆく（元旦の）空の様子は、昨日と変わっているとは思われないが、うってかわって〔　　　〕気持ちがする。

206 ②人の顔に、とり分きてよしと見ゆる所は、たびごとに見れども、あなをかし、**めづらし**とこそおぼゆれ。（枕草子）

訳 人の顔で、特別よいと見えるところは、会うたびに見ても、ああ魅力的だ、すばらしいと思われる。

「めづ」が試験で出題されるときは、「感嘆」「賞賛」「愛着」をキーワードとして正解を探すとよいです。「めでたし」は「感嘆」「賞賛」「愛着」の対象となる性質を表しているので、「すばらしい」「立派だ」という意味で用いられます。「めづ」とあわせて覚えておきましょう。

答 204〔褒め〕 205〔すばらしい〕 206〔新鮮な〕

今月のうた

十月《かむなづき》時雨《しぐれ》にあへるもみち葉の　吹かば散りなむ風のまにまに
（『万葉集』大伴宿禰池主）

訳 十月の時雨にあって色を深めた紅葉は、風が吹いたら散ってしまうだろう。風に吹かれるままに。

＊時雨は、秋の終わりから冬に、晴れているのにぱらぱらと通り雨のように降る雨のことです。和歌では時雨によって紅葉するとよく詠まれています。

□□□ 207 **よし**［形・ク活用］《良し・好し・善し》

□□□ 208 **よろし**［形・シク活用］《宜し》

□□□ 209 **わろし**［形・ク活用］《悪し》

□□□ 210 **あし**［形・シク活用］《悪し》

❖優劣の評価の表現として、まとめて覚えておきましょう。**「よし」は最高の状態、「あし」は最低の状態です。評価の順番としては、「よし」→「よろし」→「わろし」→「あし」の順番に並びます。**「わろし」の対義語は「よろし」、「あし」の対義語は「よし」ととらえておきましょう。

207【よし】
①よい。すぐれている。
②身分が高く、教養がある。

208【よろし】
①悪くはない。まずまずだ。
②普通だ。ありふれている。たいしたことはない。

207 ①判官《はうぐわん》を見知りたまはねば、物具《もののぐ》の**よき**武者をば判官かと目をかけて、馳《は》せまはる。（平家物語）

訳 （平教経殿は）判官（＝源義経）を見知っていらっしゃらないので、武具の**すぐれている**武士を判官かと目をつけて、走り回る。

問 必修！

207 ②雅房《まさふさ》大納言は、才賢く、**よき**人にて、大将にもなさばやと思《おぼ》しけるころ、（徒然草）

訳 雅房卿は、漢学の才能も立派で、〔　〕人で、大将にもしたいと（亀山法皇が）お思いになっていた頃、

208 ①笠うち着、足ひき包み、**よろしき**姿したる者、ひたすらに家ごとに、乞ひありく。（方丈記）

訳 笠をかぶり、足を布でくるみ、**まずまずの**身なりをした者が、もっぱら家ごとに、物乞いをしてまわる。

**209【わろし】**

①よくない。好ましくない。感心できない。

**210【あし】**

①悪い。

---

問 必修！

**208** ②**よろしき**歌などよみて出だしたらむよりは、かかることはまさりたりかし。（枕草子）

訳〔　　〕歌を詠んで差し出したのよりは、このような言い方の方がまさっているよ。

問 必修！

**209** ①男も女も、ことばの文字いやしう使ひたるこそ、よろづのことよりまさりて**わろけれ**。（枕草子）

訳 男でも女でも、言葉遣いを下品に遣ったのは、何よりもまして〔　　〕。

問 必修！

**210** ①公私《おほやけわたくし》の人のたたずまひ、良き、**悪しき**ことの、目にも耳にもとまるありさまを、（源氏物語）

訳 公私につけて、人の様子や、良い事や、〔　　〕事が、目についたり耳にとまったりする様子を、

「よろし」が最も重要です。「よろし」は積極的にいいというのではなく、まあまあだという意味で、どちらかというと否定的な評価を表す言葉として用いられます。間違えやすいので注意しましょう。

答 207〔教養がある〕208〔普通の〕209〔よくない〕210〔悪い〕

□□□ 211 **けしからず**〔連語〕

□□□ 212 **けしうはあらず**〔連語〕

211【けしからず】
①普通ではない。異様だ。

212【けしうはあらず】
①悪くはない。まあまあだ。

関135 けし

❖ともに形容詞「けし」からできた連語。「けしからず」は、「けし」と同じく「**普通ではない**」という意味で用いられます。「**けしうはあらず**」は、「けし」ではないという意味で、「**悪くはない**」「**まあまあだ**」と訳します。間違えやすいので、注意しましょう。

問 必修！
211 ①木霊《こだま》など**けしからぬ**物ども、所得て、やうやう形を現し、ものわびしきことのみ数知らぬに、（源氏物語）

訳（末摘花の邸宅には）木霊など〔　　〕物の怪が、我が物顔に振る舞って、次第に姿を現して、気味が悪いことは数知れないほどで、

問 必修！
212 ①昔、若き男、**けしうはあらぬ**女を思ひけり。（伊勢物語）

訳 昔、若い男は、〔　　〕女のことが好きになった。

「けしからず」が「けし」と同じ意味になる理由はよく分かっていません。「けし」どころではない→とても「けし」だ、というように、強調表現になったと考えられています。

答 211〔異様な〕 212〔悪くない〕

□□□
213
## おこす
［動・サ下二／サ四］《遣す》

□□□
214
## やる
［動・ラ四］《遣る》

213【おこす】
①こちらへ送る。よこす。

214【やる】
①行かせる。送る。
②気を晴らす。

❖動詞「**おこす**」は、**物や人などを先方からこちらに移動させる意**です。一方、動詞「**やる**」は、物や人などを先方に移動させる意から、**使者に物品を届けさせる意に転じ**ました。また、憂鬱な気持ちを向こうに追いやることから、「**気を晴らす**」という意味でも用いられました。

問 必修！
213 ①**おこせたる者は「よき馬」とぞ言ひたる。**（今昔物語集）
訳〔　　〕た者は「よい馬だ」と言っていた。

214 ①**人のがり言ふべきことありて、文をやるとて、**（徒然草）
訳 ある人の許《もと》へ言わなくてはならないことがあって、手紙を送るということで、

問 必修！
214 ②**更衣《かうい》の曹司《ざうし》をほかに移させ給ひて、上局《うへつぼね》に賜はす。そのうらみましてやらむ方なし。**（源氏物語）
訳（別の）更衣の部屋を他にお移しになって、（桐壺の更衣の）上局（＝休憩所）としてお与えになる。その（移された別の更衣の）恨みはいっそう〔　　〕ようがない。

「心やる」は「気を晴らす」ことを言う慣用表現です。また、「やるかたなし」は、「つらい気持ちを晴らしようがない」という意味で用いられる慣用表現です。あわせて覚えておきましょう。

答
213〔こちらへ送っ〕
214〔晴らし〕

## 神無月　練習問題

### 問題　傍線部の現代語訳として適切なものを選べ。

□184 扨《さて》ぞ先にそぞろごと云ひたりとて、ののしりたるものども、さなん有りけるとて**あさみあへり**。（新花摘・法政大）

① 互いに軽蔑しあった　② 互いにあきれかえった
③ 互いにののしりあった　④ 互いに責任を押し付けた

□185 （姫君は）「さもおはせざめり。いかなる事に、ことをつけて、返事もせじ」と**思《おぼ》しいとひたるに**、（夜の寝覚）

① 心配にお思いになったが　② わずらわしくお思いになったが
③ 興味深くお思いになったが　④ 意外にお思いになったが

□186 つくづくと御盛り過ぎなむも**いとほしく**、御心苦しう思ひ奉る。（三国伝記・センター）

① さみしくて　② 気の毒で　③ おとなしくて　④ 残念で　⑤ 心配で

□187 （大納言は、中君との別れに際して、）「まづ知るものは」とどめがたく覚ゆるを、「**今宵はいみじや、こと忌みすべきものを**」と、押し拭《のご》ひ隠し給ひて、（夜の寝覚・立命館大）

① 今宵は涙は避けておこう、不吉を誘うことだから
② 今宵は目立ってはいけない、秘密の隠し事なのだから
③ 今宵の対面は格別うれしいが、世間の目には気をつけなくては
④ 今宵の愛らしさよ、かえって天に召されることにならなければよいが
⑤ 今宵の可愛らしさはどうだ、しかし非難の的になることは避けなければ

### 解答《現代語訳》

184 ②
訳 さて先にいいかげんなことを言っていると言って、大騒ぎをしていた者たちは、そうであったなあと言って**互いにあきれかえった**。

185 ②
訳 （姫君は）「そのようなこともおありにならないようだ。どのようなことを口実にして、返事をしないようにしようか」と**わずらわしくお思いになったが**、

186 ②
訳 物寂しく盛りを過ぎてしまうようなことも**気の毒で**、かわいそうに思い申し上げる。

187 ①
訳 （大納言は、中君との別れに際して、）「（世の中の悲しいことやつらいことを）まず知るものは（涙であるなあ）」と涙を留められなくなったけれども、「**今宵は涙は避けておこう、不吉を誘うことだから**」と、涙を拭い隠しなさって、

□ **188**

御前近き桜のいとおもしろきを、「※今年ばかりは」とうちおぼゆるも、**いまいましき筋なりければ、**（源氏物語・早稲田大・改）

① 気味悪く感じられることなので　② 当世風に感じられることなので
③ 憎々しく感じられることなので　④ 不吉に感じられることなので

※「今年ばかりは」は、「深草の野辺の桜し心あらば今年ばかりは墨染めに咲け」（古今和歌集・哀傷、上野岑雄）をふまえた表現。この和歌に出家を暗示する「墨染め」という言葉が使われているのが「いまいましき」だと言っている。

□ **189**

（あこぎが）「…上（＝北の方）の御心な**つつみ**きこえたまひそ」と言へど、（姫君は）いらへもしたまはず。（落窪物語・立教大）

① 納得する　② 遠慮する　③ 無駄にする
④ 隠し立てをする　⑤ 知らない振りをする

□ **190**

むかしはさらに忘れずながら、**つつましきこと**のみ多くて、えかくなんとも物せで、おぼつかなく思ひつるに、いとうれしくもあるかな。（落窪物語・中央大）

① 罪悪感のため言えないこと
② 恐怖感を覚えて避けたいこと
③ ひとに言われると恐縮すること
④ ひとに言うのがはばかられること

□ **191**

先師遷化《せんげ》の後（＝亡くなった後）は、膳所《ぜぜ》・松本の誰かれ、たふとみ**なつきて**、義仲《ぎちゅう》寺《じ》の上の山に草庵をむすびければ、（丈草誄）

① 先師を慕って　② 風流を好んで
③ 風景を誉め称えて　④ 道心を起こして

訳 **188** ④
御前近くに咲いている桜がたいそう美しいのを、「今年だけは」と思われるのも、**不吉に感じられることなので、**

訳 **189** ②
（あこぎが）「…北の方のお気持ちを、**遠慮し**申し上げなさってはいけない」と言うけれども、（姫君は）返事もなさらない。

訳 **190** ④
昔のことはまったく忘れることはないけれども、**ひとに言うのがはばかられること**ばかりが多くて、このようであったと申し上げることもできなくて、じれったく思っていたので、たいそううれしいことだなあ。

訳 **191** ①
先師が亡くなった後は、膳所・松本の弟子たちは皆、あがめ重んじ**先師を慕って、**義仲寺の上の山に草庵を構えたので、

□ 192

（亡くなった女御は）心ばへ情々しく、**なつかしき**ところおはしつる御方なれば、殿上人どもも、「こよなくさうざうしかるべきわざかな」と惜しみきこゆ。（源氏物語・國學院大）

① 古風な　② 上品な　③ 思い出深い
④ 趣味の良い　⑤ 親しみやすい

□ 193

**姉のなやむことあるに**、ものさわがしくて、この猫を北面《きたおもて》にのみあらせて呼ばねば、（更級日記・関東学院大）

① 姉が病気になるということがあって
② 姉が夫婦関係に苦悩することがあって
③ 姉の行動が親を困らせて
④ 姉でありながら妹と同じ困りごとがあって
⑤ 姉は猫に苦労させられて

□ 194

その終はり（＝手紙の最後）には、「このほど**なやましくおぼえ侍れば**」とて、人のもとを出でて、（閑居友・センター）

① 気分がすぐれないように思われましたので
② わずらわしいことがありそうに思われますので
③ ひどく不安に思われますので
④ 生きることが厭わしく思われますので
⑤ いやなことがありそうに思われますので

□ 195

若き人は、苦しとて**むつかる**めり。なほ年経ぬるどちこそ、心かはして、睦びよかりけれ。（源氏物語・立教大・改）

① すねる　② ことわる　③ いやがる　④ 気味悪がる

訳 192 ⑤
（亡くなった女御は）お心が情け深く、**親しみやすい**ところがおありだった御方なので、殿上人たちも、「この上なく寂しいことだなあ」と残念に思い申し上げる。

訳 193 ①
**姉が病気になるということがあって**、大騒ぎをして、この猫は北側の部屋にばかりいさせて、（こちらに）呼ばなかったので、

訳 194 ①
その手紙の最後には、「最近**気分がすぐれないように思われましたので**」と言って、人の元を出て、

訳 195 ③
若い人は、面倒だといって**いやがる**ようだ。やはり年を取った者同士は、心が通じ合って、仲良くしやすいことだ。
※不快に思って「いやがる」のです。

□ **196** 世の中腹立たしう**むつかしう**、かた時あるべき心地もせで、（枕草子・愛知大）

① 難解だ ② 取り組みにくい ③ わずらわしい
④ 忌み慎まれる ⑤ 憤りを感じる

□ **197** 主《しゅう》のもとにありける同じやうなる侍と双六《すごろく》を打ちけるが、多く負けて、渡すべき物なかりけるに、いたく責めければ、思ひ**わびて**、（宇治拾遺物語・立教大）

① 困って ② 謝って ③ 怒って
④ 反発して ⑤ 後悔して

□ **198** さし入る庭の草木までも、心ならず（＝草木の本性と異なるかたちで）作りなせるは、見る目も苦しく、いと**わびし**。（榻鴫暁筆・センター）

① 興ざめだ ② さびしい ③ みすぼらしい ④ 静かだ ⑤ 貧しい

□ **199** 前の右大将宗盛卿大きにさわいで、入道相国折ふし福原におはしけるに、このよし（＝高倉宮の謀反）申されたりければ、（入道殿は）**ききもあへず**、やがて都へはせのぼり、（平家物語）

① 聞くに堪えない様子で ② 聞くやいなや
③ なにも言わず ④ 質問すらせず

□ **200** 傍らの女房、下部《しもべ》（＝身分の低い者）にいたるまで、よに**あへなきこと**に思ひて、「これは、いかなることやらむ」と騒ぎ合へり。（西行物語・明治大・改）

① どうしようもないこと ② はらだたしいこと
③ おもしろいこと ④ あってはならないこと

---

訳 **196** ③ 世の中が腹立たしくて**わずらわしく**て、一時でも生きていることのできる心地もしなくて、

訳 **197** ① （同じ）主人に仕えていた同じような侍と双六を打ったところ、大きく負けたのに、渡すべきものがなかったので、（相手が）ひどく責め立てると、（侍は）**困って**、

訳 **198** ① （月の光が）差し込む庭の草木までも、草木の本性と異なるかたちで整えているのは、見苦しくて、たいそう**興ざめだ**。

訳 **199** ② 前の右大将宗盛卿は大騒ぎをして、入道相国がたまたま福原にいらっしゃったが、（入道に）このことを申し上げなさったので、（入道殿は）**聞くやいなや**、すぐに都に駆け上り、

訳 **200** ① 傍らの女房や、身分の低い者に至るまで、本当に**どうしようもないこと**に思って、「これは、どういうことだろうか」と騒ぎ合った。

□ **201** 幼くおはしける男君・女君たち（流罪となった父親を）慕ひ泣きておはしければ、「**小さきはあへなむ**」と、おほやけも許させたまひしぞかし。（大鏡・國學院大）

① 年齢の小さい者には会えるだろう
② 年齢の小さい者にはむごいだろう
③ 年齢の小さい者は構わないだろう
④ 罪の小さい場合には会えるだろう
⑤ 罪の小さい場合にはむごいだろう
⑥ 罪の小さい場合は構わないだろう

□ **202** 石《いわ》清《し》水《みず》（＝石清水八幡宮）ををがまざりければ、**心うくおぼえて**、（徒然草・法政大）

① 残念に思われて　② 罰が当たると思われて
③ 申し訳ないと思われて　④ 心がけが悪いと思われて

□ **203** さてもいかに思ひ立ちしことぞ。何ごとの憂かりしぞ。我を**つらし**と思ふことやありし。（栄花物語・明治大）

① 苦しい　② 恨めしい　③ 薄情だ　④ 強情だ

□ **204** 草木も歌には**めづる**ならひなれば、（和歌威徳物語・共通一次）

① 同調する　② 感動する　③ 心をひらく
④ 分別がある　⑤ 愛着がある

□ **205** （姉は）くはしく聞きて、「まことに、**めでたき**夢なり」とて、この夢を言ひおどして、買ひとらばやと思ひければ、（曽我物語・中央大）

① 祝いたい　② すばらしくよい　③ うらやましい　④ 恐ろしい

---

訳 **201** ③ 幼くていらっしゃった男君・女君たちは（流罪となった父親を）慕って泣いていらっしゃったので、「**年齢の小さい者は構わないだろう**」と、天皇も（父親と対面することを）お許しになったのだよ。

訳 **202** ① 石清水八幡宮を拝まなかったので、**残念に思われて**、

訳 **203** ③ さてどうして（出家を）思い立ったのか。何がつらかったのか。我のことを**薄情だ**と思うことがあったのか。

訳 **204** ② 草木も歌には**感動する**のが世の常なので、

訳 **205** ② （姉は）詳しく聞いて、「本当に、**すばらしくよい**夢である」と思って、この夢を

□206 **めづらしきものは何かはべるべき**。新しく作りて参らせたまへかし。（無名草子）

① 目新しいものが何かありますか
② すばらしいものがどうしてここにありましょうか
③ 目新しいものは何もございません
④ すばらしいものとは何でしょうか
⑤ 目新しいものはどんなものにいたしましょうか

□207 （中将の君の手紙を）見はべりしに、すずろに心やましう（＝無性に不愉快で）、おほやけばらとか（＝他人事ながら腹が立つとか）、**よからぬ人**のいふやうに、にくくこそ思うたまへられしか。（紫式部日記・神戸女子大）

① 非常識な人　② すぐれた歌人　③ 変わった人
④ 下賤《げせん》な者　⑤ こっけいな人　⑥ 悪人

□208 近き世、学問の道開けて、大方よろづのとりまかなひ（＝様々な方面の学問的な手続き）、さとくかしこくなりぬるから、とりどりに新たなる説を出だす人多く、その説**よろしければ**、世にもてはやさるるによりて、（玉勝間・中央大）

① 古い説よりよいので
② 新鮮な魅力があるので
③ まあまあなので
④ 素晴らしいので
⑤ 評判がよいので

妹をおどして、買い取りたいと思ったので、

訳 206 ③
**目新しいものは何もございません**。新しく作って差し上げなさって下さいよ。
※「か」は反語です。

訳 207 ④
（中将の君の手紙を）見ましたところ、無性に不愉快で、他人事ながら腹が立つとか、**下賤な者**が言うように、不愉快だと私には思わずにいられませんでした。
※「よき人」は「身分・教養が高い人」で、「よからぬ人」はその反対の語です。

訳 208 ③
近年、学問の道が開けて、様々な方面の学問的な手続きが、進歩しているので、いろいろと新しい説を出す人が多くて、その説が**まあまあなので**、世にもてはやされることによって、

□ **209** 今は昔、身いと**わろくて**過ごす女ありけり。ときどき来る男、来たりけるに、雨に降りこめられてゐたるに、「いかにして物を食はせむ」と思ひ歎けど、すべき方もなし。

（古本説話集・神戸松蔭女子学院大）

① 楽しく
② 笑って
③ 年老いて
④ 貧しくて
⑤ 病気がちで

□ **210** 殿の内裏《うち》へまゐりたまへるひまなれば、さもしたまへ（＝若君に会わせるために母君をお呼び下さい）。（殿が）聞きたまひては**あしからん**。

（しのびね・成城大）

① 車は使えないでしょう
② お怒りになるでしょう
③ 具合が悪いでしょう
④ 帰れなくなるでしょう
⑤ 聞き苦しいでしょう

□ **211** 女房、**けしからず**振り放ちて、いらへもせず。

（狗張子・センター）

① 男の無礼を不思議にも放《ほう》っておいて
② 男の誘いを当然のごとく拒否して
③ 男の手をたいそう強く払いのけて
④ 自分の迷いを不道徳だと断ち切って
⑤ 自分の怒りを非常識なほど露《あらわ》にして

---

**訳 209** ④

今ではもう昔のことになってしまったが、生活が大層貧しくて暮らしている女がいた。時々やって来る男が、来たときに、雨が降って帰れずにいたので、「どのようにして食べ物を食べさせよう」と思い嘆くけれども、どうしようもない。

※何が「わろし」であるかは、後の「『いかにして物を食はせむ』と思ひ歎けど、すべき方もなし」から考えます。

**訳 210** ③

殿が宮中にいらっしゃっている間なので、若君に会わせるために母君をお呼び下さい。（殿が）お聞きになると具合が悪いでしょう。

**訳 211** ③

女房は、男の手をたいそう強く払いのけて、返事もしない。

※「振り放ち」は「払いのける」の意です。普通でない様子で払いのけることを、「たいそう強く払いのけて」と言っています。

□ **212** ことにふれてよみ出でらるる口つきも、**けしうはあらず**なむありける。（鈴屋集・共通一次）

① みにくくはない
② 悪くはない
③ 不自然ではない
④ それほどよくない
⑤ 他と異なってはいない

□ **213** なほこの度は（唐に私も）率ておはして、唐に渡りたまはむ折に（私は）帰らむ。**おこせたまへ**。（成尋阿闍梨母集・青山学院大・改）

① もう出発なさってください
② 迎えの人をお寄こしください
③ あなたが迎えにいらしてください
④ 今日、一緒にお連れください
⑤ 唐に行く時はお知らせください

□ **214** 男どちは、**心やりにやあらん**、からうたなどいふべし。（土佐日記・関西学院大）

① 心遣いであろうか
② 気晴らしであろうか
③ 感心したからであろうか
④ 自慢しているのであろうか
⑤ 心を込めているのであろうか

---

**訳 212** ②
（棟隆《むねたか》は）機会に触れて和歌を読んだ口調も、**悪くはない**ものであった。

**訳 213** ②
なお今回の旅は（唐に私も）お連れになって、唐に無事に辿り着きなさったならば（私は）帰ろう。**迎えの人をお寄こしください**。

**訳 214** ②
男たちは、**気晴らしであろうか**、漢詩などを作っているにちがいない。
※「心やり」は、「心」を「やる」ことからできた名詞です。

# 霜月（しもつき）～11月～

## ―― 読みを深める《形容詞》《副詞》30語 ――

◆《形容詞》

□□□ 215

### つきづきし ［形・シク活用］

①似つかわしい。ふさわしい。

対 300 つきなし

❖似合うという意味の動詞「付き」を二つ重ねたものに、接尾語「し」が付いて形容詞になったものです。**ぴったり調和している様子を表します。**

問 必修！ ①いと寒きに、火など急ぎおこして、炭持て渡るも、いと**つきづきし**。（枕草子）

訳 とても寒い時に、火などを急いでおこして、炭を持って移動するのも、たいそう〔　　〕。

対義語の「つきなし」も一緒におさえておきましょう。

答〔似つかわしい〕

□□□ 216

### はづかし ［形・シク活用］

①こちらが恥ずかしくなるほど立派だ。すぐれている。

❖現代語では、自分に対しての恥ずかしさを言いますが、古文では、**自分が恥ずかしくなるほど相手が立派であるという意味**で出題されます。

問 必修！ ①**はづかしき**人の、歌の本末《もとすゑ》問ひたるに、ふと覚えたる、我ながらうれし。（枕草子）

訳〔　　〕人が、歌の上の句と下の句を尋ねたときに、さっと思い出したのは、我ながらうれしい。

「はづかし」は、「気のおける」と訳されることがあります。「気のおける」とは、相手に対する気遣いをしてしまう状態を表します。現代語の訳自体が難しい例ですね。

答〔こちらが恥ずかしくなるほど立派な〕

□□□ 217

## まばゆし〔形・ク活用〕

①恥ずかしい。気後れする。
②（まぶしいほど）美しい。すばらしい。
③見ていられない。

関190 つつまし
関223 はしたなし

❖「目《ま》」に「映《は》ゆし」が付いてできた語です。**まぶしくて正視できない様子**を表します。

問 必修！

①**髪の筋なども、なかなか昼よりも顕証《けそう》に見えてまばゆけれど、念じて見などす。**（枕草子）

訳 髪の筋なども、かえって昼よりもはっきりと見えて〔　　　〕けれど、我慢して見たりする。

②**いとまばゆきまで、ねびゆく人の容貌《かたち》かな。**（源氏物語）

訳 たいそうすばらしいほどに、成長していく人の容貌だなあ。

③**いとまばゆき人の御おぼえなり。**（源氏物語）

訳 たいそう見ていられない人（＝桐壺帝）の（桐壺の更衣に対する）ご寵愛である。

①の「恥ずかしい」は、相手がまぶしいほどすばらしくて、自分が気後れしてしまうということから生じた意味です。試験では、この意味が出題されます。

答〔恥ずかしい〕

□□□
218

## やむごとなし
［形・ク活用］

①高貴だ。尊い。
②格別すぐれている。並々ではない。
③捨ててはおけない。やむをえない。

関 086 やむ
関 169 あてなり

❖「**注意をそそぐことを止められない、捨ててはおけない**」の意味が原義です。そこから「**格別すぐれている**」の意味や、「**身分や家柄が一流である様子**」の意味が生じました。「やんごとなし」と表記されることもあります。

問 必修！
①融のおとど、左大臣にて**やむごとなくて**、位につかせたまはむ御心ふかくて、（大鏡）
訳 源融の大臣は、（このとき）左大臣で〔　　　〕（いらっしゃって）、（天皇の）位に就こうというお気持ちが強くて、

②人柄も**やむごとなく**世に思はれたまへる人なれば、（源氏物語）
訳 人柄も**並々でなく**世間から思われなさっている人であるので、

③**やむごとなき**ことによりて、まかりのぼりにけり。（後撰和歌集）
訳 **やむをえない**事情によって、上京してしまいました。

「やんごとなき学生《がくしゃう》」という言い方があります。これは「格別すぐれている（＝経典に詳しい）学問僧」という意味です。「経典に詳しい」というのは、特殊な意味なので覚えておきましょう。

答 〔高貴で〕

□□□
219

## こちごちし
［形・シク活用］
《骨骨し》

❖漢字にすると「骨骨し」。「骨」は、**態度や性質がごつごつしていて、なめらかでない状態**を言います。

①無風流だ。　無骨だ。

問 必修！
①旧《ふる》物語にかかづらひて、夜を明かしはてむも、**こちごちしかる**べければ、（源氏物語）
訳 古い物語にこだわって、夜をすっかり明かしてしまうようなことも、〔　　〕に違いないので、

「こちごちし」は、歌を詠むなど、「風流」な振る舞いができないことを表します。

答〔無風流である〕

□□□ 220

## こちなし ［形・ク活用］《骨なし》

①無風流だ。　無骨だ。
②無作法である。　非常識である。

✤漢字にすると「骨なし」となります。「なし」は、「無し」ではなく、その状態にあることを示す接尾語です。「骨骨し」と「骨なし」は、同じ意味の言葉です。

①男法師などうちむれて入り来たりければ、**こちなし**とや思ひけむ、（十訓抄）
訳 男法師などが群がって入ってきたので、無風流だと思ったのだろうか、

問 必修！
②強ひて言ふもいと**こちなし**。（源氏物語）
訳（食事をするように）無理に言うのもたいそう〔　　〕。

「骨なし」が「骨無し」と誤解されて、そこから現代語の「無骨だ」という表記が生まれました。「骨」が無ければ、なめらかな状態を表すことになるので、本当はおかしいのです。

答〔無作法である〕

□□□
221

## びんなし 〔形・ク活用〕《便無し》

①不都合だ。

❖「便《びん》」は、「**都合、便宜**」の意味です。「びんなし」は、**それが「無し」の状態**です。

問 必修！
①一の人といひながら、**美麗ことのほかにて**参れる、**びんなき**ことなり。（大鏡）

訳 左大臣（＝藤原時平）でありながら、格別に美麗に（装って）参内したことは〔　　〕ことである。

「べんなし」と読まないように注意しましょう。同義語の「不便《ふびん》なり（＝不都合だ、不憫《ふびん》だ）」も一緒におさえておくとよいですね。

答〔不都合な〕

□□□
222

## まさなし 〔形・ク活用〕《正無し》

①よくない。

❖漢字を当てると「正無し」となります。字の通り、「**正しくない**」状態を表します。

問 必修！
①いとあさましう**まさなう**あしくぞおはせし。（大鏡）

訳 （福足君は）たいそうあきれるほど〔　　〕、悪い子でいらっしゃった。

「正しくない」という意味ですが、文脈からどう正しくないのかをきちんと把握することが大切です。

答〔よくなくて〕

□□□ 223

## はしたなし 〔形・ク活用〕《端なし》

①中途半端である。

②きまりが悪い。みっともない。恥ずかしい。

関190 つつまし

関217 まばゆし

❖「はした」は「端」と書き、**中途半端の意**。この「なし」は接尾語で「〜の状態になる」という意味です。

①**帰らむにもはしたなく、心幼く出で立ちにけるを思ふに、**（源氏物語）

訳 帰ろうにも中途半端で、心幼く出て来てしまったことを思うちに、

問 必修！

②**げにいとあはれなり、など聞きながら、涙のつと出《い》で来ぬ、いとはしたなし。**（枕草子）

訳 本当にとても気の毒だ、などと聞きながらも、涙がすぐに出て来ないのは、とても〔　　〕。

中途半端でどっちつかずな状態から起こる困惑の気持ちが、②の「きまりが悪い」の意味ですね。①も②も、どちらも入試では頻出です。

答〔きまりが悪い〕

## 224 めざまし ［形・シク活用］

①気にくわない。目障りだ。

②すばらしい。立派だ。

関267 なめし

✤**目が覚めるほど驚くような状態**を言います。良い場合には「すばらしい」、悪い場合には「気にくわない、目障りだ」といった意味となります。

問 必修！

①はじめより、我はと思ひあがり給へる御方々、**めざましき**ものにおとしめそねみ給ふ。（源氏物語）

訳 はじめから、自分は（天皇に愛される）と自負していらっしゃった御方々は、（桐壺の更衣を）〔　　〕者としてさげすみねたんでいらっしゃる。

②「**めざましう**もありけるかな」と、見捨て難く口惜しうおぼさる。（源氏物語）

訳 「（明石の君は）すばらしいものであったなあ」と、（明石に）見捨てていくのは難しく残念にお思いになる。

現代語の「めざましい活躍」などと同じで、良い意味もありますが、古文では悪い意味をおさえておくことが大切です。

答〔気にくわない〕

## 225 おどろおどろし ［形・シク活用］

①大げさである。仰々しい。

②気味が悪い。

✤「驚く」の語幹が重なって形容詞化したものです。**驚くほど、異常で極端な様子**を表す語です。

問 必修！

①夜いたくふけて、門《かど》をいたう**おどろおどろしう**たたけば、（枕草子）

訳 夜がひどく更けて、門をたいそう〔　　〕たたくので、

関 **ことごとし**［形・シク活用］

①大げさである。仰々しい。

関296 **こちたし**

②五月雨も過ぎて、いと**おどろおどろしく**かきたれ雨の降る夜、（大鏡）

訳 梅雨も過ぎたのに、たいそう気味が悪く激しく雨が降る夜、

「驚く」という動詞からできた語ですから、「大げさなことは人をおどろかす」などと覚えるとよいですね。

答〔仰々しく〕

□□□

226

## けうとし［形・ク活用］《気疎し》

①親しみにくい。よそよそしい。

②気味が悪い。

◆漢字を当てると「気疎し」で、**人気《ひとけ》がないという意味**です。人気がないということから、**気味が悪いという意味**も生じました。

問 必修！

①御仲の違《たが》ひにたれば、ここをも**けうとく**思すにやあらむ。（蜻蛉日記）

訳（兄弟の）御仲が悪くなってしまったので、私のことも〔　〕とお思いになるのであろうか。

②骸《から》は、**けうとき**山の中に納めて、（徒然草）

訳 亡骸は、気味が悪い山の中に納めて、

人の態度や付き合いについて言う場合は①の意味、情景について言う場合は②の意味になります。

答〔親しみにくい〕

□□□
227

## はかなし ［形・ク活用］《果無し》

①むなしい。頼りない。あっけない。
②取るに足りない。ちょっとした。

対335 はかばかし

◆「果《はか》」は仕事の進度の意です。「はかなし」は「果」が無いので、**無益で、頼りない感じ**となります。多義語なので注意しましょう。「はかなげなり」（形容動詞）、「はかなむ」（動詞）なども似た意味になります。

問 必修！
①**行く水に数書くよりもはかなきは思はぬ人を思ふなりけり**（古今和歌集）
訳 流れていく水に数を書くよりも〔　　〕のは、（自分のことを）思ってくれない人を好きになることであるなあ。

②**近く候ふ人々はかなき物語するを聞こし召しつつ、**（紫式部日記）
訳 （中宮さまの）お側にお仕え申し上げる人々が**取るに足りない**話をするのを、お聞きになりながら、

「はかなくなる（⇩364）」は、人が死ぬことを表す場合があります。

答〔むなしい〕

◆《副詞》

□□□
228

## いかが ［副］

①（疑問）どのように〜か。

◆「いかに」に係助詞「か」が付いた「いかにか」から転じて「いかが」となりました。

問 必修！
①**「いかがすべき」と思しわづらふに、**（竹取物語）
訳「〔　　〕するのがよい〔　　〕」と思い悩みなさる時に、

②（反語）どうして〜か、いや、〜ない。

③どうだろうか。どうしたものか。

②**君の仰せごとをば、いかが背くべき。**（竹取物語）

訳 主君のご命令を、どうして背くことができるだろうか、いや、できない。

③**たやすくうち出でんもいかがとためらひけるを、**（徒然草）

訳 気軽に言い出すようなこともどうだろうかと躊躇《ちゅうちょ》していたところ、

「いかがは」は、「いかに」に反語を表す助詞「かは」が付いた「いかにかは」から転じてできた言葉です。「いかがは」とあったら、まず反語ではないか考えてみましょう。

答〔どのように／か〕

□□□ 229

## なでふ・など・などか・などて ［副］

①（疑問）どうして〜か。

②（反語）どうして〜か、いや、〜ない。

❖「なでふ」は「何と言ふ」、「など」は「何と」からできた語です。

問 必修！

①**などてかく泣くぞ。**（大和物語）

訳〔　　〕このように泣くのである〔　　〕。

②**などか異物も食べざらむ。**（枕草子）

訳 どうして他の食べ物を食べないだろうか、いや、食べるだろう。

「なでふ」は、下に名詞を伴って「何という」という意味の連体詞の用法もあることも覚えておきましょう。「なでふこと」は、「なんということ」という意味で、驚きを表すときに用いる言葉です。

答〔どうして／か〕

□□□ 230

## げに〔副〕 《実に》

①本当に。なるほど。

❖前に書かれている内容や言葉を肯定する語です。「現に」から転じた語と言われています。

問 必修！

①**げに**、ただ人にはあらざりけりと思して、（竹取物語）

訳〔　　〕、普通の人ではないなあとお思いになって、

「げに」とよく似た語に「けに」があります。「けに」は、特徴が目立つ様子を表して、「いっそう、いよいよ」と訳します。

答〔本当に〕

□□□ 231

## ここら そこら〔副〕

①たくさん。

❖上代には、「たくさん、たいへん」の意の「ここだ」「ここば」や、「そこば」などの語があり、ここから転じたと言われています。

問 必修！

①古物語は**ここら**あるが中にも、この源氏のは、（源氏物語玉の小櫛）

訳 古い物語は〔　　〕ある中でも、この源氏物語は、

古語の「ここら」「そこら」は、場所を表す現代語の「ここら」「そこら」とは全く違う語であることに注意しましょう。

答〔たくさん〕

□□□
232

## さて 〔副〕 《然て》

①**そのままで**。そのままの状態で。
②そのほか。

❖副詞「さ」に、接続助詞「て」が付いて一語化したものです。「さても」でも同じ意味になります。「さてありぬべし」（＝そのままでかまわない）「さてしもあらず」（＝そのままにしてはおけない）など連語で使われることも多い語です。

問 必修！
①し残したるを**さて**うち置きたるはおもしろく、生き延ぶるわざなり。（徒然草）
訳 やり残していることを〔　　〕置いてあるのはおもしろく、寿命が延びることである。

②**さて**の人々は、皆臆しがちに、（源氏物語）
訳 **そのほか**の人々は、皆おどおどした感じで、

「さて」には、副詞の他に「そして、そこで、ところで」など、話題を転換する接続詞の用法や、「それにしてもまあ」という意味の感動詞の用法もあります。

答〔**そのままで**〕

今月のうた

かささぎの渡せるはしに置く霜の　白きを見れば夜ぞ更けにける　『新古今和歌集』大伴家持

訳 かささぎが翼を連ねて渡したという天上の橋のように見える宮中の階段、その上に降りた白い霜と天の川の白い星の輝きを見ると、夜が更けてしまったのだなあと思う。

＊かささぎはカラスより小ぶりで、羽は光沢のある黒、肩のところと腹の部分は白い鳥です。七夕の夜に牽牛《けんぎゅう》と織女《しょくじょ》を逢わせるために、翼を連ねて渡したと言われています。

□□□
233
## さながら 〔副〕

①そのまま。もとのまま。
②すべて。全部。

❖副詞「さ」に、「～ままで」という意味の「ながら」が付いて一語化したものです。**もとのままで変わらない様子**を表します。

問 必修！
①**昔の枕の、さながら変はらぬを見るも、**（十六夜日記）
訳 昔の枕が、〔　　〕で変わらないのを見るのも、

②**七珍万宝《しっちんまんぼう》さながら灰塵《くわいじん》となりにき。**（方丈記）
訳（大火事によって）様々の金銀財宝は**すべて**灰と燃えかすになってしまった。

事態について言う場合は、①の「そのまま」の意味、数量について言う場合は、②の「すべて」の意味になります。中世以降は、「さながら～ごとし」の形で、「まるで～のようだ」の意でも用いられるようになりました。

答〔そのまま〕

□□□
234
## せめて 〔副〕

①無理に。強いて。

❖「迫る」の意の動詞「せむ」の連用形に、接続助詞「て」が付いてできた語で、**強く迫る感じ**を表す語です。

問 必修！
①**せめて思ひ鎮《しづ》めて、のたまふ気色、いとわりなし。**（源氏物語）
訳〔　　〕思いを鎮めて、おっしゃる様子は、たいそうつらそうだ。

現代語と同じ「せめて（〜だけでも）」という最低限の限定の意味もありますが、試験では「無理に」の意味に注意しましょう。

答〔無理に〕

□□□
235

## つくづく（と）［副］

① しみじみと。しんみりと。
② することがなくて。

❖「尽きる」の意味の動詞「尽く」が重なったものと言われています。もともとは**気力が尽き何もする気がなく、ぼんやりしている状態**を言います。

問 必修！

① **つくづくと一年《ひととせ》を暮らすほどだにも、こよなうのどけしや。**（徒然草）

訳〔　　〕一年を暮らす間でさえも、この上なくゆったりしていることよ。

② **つくづくと暇《いとま》のあるままに、物縫ふことを習ひければ、**（落窪物語）

訳 することがなくて時間があるのにまかせて、何か縫い物をすることを習ったので、

①は物思いにふける様子、②はすることがなくぼんやりしている様子です。

答〔しみじみと〕

□□□ 236

## てづから 【副】

①自分の手で。

❖「づから」は、接尾語で「〜で」という意味を表します。「手＋づから」で、「自分の手で」という意味になります。

問 必修！

①今はうちとけて、**てづから**飯匙《いひがひ》とりて、（伊勢物語）

訳 今はうちとけて、〔　　　〕杓子《しやくし》（＝しゃもじ）を取って、

「自ら」は「身＋づから」で、「自分自身で」という意味になります。また、「口づから」は、「口＋づから」で、「自分の口で」という意味になります。

答〔自分の手で〕

□□□ 237

## なべて 【副】 《並べて》

①総じて。一般に。

②（「なべての＋体言」の形で）普通の。

❖「並ぶ」という動詞に、接続助詞の「て」が付いてできた語です。「**みんな並べて→総じて、一般に**」という意味になりました。物事を総括的にとらえたいときに用いる語です。

問 必修！

①この法師のみにもあらず、世間の人、**なべて**このことあり。（徒然草）

訳 この法師だけでもなく、世間の人々は、〔　　　〕こうしたことがある。

②いみじく多く生《お》ひ広ごりて、**なべて**の瓢《ひさご》にも似ず、大きに多く生《な》りたり。（宇治拾遺物語）

訳 たいそうたくさん生えて広がって、普通のひょうたんとは違って、大きくてたくさん（実が）なった。

「なべてならず」で、「普通ではない、格別だ」という意味になります。「おろかならず」「おろそかならず」「おぼろけならず」「なのめならず」とともに覚えておきましょう。(⇩p.155)

答〔総じて〕

□□□
238

## なほ 〔副〕 《猶・尚》

①やはり。依然として。

❖前の状態が変わらず、もとのままである様子を表します。

問 必修！

①夏は夜。月のころはさらなり。闇もなほ、蛍の多く飛びちがひたる。（枕草子）

訳 夏は夜（がすばらしい）。月の頃は言うまでもない。闇夜も〔　　　〕、蛍がたくさん飛び交っている（のはすばらしい）。

右の例文は、月夜は当然すばらしいと述べた後、蛍が乱れ飛ぶ闇夜も「やはり」すばらしいと言っています。一方、現代語の「なお」のニュアンスで理解すると、月夜もすばらしいが、闇夜の方が「なお一層」すばらしいということになり、大きく意味が異なってしまいますね。

答〔やはり〕

□□□
239
## はた 〔副〕

①これもまた。

❖一つの事柄を認めながら、別の事柄を述べる場合に用いる語です。

問 必修！
①雁などの連ねたるが、いと小さく見ゆるは、いとをかし。日入りはてて、風の音虫の音など、**はた**言ふべきにあらず。（枕草子）

訳 雁などが連なって（飛んで）いるのが、とても小さく見えるのは、たいそう趣深い。日がすっかり暮れて、風の音や虫の声など（がするの）は、〔　　〕言うまでもない（ほど趣深い）。

「はた」は、現代語「また」と同じ意味の言葉だと覚えておくとよいですね。

答〔これもまた〕

□□□
240
## はやく 〔副〕

①なんとまあ。
②すでに。とっくに。

❖形容詞「はやし」の連用形「はやく」が、副詞化したものです。「はやう」とウ音便化することもあります。「はや」も同じ意味です。

問 必修！
①かしこう縫ひつと思ふに、針を引き抜きつれば、**はやく**しりを結ばざりけり。（枕草子）

訳 うまく縫ったと思うのに、針を引き抜いたところ、〔　　〕糸の端を結ばなかったことよ。

②**はやく**失せはべりにけり。　（枕草子）

訳 （雪は）すでに失くなってしまいました。

①は、詠嘆の助動詞「けり」と呼応し、「なんとまあ（もう）～だったことよ」という驚きを表す用法で、試験では頻出です。

答〔なんとまあ〕

□□□
241

## まだき ［副］

①早くも。もう。

❖**まだ時期が早すぎる様子**を表します。「まだきに」「まだきも」の形でも用いられます。

問 必修！

①恋すてふわが名は**まだき**立ちにけり人知れずこそ思ひ初《そ》めしか　（拾遺和歌集）

訳 恋をしているという私の噂は〔　　〕立ってしまったなあ。人知れず恋をし始めたのに。

「まだ～ない」という意の形容詞「まだし（⇩305）」と混同しないように注意しましょう。

答〔早くも〕

□□□
**242**

## むべ／うべ ［副］ 《宜・諾》

①なるほど。

関 **むべなり／うべなり** ［形動・ナリ活用］
①もっともだ。

❖「う（む）」は承諾の声で、**同感・同意を表す**語です。中古（平安時代）以降は、「むべ」と表記されることが多くなりました。

問 必修！
①吹くからに秋の草木のしをるれば**むべ**山風を嵐と言ふらむ　（古今和歌集）

訳 吹くと同時に秋の草木がしおれるので、〔　　〕（それで）山風を嵐と言うのだろう。

「むべ」は副詞ですが、「むべなり」「むべに」は、「もっともだ」という意味の形容動詞となります。間違えやすいので整理しておきましょう。

答〔なるほど〕

□□□
**243**

## やはら／やをら ［副］

①そっと。静かに。

❖漢字を当てると「柔ら」とも考えられています。**物音をたてないように静かに動作する様子**を表します。

問 必修！
①それも、**やをら**引き上げて入るは、さらに鳴らず。　（枕草子）

訳 それ（＝簾）も、〔　　〕引き上げて入る時は、まったく音がしない。

「やはら」「やをら」を、「突然」という意味で誤解している人がいますが、「突然」という意味はありません。「そっと」と覚えておきましょう。

答〔静かに〕

□□□
244

## やや 〔副〕

①次第に。だんだんと。

②かなり。だいぶ。

関029 やうやう

❖事態が次第に進む意味を表す「いや」を重ねた「いやいや」の変化したものかと言われています。**事態が次第に進む様子や程度が普通と異なる様子**を表します。

問 必修！

①夜更けて、**やや**涼しき風吹きけり。（伊勢物語）

訳 夜が更けて、〔　　　　　〕涼しい風が吹いてきた。

②雪、山深く入るままに、**やや**降りうづみたり。（源氏物語）

訳 雪が、山深く入るにつれて、かなり降り積もっている。

「やや」を使った連語に、「ややもすれば」があります。放っておくと望ましくない方向に進むことを表して、「どうかすると」「ともすれば」と訳します。

答〔次第に〕

## 霜月　練習問題

**問題**　傍線部の現代語訳として適切なものを選べ。

□ 215　人の家居《いへゐ》は仮の宿りとはいひながら、**つきづきしく**いやしからぬこそあらまほしけれ。（榻鴫暁筆・センター）

① 順序正しく　② 月ごとに　③ 次々に　④ 似つかわしく　⑤ 月並みで

□ 216　「**かく恥づかしき人参りたまふを、御心づかひして見えたてまつらせたまへ**」と聞こえたまひけり。（源氏物語・文教大）

① このように気のおける方がお上りになるのですから、よく御分別あって、お会い申し上げなさいませ。

② そんなに恥ずかしがりの方が参上なさるのだったら、あれこれと気をつかって差し上げなさい。

③ こんなふうに気詰まりな方がおいでになるのですから、くれぐれも心得て御覧下さいますよう。

④ そのようにつつしみ深い方がいらっしゃるのだとしたら、ご配慮くださって拝見させてください。

□ 217　御随身《みずいじん》どもも、容貌姿**まばゆく**ととのへて、（源氏物語）

① 美しく　② みすぼらしく　③ すばやく　④ おもしろく

□ 218　融《とほる》の大臣《おとど》、左大臣にて**やむごとなく**て、位につかせ給はむ御心ふかくて、（大鏡・中央大）

① 裕福である　② 有名である　③ 人柄がよい　④ 高貴である　⑤ 権威がある

**解答**《現代語訳》

訳 215　④
人の住居は仮の宿とは言いながら、似つかわしく下品でないのが理想的だ。

訳 216　①
「このように気のおける方がお上りになるのですから、よく御分別あって、お会い申し上げなさいませ」と申し上げなさった。

※「気のおける」は「相手に対して気遣いをすること」です。

訳 217　①
御随身たちも、容貌身なりを美しく装って、

訳 218　④
源融は、左大臣という高貴である状態で、天皇になりたいというお気持ちが強くて、

□ **219** 船君の病者、もとより**こちごちしき人**にて、かうやうのこと、さらに知らざりけり。（土佐日記）

① 素朴な人　② 卑怯な人　③ 無礼な人　④ 無風流な人

□ **220** 名をば大納言の大別当とぞ言ひける。**こちなかりける名なりかし**。（古今著聞集・國學院大）

① いささか大げさな名前になったことか
② まるでふさわしくない名前になったことか
③ 思えば非常識であった名前であるよ
④ 最近聞くことのなかった名前であるよ
⑤ めったにつけることのない名前であるよ

□ **221** 知らず顔に彼処《かしこ》に移り住み給はば、殿の御ため、**びんなきことや出でまうで来なん**。（怪しの世がたり・センター）

① 具合の悪いことが起こるのではないでしょうか
② 不気味な鬼が現れるのではないでしょうか
③ 不本意な噂《うわさ》が広まるのではないでしょうか
④ 思いがけぬお咎《とが》めを受けるのではないでしょうか
⑤ お気の毒な思いをなさるのではないでしょうか

□ **222** **まさなき**こともあやしきことも、大人なるは、まのもなく言ひたるを、若き人はいみじうかたはらいたきことに、聞き入りたるこそ、さるべきことなれ。（枕草子・法政大）

① 味気ない　② 遠慮ない　③ 仕方ない
④ 所在ない　⑤ よくない

---

訳 **219** ④
船の主人で病人は、元から無風流な人であって、このようなこと（＝歌を詠むこと）を、全く知らなかった。

訳 **220** ③
名前を大納言の大別当と言った。思えば非常識であった名前であるよ。

訳 **221** ①
そ知らぬ顔であそこに移り住みなさるならば、殿の御ためには、きっと具合の悪いことが起こるのではないでしょうか。

訳 **222** ⑤
よくない言葉も下品な言葉も、年配である人が遠慮なく言っているのを、若い人はたいそうきまりが悪いこととじっと聞いているのは、当然のことである。

□ 223 さすがに**はしたなくも思しぬべきこと**なれば、若き御心地につつましくて、
（源氏物語・センター）

① 不作法だとお思いになるに違いないこと
② 失礼だとはお思いにならないだろうこと
③ あてつけがましいとお思いになるに違いないこと
④ 迷惑にはお思いにならないだろうこと
⑤ きまりわるくお思いになるに違いないこと

□ 224 数ならぬ人の並びきこゆべきおぼえにもあらぬを、さすがに立ち出でて、**人もめざましとおぼすことやあらむ**。
（源氏物語・東洋大）

① 源氏もすばらしいとお思いになるほどかもしれない
② 明石の姫君も人より傑出していると思われるだろうか
③ 世間の人も目を見張るほどだと思われることであろうか
④ 紫の上も気に食わないとお思いになるかもしれない
⑤ 源氏の婦人方から憎らしいと思われたらどうしよう

□ 225 （物語というものは）**おどろおどろしく**とりなしけるが（それに）目おどろきて、
（源氏物語・西南学院大・改）

① たいそう巧みに　② ひどく悪く
③ すばらしいさまに　④ 大げさに誇張して

□ 226 **けうとくも**なりにける所かな。
（源氏物語）

① 気味が悪くも　② 意外にも　③ 不作法にも　④ 珍しいことにも

□ 227 いでや（夫が死んで）**はかなくも**月日のたちけるかな。
（井関隆子日記・センター・改）

---

223 ⑤
訳 そうは言うもののやはり**きまりわるくお思いになるに違いないこと**であるので、若い御心には遠慮されて、

224 ④
訳 取るに足りない身分である私が並び申し上げることのできるほど（光源氏の）覚えがよくないので、そうはいってもやはりしゃしゃり出て、**紫の上も気に食わないとお思いになるかもしれない**。

225 ④
訳 （物語というものは）**大げさに誇張して**書いてある（ところがある）が、（それに）惑わされて、

226 ①
訳 **気味が悪くも**なってしまった所だなあ。

227 ①

① あっという間に　② なにごともなくも　③ いつの間にか
④ いいかげんに　⑤ 心細くも

□228
（死を悲しむのは）ことわりと思ふものから、**いかがはかけとどめむ**。
（井関隆子日記・センター）

① どうしたら涙をとめることができるだろうか
② どんなに助かりたいことであろうか
③ どれほど面影を心に残しておきたいことか
④ どうしてこの世に引きとめることができようか
⑤ どういうわけでこの世に未練を残すのであろうか

□229
**なでふ、男の否と思ふことを、強ひてするやうかはある**。（私は）世の人に似ず、よき身にもあらねば、さのたまふ人（＝私のことがいいとおっしゃる人）もあらじ。
（落窪物語・センター）

① どうして、男がいったんいやだと思った縁談を、すすんで受け入れることがあろうか。
② 何ということだ、男が恥と思っているのに、身分違いの結婚を強いるなんて理不尽ではないか。
③ どうして、男の気のすすまない縁談を、意に背いて強引にすすめる必要があるのか。
④ 何ということだ、男の反対を逆手にとって、無理に破談に持ち込むなんてひどいではないか。
⑤ どうして、男というものは、条件のいい配偶者をかたくなに拒否するのか、理解できないことだ。

---

訳 いやもう、（夫が死んで）**あっという間に**月日が経ったなあ。

※あっけなく月日が経つことを、「あっという間に」と言っています。

訳 228 ④

（死を悲しむのは）もっともだと思うけれども、**どうしてこの世に引きとめることができようか**（、いや、引きとめることができない）。

訳 229 ③

**どうして、男の気のすすまない縁談を、意に背いて強引にすすめる必要があるのか**。（私は）世の人とは違って、高い身分でもないので、私のことがいいとおっしゃる人もいないだろう。

※「強ひて」は、「強引に」の意味です。

□ 230 （時継の弁は、土御門中納言の出家について）「うき世を知らぬ人は、畜生に人の皮を着せたるこそ聞きはべれ」と言ふも、**げに**悲しくて、（弁内侍日記・成蹊大）

① ぞっとして　② いっそう　③ ほんとうに
④ あはれで　⑤ 改めて

□ 231 **そこらの**殿ばら、いみじうあはれに見奉らせ給ふ。（栄花物語・明治大）

① そのあたりの
② あちこちの
③ その程度の
④ 多くの

□ 232 などか。**つゆばかりおどろかしほのめかし給ひたらましかば、さては聞き過ごさざらまし。**忍びてさそひ出でまし。（浜松中納言物語・センター）

① 結婚するということをひとことでも知らせてくださっていれば、あなたが上京したときすぐに連絡したでしょう。
② 結婚するということをひとことでも知らせてくださっていれば、あなたをそのままにしておかなかったでしょう。
③ 結婚したことをひとことでも知らせてくださっていれば、このように疎遠にはならなかったでしょう。
④ 上京することをひとことでも知らせてくださっていれば、あなたの結婚を思いとどまらせたでしょう。
⑤ 上京することをひとことでも知らせてくださっていれば、私ものんびり構えてはいなかったでしょう。

---

訳 230 ③
（時継の弁は、土御門中納言の出家について）「辛い世を知らない人は、畜生に人の皮を着せていると聞きます」と言うのも、**ほんとうに**悲しくて、

訳 231 ④
**多くの**殿たちは、たいそう悲しく拝見なさる。

訳 232 ②
どうしてそのままにしていたでしょうか。**結婚するということをひとことでも知らせてくださっていれば、あなたをそのままにしておかなかったでしょう。**こっそりと誘い出していたでしょう。

□ **233**

（昔、資盛《すけもり》とともに見た桜の）梢《こずゑ》ばかりは、**さながら**あるも、心憂く悲しくて、

（建礼門院右京大夫集・中央大）

① そっくりで　② すべて　③ そのままで　④ しかし

□ **234**

（私が衰弱すると）**湯をせめて入るれば**、（私は、薬を）飲みなどして、身など治りもてゆく。

（蜻蛉日記・椙山女学園大）

① 薬の代わりにお湯を私の口に入れようとするので
② 薬の代わりにお湯を私の口の中に入れられたならば
③ せめて薬湯だけでもといって私の口の中に入れられたならば
④ せめて薬湯だけでもといって私の口の中に入れるので
⑤ 薬湯を無理に私の口の中に入れるので

□ **235**

しもの人などは、年ごろもしきのうちに遊びならひたる心地に、**つくづくと**思ひ絶えたる里居はくちをしう思ひけるに、

（讃岐典侍日記・神奈川大）

① 気遣いせずのびのびとして
② もの静かでのんびりとして
③ 鬱々として退屈で
④ することがなくさびしくて

□ **236**

**手づから**髪をとりあげて、日来《ひごろ》、武勇せんとて懐に持ちたりける刀をさし、

（平治物語・関東学院大）

① 手元から　② 指先で　③ 自分で
④ 他人から　⑤ 器用に

---

**訳 233**　③
（昔、資盛とともに見た桜の）梢だけが、**そのままで**あるのも、つらく悲しくて、

**訳 234**　⑤
（私が衰弱すると）**薬湯を無理に私の口の中に入れるので**、（私は、薬を）飲んだりして、だんだんと良くなっていく。

**訳 235**　④
下仕えの人々は、長年宮中で遊び暮らすのに慣れているので、**することがなくさびしくて**何もすることのない里暮らしは残念に思っていたが、

**訳 236**　③
**自分で**髪を上げて、日頃、勇ましく戦おうと思って懐に持っていた刀を差して、

□ 237 花に添へて、**なべてならぬ匂ひ**の薄様《うすやう》に、歌の書かれて候ふ、御覧ぜよ。（一本菊・センター）

① 並大抵でなくすばらしい色合いや香り
② 全体が一様でない色合いや香り
③ 思いがけないほど洗練された香り
④ 一般的ではない奇抜な色合い
⑤ 一面に広がるほのかな香り

□ 238 **世の中になほあらましかば**、今は高き位にもなりなまし。（うつほ物語・学習院大）

① もしあの人と結婚していたなら
② もし父君がまだ生きていらしたなら
③ もしもっと幸運に恵まれていたなら
④ もし俗世にいて宮仕えをしていたなら

□ 239 二日といふ夜、男われて「逢はむ」といふ。女も**はた**、いと逢はじとも思へらず。（伊勢物語）

① しかし　② 本当に　③ また
④ 再び　⑤ 果たして

□ 240 （祭りが始まったら連絡するようにと派遣した男が上機嫌で戻ってきたので、）「さていかに」と言へば、（男は）「**はやう果て候ひぬ**」といふ。（宇治拾遺物語・中央大）

① ちゃんと役目を果たしました
② あっという間に催しは終わりました
③ もう仕事はすませました
④ すでに行事は終わりました

---

**訳 237** ①
花に添えて、**並大抵でなくすばらしい色合いや香り**の薄紙に、歌が書かれておりますのを、ご覧になってください。

**訳 238** ②
**もし父君がまだ生きていらしたなら**、今は高い位に昇っていただろうに。
※「なほあり」を直訳すると、「依然として生きている」となります。

**訳 239** ③
二日目の夜に、男は強く「逢おう」と言う。女も**また**、けっして逢うまいとは思っていない。

**訳 240** ④
（祭りが始まったら連絡するようにと派遣した男が上機嫌で戻ってきたので、）「どうなっているのか」と言うと、（男は）「**すでに行事は終わりました**」と言う。

□ 241 わが袖に**まだき**時雨の降りぬるは （古今和歌集）

① 未熟にも
② 早くも
③ いつの間にか
④ あっという間に

□ 242 さて、このてこなといふは名にあらず。果ての子といふことにて、今いふ末の子なりと、古きよりいひ教へしは、さ言はむも**うべなれど**、 （折々草・武蔵大）

① 疑問があるが
② 間違いで
③ もっともだけれど
④ 納得しないでも
⑤ 確かだが

□ 243 暮れぬれば、（親王は）帯刀《たてわき》ばかり御供にて、**やをら入らせ給ふに**、 （木幡の時雨・早稲田大）

① いきなり入ってこられると
② そっとお入りになると
③ 引き続き入るようにさせると
④ やがて入るように指示なさると

□ 244 年は**やや**さだ過ぎゆくに、若々しきやうなるも、つきなうおぼえならるるうちに、 （更級日記）

① 次第に　② ともすると　③ だいぶ　④ おやまあ

---

訳 241 ②
私の袖にも**早くも**時雨が（降るように涙雨が）降ってしまったのは

訳 242 ③
さて、この「てこな」というのは名ではない。最後の子と言うことで、今に言う末っ子のことだと、昔から言い教えていたことは、そのように言うのも**もっともだけれど**、

訳 243 ②
日が暮れたので、（親王は）帯刀だけをお供として、**そっとお入りになると**、

訳 244 ①
年齢を**次第に**重ねていくと、若々しいふるまいをするのも、不似合いだと思われるうちに、

## 師走（しわす）〜12月〜

——点数を取るために必要な《指示語》《形容詞》《名詞》31語——

### ◆《指示語》

□□□ 245

**かく**［副］
**かかり**［動・ラ変］

①こう。このように。こうである。

❖「かかり」は、副詞「かく」にラ変動詞「あり」が付いた「かくあり」の変化したものです。

問 必修！

①かばかりになれば、い**とかから**ぬ人もあるものを。（源氏物語）

訳 これほど（の年齢）になると、本当に〔　　〕ない人もいるのになあ。

「かく」「かかり」からできた接続詞は、「かくて」「かかるほどに」「かかれど(も)」「かかれば」などがあります。

答〔こうで〕

□□□ 246

**さ**［副］
**さり**［動・ラ変］

①そう。そのように。そうである。

❖「さり」は、副詞「さ」にラ変動詞「あり」が付いた「さあり」の変化したものです。

問 必修！

①「あはれ、**さる**めり」と思ひながら、（徒然草）

訳「ああ、〔　　〕ようだ」と思いながら、

「さり」からできた接続詞は、「さりとて」「さりとも」「さるに」「さるは」「さるほどに」「されど（も）」「さらば」「されば」などがあります。

答〔そうである〕

□□□ 247

## しか［副］ しかり［動・ラ変］

①そう。そのように。そうである。

❖「しかり」は、副詞「しか」にラ変動詞「あり」が付いた「しかあり」の変化したものです。

問 必修！
①しかりと言へども、北国の上洛《しやうらく》近々にあるべしと聞きて　（太平記）

訳〔　　〕と言っても、北国からの援軍の上洛が近いうちにあるに違いないと聞いて

「しかり」からできた接続詞は、「しかるに」「しかるを」「しかれども」「しからば」「しかれば」などがあります。

答〔そうである〕

今月のうた

雪降りて年のくれぬる時にこそ　つひにもみぢぬ松も見えけれ　（『古今和歌集』読み人知らず）

訳 雪が降り年が暮れてしまう時にこそ、最後まで色が変わることがない松が意識されるなあ。

＊「もみぢぬ」は、ダ行上二段活用の動詞「もみづ」の未然形＋打消の助動詞「ず」の連体形。松は常緑で変化に乏しく、春や秋には花や紅葉に目が行ってしまうものです。雪が降り枯れ木ばかりが寂しくたたずむ年の瀬に、はじめてその緑の色と、常緑であることが意識されるということですね。

□□□
248

## とかく〔副〕

①あれこれと。何やかんやと。
②ややもすれば。ともすれば。

❖「と」「かく」は、たくさんの慣用表現があります。たとえば、「とにかくに」（＝あれこれと）「とてもかくても」（＝どのようにしても）「とにもかくにも」（＝ともかく）「ともあれかくもあれ」（＝ともかく）などです。「とかく」の関連語として整理しておきましょう。

問 必修！

①大方めぐらざりければ、**とかく**直しけれども、（徒然草）
訳（水車が）まったく回らなかったので、〔　　〕直したけれども、

②**とかく**人といふものは、このやうなことをば、得て例にしたがるものぢゃ。（狂言）
訳 **ややもすれば**、人というものは、このようなことを、得てして前例にしたがるものだ。

②の「ややもすれば」は、放っておくと悪い結果になるだろうという気持ちを表す言葉です。「動《やや》もすれば」という形で、漢文でよく出題されます。

答〔あれこれと〕

□□□
249

## かばかり〔副〕

①これほど。この程度。
②これだけ。

❖副詞「か」に、副助詞「ばかり」が付いて一語化したものです。

問 必修！

①さても**かばかり**の家に、車入らぬ門やはある。（枕草子）
訳 それにしても〔　　〕（身分の高い人）の家に、牛車の入らない門があるはずがない。

②**極楽寺・高良などを拝みて、かばかりと心得て帰りにけり。**（徒然草）

訳 （石清水八幡宮の末寺末社の）極楽寺・高良神社などを参拝して、（八幡宮は）**これだけ**と納得して帰ってしまった。

次の「さばかり」とセットで覚えてしまうとよいですね。

答〔これほど〕

□□□
250

## さばかり［副］

①それほど。その程度。

②たいそう。非常に。

❖副詞「さ」に、副助詞「ばかり」が付いて一語化したものです。

問 必修！

①**この殿の御心、さばかりにこそ。**（徒然草）

訳 この殿の御心は、〔　　　　〕でいらっしゃったのだ。

②**さばかり寒き夜もすがら、ここかしこに眠りゐたるこそをかしけれ。**（徒然草）

訳 **たいそう**寒い夜一晩中、（下役人たちが、宮中の）あちらこちらで眠っているのはおもしろい。

②は、程度の甚だしさを表す用法ですが、入試では、特に①の意味が重要です。

答〔その程度〕

□□□

## 251 さるべき 〔連語〕

①**そうなるはずの**（運命の・宿命の）。
②**ふさわしい。適当な。**
③立派な。相当な。

❖副詞「さ」に、ラ変動詞「あり」と助動詞「べし」が付いたものです。「べし」の持っている「当然」や「適当」の意味から、具体的な訳が生まれました。「さりぬべき」「しかるべき」も同じ意味です。

問 必修！

①かくおぼえなくてめぐりおはしたるも、**さるべき**契《ちぎ》りあるにやと思しながら、（源氏物語）

訳 このように思いがけず巡り会いなさったのも、〔　　〕前世からの因縁があるのであろうか、と（光源氏は）お思いになりながら、

②成りのぼれども、もとより**さるべき**筋ならぬは、（源氏物語）

訳 高い地位に出世しても、もともと**ふさわしい**血筋でない人は、

③大臣《おとど》の大饗《だいきやう》は、**さるべき**所を申しうけて行ふ、常の事なり。（徒然草）

訳 大臣に任じられた人が催す披露の宴会は、**立派な**場所を拝借して行うことが、普通のことである。

①は、前世からの縁によって定められた宿命であることを表します。入試で頻出します。

答〔**そうなるはずの**〕

□□□

## 252 さるべきにや 〔連語〕

①そうするはずのものなのだろうか。

❖「にや」のあとには、「あらむ」「ありけむ」などが省略されています。

①よき人のし給ふことなれば、**さるべきにや**と思ひしかど、（徒然草）

訳 高い身分の人がなさることなので、**そうするはずのものなのだろうか**と思ったが、

②そうなるはずの前世からの宿縁であろうか。

問 必修！

②あながちなるすき心はさらにならはぬを、**さるべきにや**、（源氏物語）

訳（光源氏は）強引な浮気心はまったく慣れていらっしゃらないのに、（空蝉に執着するのは）〔　　〕、

「さるべきにやあらむ」「さるべきにやありけむ」で、挿入句になっていることが多いですね。「さるべき」と同様、②の意味が入試で出題されます。

答〔そうなるはずの前世からの宿縁であろうか〕

◆《形容詞》

□□□ 253

## あやなし ［形・ク活用］《文無し》

①筋が通らない。道理が立たない。

②むなしい。つまらない。

関 あやめ［名］《文目》

①物事の道理。

関129 あいなし

関139 わりなし

❖「あや」は、物事の筋目、道理。「あやなし」は、**模様や筋目がはっきりしないという**ところから生まれた表現です。

問 必修！

①紅の花ぞ**あやなく**疎《うと》まるる梅の立ち枝はなつかしけれど（源氏物語）

訳 紅梅は、〔　　〕ことだが疎まずにはいられない。梅のすっと伸びた枝は好ましいけれど。

②思へども**あやなし**とのみ言はるれば夜の錦の心地こそすれ（後撰和歌集）

訳（どれほど）思ってもむなしいとばかり言われると、（きらびやかでも闇で見えない）夜の錦のような（役に立たない）気がする。

「文目《あやめ》」は、模様がはっきりしていることから、「物事の道理」という意味で用いられます。関連語として覚えておきましょう。和歌では「菖蒲《あやめ》」と掛詞にされることが多いです。

答〔筋が通らない〕

□□□
254
## いぶかし
［形・シク活用］

①気がかりだ。知りたい。

関 いぶかる［動・ラ四］
①気がかりに思う。事情を知りたいと思う。

関134 いぶせし
関161 ゆかし

❖様子がよくわからないから「**気がかり**」で、「**見たい、知りたい、聞きたい**」の意で用いられます。

問 必修！
①年ごろ**いぶかしく**思ひ給へしことを知れる人ありと聞きて、（無名抄）

訳 長年〔　　〕と思いましたことを知っている人がいると聞いて、

「いぶかる」や「いぶせし」の関連語です。また、「知りたい」という意味では、他に「ゆかし」があります。

答〔気がかりだ〕

□□□
255
## うしろめたし
## うしろめたなし
［形・ク活用］

①心配だ。気がかりだ。不安だ。

❖「後ろ辺《へ》痛し」「後ろ目痛し」などが語源と考えられています。後ろのような**見えないところが気になって不安だ**という状態を表します。

問 必修！
①後の世も、思ふにかなはずあらむかしとぞ、**うしろめたき**に、（更級日記）

訳 極楽往生の願いも、叶わないだろうよと、〔　　〕が、

「うしろめたなし」の「なし」は、状態を表す接尾語です。「無し」ではありません。間違えやすいので注意しましょう。

答〔心配だ〕

対 256 うしろやすし

□□□ 256

## うしろやすし 〔形・ク活用〕

① 安心だ。頼もしい。

対 255 うしろめたし/うしろめたなし

❖「後方」の意味を表す名詞「うしろ」に、「安心だ」という意味の「安し」が付いた「後ろ安し」が語源と考えられていて、**後ろのことが安心だという状態**を表します。

問 必修！

① 人となして、**うしろやすから**む妻などにあづけてこそ、死にも心安からむとは思ひしか。（蜻蛉日記）

訳 （息子の道綱を）立派な貴族にして、【　　】ような妻などにまかせて、（私が）死ぬことも安心してできるだろうと思ったのだが。

「うしろめたし」「うしろめたなし」の対義語として、セットで覚えてしまいましょう。

答〔頼もしい〕

□□□
257

## うたてし ［形・ク活用］

① いやだ。嘆かわしい。

関 うたて ［副］
関 うたてなり ［形動・ナリ活用］
関 うたてげなり ［形動・ナリ活用］
関 うたてあり ［連語］
① いやだ。嘆かわしい。

❖「うたて」は、**自分の期待とは逆に、不快な方へ事態が進行する状態**です。副詞「うたて」、形容動詞「うたてなり」「うたてげなり」、連語「うたてあり」など、様々な品詞で用いられます。

問 必修！
① 御前に人一人も候はざらんが、むげに**うたてしう**覚え候ふ。（平家物語）

訳（高倉天皇の）御前に誰もお仕え申し上げないようなことが、むやみに〔　　　　〕思われます。

「うたて」は、基本的に不快感を伴う意味の単語として覚えましょう。

答〔嘆かわしく〕

□□□
258

## かたじけなし ［形・ク活用］

① おそれ多い。もったいない。

❖ 高貴な人に対して、**自分の身分がふさわしくないことに恐縮する気持ち**を表します。

問 必修！
① 「**かたじけなく**、汚げなる所に、年月を経てものしたまふこと、極まりたるかしこまり」と申す。（竹取物語）

訳「（貴公子たちが）〔　　　　〕、（このような）見苦しい所に、長い年月を経過して通いなさることは、この上ない恐縮（です）」と申し上げる。

高貴な人から過分な愛情や恩恵を受けたことに対する感謝の気持ちを表す「ありがたい、もったいない」という意味もありますが、「もったいない」という訳語を覚えておけば、「おそれ多い」「ありがたい」と、どちらの意味にも取ることができますので便利ですね。

答〔おそれ多いことにも〕

□□□

## 259 かたはらいたし

［形・ク活用］《傍ら痛し》

①みっともない。見苦しい。
②気の毒だ。
③恥ずかしい。きまりが悪い。

❖漢字にすると、「傍ら痛し」で、**側で見ていて、あるいは傍らで見られていて痛いという心苦しさ**を表します。

問 必修！

①**かたはらいたき**もの。よくも音《ね》弾きとどめぬ琴を、よくも調べで、心のかぎり弾き立てたる。（枕草子）

訳〔　　〕もの。十分には弾きこなさない琴を、よく調律もしないで、思う存分弾き鳴らしているもの。

②簀子《すのこ》は**かたはらいたければ**、南の廂《ひさし》に入れ奉る。（源氏物語）

訳 縁側では気の毒であるので、南の廂に（姫君は、光源氏を）入れ申し上げる。

③御前にて申すは**かたはらいたき**ことには候へども、（今昔物語集）

訳 御前で申し上げるのは恥ずかしいことではございますけれど、

相手を批判している場合は、①の意味、同情している場合は、②の意味、自分自身について言っている場合は、③の意味、と覚えておくと区別がしやすいですね。①と③の意味が、よく試験で出題されます。

答〔みっともない〕

□□□ 260

## からし 〔形・ク活用〕《辛し》

① つらい。切ない。

❖「塩辛い」が語源です。現代語とは異なり、**過酷な状態に置かれていることに対する苦痛の心情**を表します。

問 必修！ ① 衣かづけられたりしも、**からく**なりにき。 （大鏡）

訳 衣を褒美に与えられたことも、〔　　　〕なってしまった。

現代語でも「辛い」は、「からい」と読むこともありますが、「つらい」と読むこともあります。「辛し」と、漢字で覚えておくと忘れにくいですね。

答〔つらく〕

□□□ 261

## こころぐるし 〔形・シク活用〕《心苦し》

① つらい。気がかりだ。

② 気の毒だ。

対262 こころやすし

❖**自分や他人のことについて、心に苦痛を感じる様子**を表します。

① 小次郎が薄手を負うたるをだに、直実は**心苦しう**こそ思ふに、 （平家物語）

訳 （息子の）小次郎が軽傷を負ったのをさえ、直実はつらく思うのに、

問 必修！ ② 思はむ子を法師になしたらむこそ**心苦しけれ**。 （枕草子）

訳 愛しているような子を法師にするならば、それは〔　　　〕。

自分の心情について言う場合は、①の意味、他人の不幸や悲しみについて言う場合は、②

の意味になります。誰のことが「心苦し」なのかをつかむのが大切ですね。

答〔**気の毒だ**〕

□□□
## 262 こころやすし
［形・ク活用］《心安し》

①**安心だ。**気楽だ。

関 **やすし**［形・ク］《安し》
①安心だ。気楽だ。

対261 **こころぐるし**

❖漢字の通り、**「心」が「安らか」な状態**を表します。

問 必修！
①**この位去りて、ただ心やすくてあらむとなむ思ひ侍る。**（大鏡）

訳 この位を下りて、ただ〔　　〕状態で生きようと思います。

「心」と「安」を逆にすると、「安心」となりますね。形容詞「やすし」と同義語です。

答〔**安心な**〕

□□□
## 263 さうざうし
［形・シク活用］《寂寂し》

①**もの足りない。もの寂しい。**

関137 **すさまじ**

関141 **つれづれなり**

❖語源はよくわかっていませんが、「寂寂し」という漢字を覚えておくと理解しやすいですね。**物足りない感じがして寂しく思う気持ち**を表します。

問 必修！
①**この酒を一人たうべんがさうざうしければ、**（徒然草）

訳 この酒を一人で飲みますようなことが〔　　〕ので、

現代語の「騒々しい」とは、逆の意味になりますので注意しましょう。

答〔**もの足りない**〕

□□□
264

## すきずきし ［形・シク活用］《好き好きし》

①好色めいている。色好みだ。
②風流だ。

❖名詞の「好き」を重ねて形容詞にしたものです。**異性や物事に深く関心を寄せる様子**を表します。

問 必修！
①**初めのこと、すきずきしくとも申しはべらむ。**（源氏物語）
訳（私の恋愛の）初めのころのことを、〔　　　〕ても申し上げましょう。

②**すきずきしうあはれなることなり。**（枕草子）
訳 風流でしみじみと感動的なことである。

関心を寄せる対象が異性ならば、①の「好色めいている」の意味、物事である場合は、②の「風流だ」の意味になります。どちらも入試によく出題されます。

答〔好色めいてい〕

□□□
265

## たのし ［形・シク活用］

①裕福だ。

❖**物質的に満ち足りている状態**を表し、「貧し」の対義語です。主に中世で用いられる用法です。

問 必修！
①**堀河相国《ほりかはのしやうこく》は、美男の楽しき人にて、そのこととなく過差《くわさ》を好みたまひけり。**（徒然草）
訳 堀河の太政大臣は、美男で〔　　　〕人であって、何事につけても贅沢を好みなさった。

現代語の「楽しい」と同じ意味の用法もありますが、入試で出題されるのは「裕福だ」の意味です。

**答**〔裕福な〕

□□□
**266**

## つれなし〔形・ク活用〕

①さりげない。平然としている。
②冷淡だ。薄情だ。

❖「連れ無し」が語源で、**周囲と関連が無く無反応である状態**を表します。

**問** 必修！

①**つれなき**やうにて、人を遣りて見せければ、（大和物語）

**訳**〔　　〕様子で、人を行かせて見せたところ、

②昔、男、**つれなかりける女に言ひやりける**（歌）。（伊勢物語）

**訳** 昔、男が、**薄情であっ**た女に詠んで贈った（歌）。

①の意味は、何か隠しごとをしていて、そ知らぬふりをしているときにも用いられます。

**答**〔さりげない〕

□□□ 267

## なめし ［形・ク活用］

①失礼だ。無礼だ。

関 なめげなり ［形動・ナリ活用］

①失礼だ。無礼だ。

関 224 めざまし

❖漢字にすると、「無《な》＋礼《め》し」で、「無礼」となりますね。**他人の無礼な振る舞いをとがめる気持ち**を表します。

問 必修！

①文ことば**なめき**人こそいと憎けれ。（枕草子）

訳 手紙の言葉遣いが〔　　〕人は、たいそう憎らしい。

相手の言動が気に入らないという点で「めざまし」と共通しますが、「めざまし」が、主に身分の上の者から下の者に対して使われるのに対し、「なめし」は、身分の上下にかかわらず、相手の振る舞いをとがめる場合に使われます。

答〔無礼な〕

□□□ 268

## ねたし ［形・ク活用］《妬し・嫉し》

①しゃくだ。腹立たしい。

❖**相手への反感や、自分を腹立たしく思う心情**を表します。

問 必修！

①打たせ給ふに、三番に一つ負けさせ給ひぬ。「**ねたき**わざかな」とて、（源氏物語）

訳 （碁を）打ちなさると、三番に一つ負けなさった。「〔　　〕ことだなあ」と言って、

「妬む」という漢字を書きますが、現代語の「妬む、嫉妬する」という心情とは少し違って、単に腹を立てている様子を表します。

答〔しゃくな〕

□□□
269

## やさし【形・シク活用】

①優雅だ。上品だ。
②けなげだ。殊勝だ。感心だ。

◆動詞「痩《や》す」が形容詞になったものです。身が痩せるほどつらいという気持ちから、恥ずかしいという意味が生じ、その様子がつつましやかなことから、①や②のような意味が生じました。

問 必修！
①声、いと若やかに愛敬づき、**やさしき**ところ添ひたり。（源氏物語）

訳 声が、たいそう若々しく魅力的で、〔　　　　〕ところも備わっている。

②あな、**やさし**。…味方の御勢は皆落ち候ふに、ただ一騎残らせ給ひたるこそ優なれ。（平家物語）

訳 ああ、けなげだなあ。…味方の兵士は、皆逃げましたのに、ただ一騎残っていらっしゃるのは立派だ。

センター試験では、「殊勝だ」の意味が出題されました。盲点になりやすいので注意しましょう。

答〔優雅な〕

◆《名詞》

□□□
270

## あからめ 〔名〕《傍目》

①わき見。よそ見。

②浮気。他の人に心を移すこと。

関145 あからさまなり

❖「ほんのしばらくの間」の意の、形容動詞「あからさまなり」と同義とも言われ、瞬く間、つまり**一時的に目をそらすことを表している**語です。わき見にしろ、浮気にしろ、一時的なものなのですね。

問 必修！

①**花の本には、ねぢ寄り立ち寄り、あからめもせず、まもりて、**（徒然草）

訳 桜の花の下には、にじり寄って近寄って、〔　　　〕もせず、じっと見つめて、

②**もとのごとくあからめもせで、添ひゐにけり。**（大和物語）

訳（男は）もとのように浮気もしないで、（女に）連れ添っていた。

「赤くなる」の意の、動詞「あからむ（赤らむ）」（マ行四段活用・マ行下二段活用）と混同しないように気をつけましょう。

答〔わき見〕

□□□
271

## あない［名］《案内》

① 内情。（物事の）事情。

② 文書の内容。文案。

③ 取り次ぎ（を頼むこと）。来意を告げること。

❖上代（奈良時代）には、「文案の内容」の意で用いられ、中古（平安時代）以降、「内容、事情」の意となりました。

問 必修！

① 大臣にも、変はらぬ姿今一度見え、かくと**案内**申して、必ず参り侍らむ。（大鏡）

訳 （父の）大臣にも、（出家前の）変わらない姿をもう一度見ていただき、このようだと〔　　〕を申し上げて、必ず（ここに）参りましょう。

② 頭の弁して**案内**は奏せさせ給ふめり。（紫式部日記）

訳 頭の弁に命じて、（加階の）文案は天皇に申し上げさせなさるようだ。

③ 門外に立ちて**案内**を申さんとし給ふ所に、（宇治拾遺物語）

訳 門の外に立って取り次ぎを申し上げようとなさる所に、

サ変動詞「す」が付き、動詞化した「あないす（案内す）」もよく使われます。「事情を尋ねる、取り次ぎを頼む、来意を告げる」などという意味です。

答〔事情〕

□□□
272

## あるじ〔名〕《主・饗》

①主人。一家の長。
②主人としてもてなすこと。ごちそうすること。饗応《きょうおう》。

❖主人として行うべきことである、ごちそうしてもてなすことを「あるじ」と言いました。

①**あるじ**も客人《まらうど》も、異人《ことひと》も言ひあへりけり。（土佐日記）

訳 主人も客人も、他の人も（歌を）互いに詠んでいた。

問 必修！
②すさまじきもの。…方違へに行きたるに、**あるじ**せぬ所。（枕草子）

訳 興ざめなもの。…方違へ（のために他の家）に行ったのに、〔　　〕をしない所。

②の意のときは、サ変動詞「す」を伴うことも多く、同義の「あるじまうけ（饗設け）」も同様で、「あるじす」「あるじまうけす」という表現になります。

答〔もてなし〕

□□□
273
## すゑ ［名］ 《末》

①先端。末端。
②終わり。果て。
③（和歌の）下の句。
④将来。未来。
⑤子孫。

❖「末の露、本の雫《しずく》」という表現は、草木の葉の先に付く露と、幹を伝う水滴は、程度の差はあっても、所詮はかなく消えてしまうということで、命のはかなさをたとえた表現です。

①**髪の美しげにそがれたる末も、**（源氏物語）
訳 （尼君の）髪がきれいに切り落とされている先端も、

②**この日あること、すゑ通らずと言ひて、**（徒然草）
訳 この日起こることは、終わりがうまくいかないと言って、

問 必修！
③**歌どもの本《もと》を仰せられて、「これが末はいかに」と問はせ給ふに、**（枕草子）
訳 （定子様が）いくつかの歌の上の句をおっしゃって、（私たちに）「これの〔　　〕は何か」とお尋ねになるが、

④**男女をば言はじ、女どちも、契り深くて語らふ人の、末まで仲良き人難し。**（枕草子）
訳 男女（の仲）については言うまい、女同士でも、約束が固くて親しくしている人で、将来まで仲の良い人はめったにいない。

⑤**この大臣の御末はおはせぬなり。**（大鏡）
訳 この大臣のご子孫はいらっしゃらないのである。

和歌の上の句と下の句のことを、本《もと》と末《すゑ》と言います。

答〔下の句〕

□□□ 274

## そらごと [名]《虚言・空言》

①嘘。偽り。

関 **ひがこと** [名]《僻事》

①間違い。

※「ひが」は名詞に付いて、「道理に合わない」や「間違っている」という意を表します。

◆「そら」は、「虚」か「空」の字を当てて考えます。「そらごと」は、**空虚な言葉の意味で、「嘘、偽り」**と訳します。

問 必修！

①かくあさましき**そらごと**にありければ、はやとく返したまへ。 （竹取物語）

訳 このように予想を超える〔　　　〕であったので、（この蓬莱《ほうらい》の玉の枝は）もはやさっさとお返しになってください。

「空頼《そらだの》み」は、当てにならないことを頼みにすること、「そら知らず」とは、わかっているのに、知らないことを装う、つまり、「知らないふり」の意です。

答〔嘘〕

□□□
275

## たまのを ［名］《玉の緒》

①（細くて切れやすいことから、恋人と過ごす）時間の短さのたとえ。

②（「玉」に「魂」をかけ、つなぎとめる物として）命。

❖「玉の緒」は首輪や腕輪のような装飾品を貫く紐《ひも》です。「玉」に「魂」をかけ、魂をつなぎとめるものとして、**「命」を意味することもあります。**

① **さ寝《ぬ》らくはたまのをばかり恋ふらくは富士の高嶺の鳴沢《なるさは》のごと**（万葉集）

訳 一緒に寝たのは、**短い間**だけなのに、恋焦がれていることは富士の高嶺の鳴沢の（岩の音の）よう（に激しいもの）だ。

問 必修！

② **玉の緒よ絶えなば絶えね長らへば忍ぶることの弱りもぞする**（新古今和歌集）

訳 私の【　　】よ。絶えてしまうのならば、絶えてしまえ。（このまま）生き長らえるならば、耐え忍ぶ気力が弱っ（て秘めた恋心が現れ）たら困る（ので）。

「たまのをの（玉の緒の）」は、和歌では、「絶ゆ」「継ぐ」などの縁語や枕詞として用いられます。

答〔命〕

師走 練習問題

**問題** 傍線部の現代語訳として適切なものを選べ。

□245 （私が）**かく**のみ思ひくんじたるを、心も慰めむと、心ぐるしがりて、（更級日記）

① このように　② このまま　③ そのくせ　④ そのまま

□246 治部卿うちうなづきて、「**さりけり**、さりけり。物ないひそ」といはれけり。（宇治拾遺物語）

① そんなことはない　② そうであったなあ
③ やむをえないなあ　④ そうではなかった

□247 「我がみかどの御使として、この女御のおはし所を尋ね侍らむ」と申しければ、みかど、大きに喜びてのたまはく、「**しからば**、我がために、この人のあり所を、尋ねて聞かせよ」とのたまふ。（俊頼髄脳）

① それというのも　② それなのに
③ その後に　④ それならば

□248 これ（＝いはで思ふぞ言ふにまされる）をなむ世の中の人、**もとをばとかくつけける**。（大和物語・学習院大）

① 下の句はこうだろうと考えて付けた
② 下の句をあれこれ付け替えて詠んだ
③ 上の句はこうだろうと考えて付けた
④ 上の句をあれこれ付け替えて詠んだ

**解答** 《現代語訳》

245 ①
訳 （私が）**このように**ばかりふさぎ込んでいるのを、気持ちだけでも慰めようと、気の毒がって、

246 ②
訳 治部卿はうなずいて、「**そうであったなあ**、そうであったなあ。何も言わないでくれ」とおっしゃった。

247 ④
訳 「私が天皇の御使いとして、この女御のいらっしゃる所を探し出しましょう」と申し上げたので、天皇は、たいそう喜んでおっしゃることは、「**それならば**、私のために、この人のいる所を、探し出して申し上げよ」とおっしゃる。

248 ④
訳 これ（＝いはで思ふぞ言ふにまされる）に、世の中の人は、**上の句をあれこれ付け替えて詠んだ**。

※「もと（本）」は、「和歌の上の句」の意です。

□ **249** **かばかりの詩を作りたらましかば、名の上がらむこともまさりなまし。**（大鏡・名城大）

① こんな程度の漢詩を作っているから、評判が上がらないのも当然のことだなあ。

② この和歌くらいのすばらしい漢詩を作ったとしたら、名声も一段と上がっていただろうに。

③ つまらない漢詩を作ったものだから、名前を呼んでもらえなかったのだ。

④ この和歌に匹敵するほどのすばらしい漢詩を作っても、評判にならないことが増えてしまったのか。

⑤ この程度の漢詩を作れば名声が上がるというわけではない。

□ **250** **さばかりの人**の、無下にこそ心弱きけしきを人の国にて見え給ひけれ。（徒然草）

① それほどの人　② そうである人

③ その他の人　④ 去ったばかりの人

□ **251** 娘をば、**さるべき人**に預けて、（源氏物語）

① 去っていくはずの人　② 避けなければならない人

③ ふさわしい男性　④ 性格の良い男性

□ **252** 左大臣やすからず思したるほどに、**さるべきにやおはしけむ**、右大臣の御ためによからぬこと出で来て、（大鏡）

① そうなるはずの前世からの宿縁でいらっしゃったのだろうか

② 出家をしたいという関心がおありになったのだろうか

③ 帝との間の確執が原因でいらっしゃったのだろうか

④ 去らなければならない事がおありになったのだろうか

---

訳 **249** ② **この和歌くらいのすばらしい漢詩を作ったとしたら、名声も一段と上がっていただろうに。**

※「―ましかば、～まし」は反実仮想を表し、「もし―だったとしたら、～だったろう」の意となります。

訳 **250** ① **それほどの人**が、ひどく気の弱い様子を外国で見せなさったことよ。

訳 **251** ③ 娘を、**ふさわしい男性**に預けて（＝結婚させて）、

訳 **252** ① 左大臣が心穏やかではなくお思いになっている内に、**そうなるはずの前世からの宿縁でいらっしゃったのだろうか**、右大臣の御ためによくない事が出て来て、

□ 253

**この湖にさせる聞えなきぞあやなき**。

（岡部日記・上智大・改）

① この湖にこれといった歌がないのは、面白みに欠けることだ。

② この湖について大した評判がないのは納得がいかないことだ。

③ この湖を見に来る人が少ないのは筋の通らないことだ。

④ この湖の話を誰も聞いたことがないというのはよく理由がわからないことだ。

□ 254

帥《そち》**いぶかしく**思ひて、「御気色を取りて勝劣聞かん」とて、白河院に御気色給はる。

（無名抄・早稲田大）

① 腹立たしいと　② 容赦できないと　③ 明らかにしたいと

④ 非常識なことだと　⑤ 十分ではないと

□ 255

「くはしきありさまは、みづから聞こえむ。必ず、若き人具しておはせよ。**うしろめたきことはよに聞こえじ**」と、返す返す書き給ひて、

（浜松中納言物語・早稲田大）

① 心やましく思っていることを世間に言いふらさないでほしい

② 気がかりに思っていることを世間の人たちは知らないはずだ

③ 気がかりに思っていることを世間に言いふらしたりはしない

④ 決して心やましいようなことを打ち明けるわけではない

⑤ 決して心配するようなことを依頼するわけではない

□ 256

（娘のことを）いかさまにせんと思へども、**うしろやすかるべき人**も覚えざりければ、

（発心集・立教大）

① 安心して娘を預けられる人　② 将来がどうなるか気がかりな人

③ 無難に処理してくれる人　④ 気軽につきあえない人

⑤ 身分がしっかりとした人

---

訳 253 ②

**この湖について大した評判がないのは納得がいかないことだ。**

※「あやなし」に該当するのは、②と③です。「させる聞え」は、「大した評判」の意です。

訳 254 ③

帥は、**明らかにしたいと**思って、「ご機嫌を取って優劣を聞こう」と言って、白河院にご意向をいただく。

訳 255 ⑤

「詳しいありさまを、自ら申し上げたい。必ず、若い人を連れていらっしゃい。**決して心配するようなことを依頼するわけではない**」と、繰り返し繰り返しお書きになって、

訳 256 ①

（娘のことを）どうしようと思うけれども、**安心して娘を預けられる人**も思われなかったので、

□257 **おくびやうはうたてきものなり**。（古今著聞集・獨協大）

① 恐れようといったら、とても書き記しようがないものであった
② 気が小さいというのは、始末の悪いものである
③ あくびの仕方が悪いのは、直しようがなかったそうだ
④ 長い首も赤い血も、何の役にも立たないものであるなあ
⑤ 御首は、どこに持って行っても嫌われたそうである

□258 御心のうち、いかばかりなりけんと、**あはれにかたじけなく**思さるるにも、（増鏡・駒澤大）

① 悲しくお気の毒と
② いたわしく申しわけなく
③ さびしく恨めしく
④ 気の毒ではばかられると
⑤ しみじみとおそれ多く

□259 （帥殿は）いと**かたはらいたく**思されながら、さりとてあるべきならねば、参りたまへり。（大鏡・國學院大）

① お笑いぐさと　② きまりが悪く　③ こころもとなく
④ そばにいたいと　⑤ 聞くにたえなく

□260 皆おのおの加階し昇りつつ、およすけあへるに、（夕霧が自分が）浅葱《あさぎ》（＝六位の身分）をいと**からし**と思はれたるが、心苦しう侍るなり。（源氏物語）

① 嬉しい　② 不安だ　③ つらい　④ 我慢だ

---

訳 257 ②
気が小さいというのは、始末の悪いものである。
※「嘆かわしい」ことを、「始末の悪い」と言っています。

訳 258 ⑤
お心の中は、どのようであったのだろうかと、しみじみとおそれ多くお思いになるにつけても、

訳 259 ②
（帥殿は）たいそうきまりが悪くお思いにならずにはいられないけれども、だからといってそのままにしておくべきではないので、参上なさった。

訳 260 ③
皆それぞれ位が上がり昇進して、一人前になっているのに、（夕霧が自分が）六位の身分（であるの）をたいそうつらいとお思いになっているのが、かわいそうでございます。

□ 261 この童、（女に）「いかに、かかる所にはおはしまさむずる」と言ひて、いと**心苦し**と見ゐたり。（堤中納言物語・青山学院大）

① 寂しい　② 気の毒だ　③ 申し訳ない
④ 理解できない　⑤ 満ち足りない

□ 262 後の世も思ひなく、**心やすくてこそ侍らめ**。（栄花物語）

① 簡単だと思っているだろう　② 見苦しくない状態でおりますだろう
③ 不安に感じているだろう　④ 安心しておりますだろう

□ 263 五月下つ闇に、五月雨《さみだれ》もすぎて、いとおどろおどろしくかき垂れ雨の降る夜、みかど、**さうざうし**とやおぼしめしけん、殿上に出でさせおはしまして、遊びおはしましけるに、（大鏡）

① 気にかかる　② もの足りない　③ 耳ざわりだ
④ よい気味だ　⑤ 胸騒ぎがする

□ 264 心おごりして、**すきずきしき**心ばへなど漏らし給ふな。（源氏物語）

① 透き通った　② 好色めいた　③ いいかげんな　④ 飽きっぽい

□ 265 今は昔、天竺に留志長者とて、世に**たのしき**長者ありけり。（宇治拾遺物語・愛知大）

① 快活な　② 和やかな　③ 信頼できる
④ 豊かな　⑤ 調子に乗りやすい

□ 266 このありつる童、「東《ひんがし》の御方わたらせ給ふ。それかくさせ給へ」と言へば、ぬりこめたるところに、みな取り置きつれば、**つれなくてゐたるに**、（堤中納言物語・早稲田大）

---

訳 261 ②
この童は、（女に）「どうして、このような所にいらっしゃるのだろうか」と言って、たいそう**気の毒だ**と見ていた。

訳 262 ④
来世も物思いをすることなく、**安心しておりますだろう**。

訳 263 ②
五月下旬の闇の頃、梅雨の時期も過ぎて、たいそう激しく雨が降る夜、天皇は、**もの足りない**とお思いになったのだろうか、殿上の間にお出ましになって、管弦の遊びをなさったときに、

訳 264 ②
慢心して、**好色めいた**気持ちなどを起こしなさるな。

訳 265 ④
今となっては昔のことだが、天竺に留志長者といって、非常に**豊かな**長者がいた。

訳 266 ③
この先ほどの童が、「東の姫君がお出でになる。それをお隠し下さい」と言うので

① ただ一人でいると　② てもちぶさたなようすでいると
③ なにげないようすでいると　④ 冷やかな態度でいると

□ 267 **いかさまにしてこのなめげさを見じ**。（源氏物語・センター）

① いかなる手段を用いても私はみじめな目に会うまい
② どうすれば私への失礼な態度を見ずにすむだろう
③ どうしてこの冷淡な振る舞いを見ていられよう
④ だましてでも夫にひどい目を見せずにおくまい
⑤ 何としても夫の無礼なしうちを目にするまい

□ 268 （御所が）わが御身一つならず、近習の男達を召し集めて、女房達を（粥杖で）打たせさせおはしましたるを、**ねたきことなり**とて、東《ひんがし》の御方《おんかた》と申し合はせて、十八日には御所を打ち参らせむといふ事を談議して、（とはずがたり・明治大）

① 見苦しいことだ　② しゃくにさわることだ
③ やきもちのやけることだ　④ にくらしいことだ
⑤ つれないことだ

□ 269 人の心は**やさしかる**べきものなり。（沙石集・学習院大）

① 気高くある　② 温厚である　③ 優雅である　④ 思いやりがある

□ 270 「いかにせん。いかにせん」と**あから目もせず**、つと添ひつつ嘆くよりほかのことなし。（うなゐ松・センター）

① よそ見もしないで　② 泣きはらすこともなく　③ 一睡もしないで
④ 注視することもなく　⑤ 周りの目も気にしないで

---

で、塗り込めた部屋に、みな片付けたので、**なにげないようすでいると**、

※ものを隠して、知らないふりをしていることを「つれなし」と言っています。

訳 267 ⑤
**何としても夫の無礼なしうちを目にするまい**。

※「なめげさ」は「なめし」からできた名詞です。

訳 268 ②
（御所が）私一人ではなく、近習の男達を呼び集めなさって、女房達を（粥杖で）打たせなさったことを、**しゃくにさわることだ**と言って、東の御方と申し合わせて、十八日に御所をお打ち申し上げようということを相談して、

訳 269 ③
人の心は**優雅である**べきものである。

訳 270 ①
「どうしようか、どうしようか」と**よそ見もしないで**、ずっと寄り添って嘆く以外のことはない。

□ **271**

帥殿《そちどの》は車にて参りたまふに、障る事ありて、粟田口《あわたぐち》より帰りたまふとて、院の御車のもとに参りたまひて、**案内**申したまふに、（大鏡・中央大）

① 自分の事情を説明し許可を求める　② 進むべき道筋を教えようとする

③ 周囲の状況を説明しようとする　④ 参詣の作法を伝授しようとする

□ **272**

その人の家によき酒ありと聞きて、上にありける左中弁《さちゅうべん》藤原の良近《まさちか》といふをなむ、まらうどざねにて、その日は**あるじまうけしたりける**。（伊勢物語・皇學館大）

① 主人として客をもてなした　② 主人としてあらかじめ準備をした

③ 主人が思いがけない利益を得た　④ 主人がよくない計画をめぐらした

⑤ 主人が本当だと信用した

□ **273**

連歌は、**本末**《もとすゑ》ただ意《こころ》に任せてこれを詠む。（北辺随筆・共通一次）

① 転倒した結果　② 和歌の上の句と下の句　③ 本来の形

④ 元来　⑤ 昔から現在まで

□ **274**

島の浮き遊ぶといふは、**そらごと**なるべし。世に言ひ伝ふること、さてもなき事をも珍《めづら》しきやうに言ひなして人を迷はしむるは、世に多き習ひなり。（東遊記・神奈川大）

① 妄想　② 願い　③ 予想　④ 空想　⑤ 偽り

□ **275**

ゆくへ知られず出で給ふとも、**玉の緒の絶え給はぬほどには**忘れ給はじ。（吉野拾遺）

① ほんのわずかの間も　② 縁が切れないうちは

③ 生きていらっしゃる間は　④ 何もしてやらないうちは

---

訳 **271**　①

帥殿は車で随行しなさっていたけれども、さしさわりがあって、粟田口からお帰りになるとおっしゃって、院の御車の側に参上なさって、**自分の事情を説明し許可を求め**申し上げなさるときに、

訳 **272**　①

その人の家によい酒があると聞いて、殿上に仕えていた左中弁藤原良近という人を主賓として、その日は**主人として客をもてなした**。

訳 **273**　②

連歌は、**和歌の上の句と下の句**をただ心に任せてこれを詠むのだ。

訳 **274**　⑤

島が浮いて漂うというのは、**偽り**であるだろう。世の中に言い伝えることは、たいしたことがないことを珍しいことのように言って人を惑わすのは、世に多い習いである。

訳 **275**　③

行方を知られずにお出でになるとしても、**生きていらっしゃる間は**お忘れになることはないだろう。

# 第4章 結実の季節

～睦月《むつき》・如月《きさらぎ》・弥生《やよい》～

最終章は、今までのあなたの努力が実り、実力を身につけたことを実感するための章です。試験で点数に差をつけるためにおさえておきたい単語、文章の描く世界を、より正確に把握するために覚えておきたい表現や慣用句などを整理して、記述試験にも自信を持ってのぞめるようにしたいものです。さらに、一千年の間に変わってしまった文化や習慣の中には、古文の内容を理解するために必要な知識があります。これらに関わる語をまとめて覚えることによって、安心して古文に、そして試験に向かいましょう。

睦月（むつき）～1月～　――点数に差をつける《動詞》《形容詞》31語――

◆《動詞》

□□□ 276

## あきらむ ［動・マ下二］《明らむ》

①（物事の事情・理由を）あきらかにする。説明する。

②（心を）あかるくする。（心を）晴らす。

関 あきらかなり ［形動・ナリ活用］《明らかなり》

①はっきりしている。

❖漢字で書くと「明らむ」になります。はっきりと物事の筋目が細かいところまで正しく見えるようにすることを表します。

問 必修！

①ここもとの浅きことは、何事なりとも**あきらめ**申さん。（徒然草）

訳 身近なつまらないことは、何事であっても〔　　　〕申し上げよう。

②嘆かしき心のうちも**あきらむ**ばかり、（源氏物語）

訳（薫の）悲嘆に暮れる心の中も**晴らす**ほど、

ひらがなで書かれている場合に、現代語の「諦《あきら》める」と間違えないようにしましょう。

答〔あきらかにし〕

□□□
277

## かこつ

［動・タ四］《託つ》

①（他の）せいにする。かこつける。

②嘆く。不平を言う。

❖**原因・理由を他のもののせいにして言い訳をする**というのが原義です。同じ語源からできた「かごと（託言）」は、「他のもののせいにしていう言い訳」を表します。

問 必修！

①**酔ひにかこちて、苦しげにもてなして、**（源氏物語）

訳 （夕霧は酒の）酔いの〔　　　〕て、苦しそうに振る舞って、

②**嘆けとて月やは物を思はするかこち顔なる我が涙かな**（千載和歌集）

訳 嘆けと言って月は（人に）もの思いをさせるのか。月のせいでもないのに、（月のせいだとでもいうように）嘆く顔つきで流れる私の涙だなあ。

「かごとがまし」（＝恨みがましい、愚痴っぽい）は、「かごとがましき虫の声」というように、実際は愚痴をこぼしているのではないけれど、そんな風に聞こえるという表現です。

答〔せいにし〕

今月のうた

君ならで誰にか見せむ梅の花　色をも香をも知る人ぞ知る（『古今和歌集』紀友則）

訳 あなた以外に誰に見せるだろうか、梅の花を。あなた以外にこの美しさと香りをわかる人はいない。

＊平安時代の半ば頃までは、春の花は桜より梅でした。梅は香りもよく、闇夜に格子をあげて部屋に漂う香りで見えない梅を思う、といった楽しみ方もしたようです。

□□□
278

## かづく

〔動・カ四／カ下二〕《潜く／被く》

**【潜く】**

①【四段】水中に潜る。

②【下二段】水中に潜らせる。

**【被く】**

③【四段】頭にかぶる。

④【四段】衣服などを褒美としていただく。褒美としていただいた衣服を肩にかける。

⑤【下二段】褒美として与える。

❖「潜《かづ》く」と「被《かづ》く」は語源は同じで、頭から水をかぶる意から転じて、ものを自分自身の上に載《の》せる意となりました。「潜く」も「被く」も四段と下二段の二種類の活用があって、それぞれ微妙に意味が異なります。

問 必修！

① **かづけどもかづけども、月おぼろにて見えざりけり。**（平家物語）

訳（小宰相《こざいしょう》が飛び込んだ海に）〔　　　〕ても〔　　　〕ても、月がおぼろにかすんで、（姿が）見えなかった。

② **上つ瀬に鵜《う》を八つかづけ下つ瀬に鵜を八つかづけ**（万葉集）

訳 上流の瀬に鵜を八羽潜らせ、下流の瀬に鵜を八羽潜らせ

③ **かたはらなる足鼎《あしがなへ》を取りて、頭にかづきたれば、**（徒然草）

訳 そばにある足付きの鼎を取って、頭にかぶったところ、

④ **例の綿かづきわたりてまかでぬ。**（源氏物語）

訳（舞い人たちは）いつものようにみなで綿を褒美としていただいて退出した。

問 必修！

⑤ **御使ひに、なべてならぬ玉裳《たまも》などかづけたり。**（源氏物語）

訳 お使いの人に、並々ではない美しい衣装などを〔　　　〕た。

入試でよく出題されるのは、「被く」です。活用によって「褒美としていただく」「褒美として与える」の意味に分かれますので、活用・文脈に注意して解釈しましょう。

答 ①〔潜っ／潜っ〕 ⑤〔褒美として与え〕

□□□

279

# くっす
# くす
# くんず

［動・サ変］《屈す》

①ふさぎ込む。気がめいる。

❖心が折れてふさぎ込む様子を表します。「屈」＝「折れる」で覚えておきましょう。

問 必修！

①おもかげにおぼえて悲しければ、月の興《けう》もおぼえず、くんじ伏しぬ。（更級日記）

訳（乳母の姿が）面影として思い出されて悲しいので、月の美しさも心にとめず、〔　　　　〕寝てしまった。

「くんず」は「組《く》んづほぐれつ」の「組んづ」と音が似ていますが、「組んづ」の「つ」は完了の助動詞で、二つの動作・作用が並立している意を表し、「…たり、…たり」と訳します。「組んづほぐれつ」は、取っ組み合いのけんかのようにくっついたり離れたりしているさまです。

答〔ふさぎ込み〕

□□□
280

## しほたる

［動・ラ下二］《潮垂る》

①（海水・雨や露などで）ぐっしょり濡れる。

②涙で袖が濡れる。泣く。

❖**しおからい涙を海水にたとえて、②「涙で袖が濡れる」の意味で用いられるようになりました。**

①**髪も袴もしほたれて、とりあげたれども甲斐ぞなき。**（平家物語）

訳 髪も袴も海水でぐっしょり濡れて、（海から）引き上げたが手の施しようがない。

問 必修！

②**いと悲しうて、人知れずしほたれけり。**（源氏物語）

訳 （明石の君は）たいそう悲しくて、人に知られないまま、〔　　　〕た。

試験に出題されるのは②の意味です。袖とともに書かれた「しほたる」は、袖と結びつきの強い「涙」に濡れているありさまを考えてください。

答〔涙で袖が濡れ〕

□□□
281

## すかす

［動・サ四］《賺す》

①（機嫌をとって）なだめる。

②おだてる。

❖**だましてなぐさめる様子を表します。現代でも、「なだめすかす」などと使っています。**

問 必修！

①**さまざまに、語らひ給ふ御様のをかしきに、すかされ奉りて、**（源氏物語）

訳 あれこれと、（匂宮が）話し続けなさるご様子が興味深くて、（薫は）〔　　　〕られ申し上げて、

②さしむかひたる程は、うち**すかし**て思はぬことをも言ひ頼むるこそはづかしきわざなれ。（枕草子）

訳（男が女と）向かい合っている時は、（女を）おだてて思ってもいないことをも言い、自分をあてにさせるのが、（女にとっては）恥ずかしいことである。

「透《す》かす」（＝間をあける、少なくする）と間違えないように気をつけましょう。

答〔なだめ〕

□□□ 282

# そばむ ［動・マ四／下二］《側む》

①横を向く。

②（軽蔑して目や顔を）そむける。

❖横を向く意味を表します。**横、側面の意の「側《そば》」からできた動詞**です。「側」からのイメージで覚えて、あとは、体を横にやるか、顔を横に向けるかを考えて訳につなげましょう。

問 必修！

①恥ぢしらひて、遠く**側み**てゐたれば、（今昔物語集）

訳 恥ずかしがって、遠く〔　　　〕て座っていると、

②上達部《かんだちめ》、上人《うへびと》なども、あいなく目を**そばめ**つつ、（源氏物語）

訳 身分の高い貴族たちも、つまらないことだと目を何度もそむけて、

恋人が訪れたのに、女が「そばむ」とあるときは、女は恋人に涙を隠していることが多いのです。

答〔横を向い〕

□□□ 283

## ねぶ 〔動・バ上二〕

①大人になる。

関 およすく〔動・カ下二〕

①成長する。大人びる。

❖「ねぶ」も「およすく」も、**成長して大人になること**を表します。現代語では馴染《なじ》みのない単語ですね。昔は早く大人になり、老成することが良いとされていましたが、現代はどちらかというと、童顔だったり、若く見られたりする方が良いと思っている人が多いからかも知れません。

問 必修！

①御年のほどよりはるかに**ねび**させ給ひて、（平家物語）

訳 （安徳天皇は）御自身の年齢よりはるかに〔　　〕いらっしゃって、

「ねぶ」は、共通テストで出題された「ねびととのふ」（＝成人して容姿が整う）や、「ねびまさる」（＝年をとるにつれて立派になる）などの表現でも使われます。

答〔大人になって〕

□□□ 284

## はからふ 〔動・ハ四〕《計らふ》

①思いめぐらす。

②適当に処理する。とりしきる。

❖仕事の進度を表す「はか（果）」を動詞化したものが「はかる」、これに反復や継続を表す接尾語「ふ」が付いたものが「はからふ」だと言われています。**じっくり考えて仕事を進める様子**を表します。

問 必修！

①この度召さんに参らずは、**はからふ**旨ありと仰せらるるは、都の外へ出《いだ》さるるか、（平家物語）

訳 今回（清盛公が）お呼びになるような時に（私が）参上しなかったら、（清盛公が）「〔　　〕ことがある」とおっしゃるのは、都の外に追放されるのか、

②三百貫のものを貧しき身にまうけて、かく**はからひ**ける、（徒然草）

訳 三百貫の銭を貧しい身で手に入れて、このように**適当に処理し**たことは、

「計略」「計画」といった熟語と一緒に覚えておくとよいです。現代語でも、「うまく取り計らう」という表現で②の意味で用いますね。入試でも「処理する」の意がよく出題されます。

答〔思いめぐらす〕

□□□
285

## まねぶ ［動・バ四］《学ぶ》

①**まねをする。**
②（見たり聞いたりしたことを）そのまま伝える。
③**修得する。**勉強する。

❖「まね（真似）」（＝形を似せること）が動詞化した単語です。

①この文字数くばり聞きよしとて、今に**まねべ**り。（冷泉家和歌秘々口伝）

訳 この（三十一という）文字数と（五七五七七の）配置が快く聞こえるということで、今まで**まねをし**てきている。

②かの御車の所争ひ、**まねび**聞こゆる人ありければ、（源氏物語）

訳 あの御牛車の場所取り争いのことを、（光源氏に）**そのまま伝え**申し上げる人がいたので、

問 必修！
③はかばかしきことは、かたはしも**まねび**知り侍らねば、（徒然草）

訳 本格的な学問は、少しも〔　　〕理解してはいませんので、

「学ぶ（まなぶ）」も同じ意味で用いられます。共通テストでは②の意味が出題されました。

答〔修得し〕

□□□
286
## もてなす
〔動・サ四〕《もて成す》

①扱う。世話をする。
②振る舞う。

❖何かに対して積極的に働きかける意です。現代語の「客をもてなす」の意味は、中世（鎌倉時代）以降に使われるようになりました。

問 必修！
①あながちに、御前去らず、**もてなさせ**給ひし程に、（源氏物語）

訳（桐壺帝は更衣を）ひたむきに、御前から離さないように、〔　　〕なさった時に、

②涙もつつみあへず出づれど、つれなく**もてなし**て、（落窪物語）

訳 涙も隠すことができず出るが、さりげなく**振る舞っ**て、

「もてなす」といっても「優遇する」の意で、「饗応《きょうおう》する」の意で使われるようになるのは、後代になります。入試では、「扱う」「振る舞う」の意で出題されることが多いです。

答〔扱い〕

□□□
287
## やすらふ
〔動・ハ四〕《休らふ》

①立ち止まる。
②ためらう。

❖**思考や行動が停止しているありさま**を表しています。

①過ぎがてに**やすらひ**給ふ、折しも、ほととぎす鳴きて渡る。（源氏物語）

訳（そのまま）通り過ぎることができずに（光源氏が）**立ち止まり**なさる、ちょうどその時に、ほととぎすが鳴いて飛んでいく。

問 必修！
②「上達部の車ども多くて、ものさはがしげなるわたりかな」と**やすらひ**給ふに、（源氏物語）

訳「身分の高い貴族たちの牛車などが多くて、なんとなく騒がしそうな辺りだなあ」と（光源氏が）〔　　〕なさると、

試験では、②の意味の方が要注意ですね。

答〔ためらい〕

□□□
288

## よそふ ［動・ハ下二］《寄そふ・比ふ》

① 比べる。なぞらえる。

② かこつける。関係があるように言う。

❖他のものと関係づけることを意味する語です。「寄す」に継続の意味の接尾語「ふ」が付いたとも、「寄し添ふ」からできた語とも言われます。

問 必修！

① 花・鳥の色にも音《ね》にも、**よそふ**べき方ぞなき。（源氏物語）

訳（桐壺更衣の美しさは）花の色や鳥の声にも、〔　　〕ことができない。

② 思ふどちひとりひとりが恋ひ死なば誰に**よそへ**て藤衣着む（古今和歌集）

訳（秘して）思い合う二人のどちらか一人が恋い死んだら、（残された者は）誰に**かこつけ**て喪服を着るのだろうか。

「身づくろいする」「準備する」「支度する」の意の「よそふ（装ふ・ハ行四段）」と間違えないように気をつけましょう。

答〔比べる〕

## ◆《形容詞》好評価に用いる語

□□□
**289**

### いまめかし 〔形・シク活用〕《今めかし》

①当世風である。現代的である。

②わざとらしく改まった感じだ。

❖**現代風であることを表す**言葉です。平安時代前後は主に①の意味で使われ、しかも、華やかで陽気、あるいは、少し軽い感じでも用いられました。

問 必修！

①**いまめかしくきららかならねど、木立ものふりて、**（徒然草）

訳〔　　　〕なくきらびやかでもないが、木立がなんとなく年月を感じさせて、

②**いまめかしき申し事にて候へども、**（平家物語）

訳 **わざとらしく改まった感じ**の言い分ではございますが、

入試では、①の意味で出題されることが多いです。「今めかし」というように漢字で覚えておきましょう。

答〔当世風で〕

□□□
**290**

### おとなし 〔形・シク活用〕《大人し》

①大人びている。大人っぽい。

②（年配で）思慮分別がある。

❖成人の意の名詞「大人」が形容詞化した語です。原義は、「**成熟して大人びている**」です。

問 必修！

①**年のほどよりはいとおとなしく、**（紫式部日記）

訳 年齢よりはずっと〔　　　〕て、

対163 いはけなし

②いと**おとなしう**、よろづを思ひしづめ、（源氏物語）

訳 とても**思慮分別があり**、何事につけても落ち着いていて、

対義語は「いはけなし（稚けなし）」。「おとなし」は「大人」と呼べる状態にあることを表していますから、現代語の「おとなしい」とは意味が違います。

答〔大人びてい〕

□□□
291

## おもしろし［形・ク活用］《面白し》

①楽しい。興味がわく。

②**風流だ。**すばらしい。

❖「おも（面）＋しろ（白・著）し」が語源であると言われ、「目の前が明るくなって、人々の顔がはっきりとわかる」状態を表すと考えられています。そこから、**心が晴れやかになるような感動**を示すようになりました。

①**年の内の節会《せち》《ゑ》どもの**おもしろく**興あるを、**（源氏物語）

訳 一年のうちの数々の節会の**楽しく**興味のあるようすを、

問 必修！

②**月のいといみじう**おもしろき**に、**（大和物語）

訳 月がたいそうすばらしくて〔　　　〕ときに、

基本的に、「おもしろし」には、「楽しさ」が入っています。平安時代後半には、「おもしろし」は、遊びや歌舞音曲に対して用いられるようになっていきました。

答〔風流な〕

□□□
292

## らうらうじ 〔形・シク活用〕《労労じ》

①**気が利いている。洗練されている。**

②気品があって美しい。

関 168 らうたし

❖「労《らう》」は、経験を積んで教養が身についているさまを表します。「労」「労」と二度繰り返して強調するので、**教養によって非常に洗練された様子**、ということですね。

問 必修！

①**らうらうじく**美しげに書き給へり。（源氏物語）

訳〔　　〕かわいらしい感じに書いていらっしゃる。

②顔もいと**らうらうじく**、もてなしなどらうたげになよびかなり。（紫式部日記）

訳 顔もたいそう**気品があって美しく**、態度なども愛らしくて優美だ。

同じ「労」からできた語でも、「労《らう》たし」の場合は、「労」＝「いたわる」で、いたわりたくなるほど可憐な様子に用います。結果、「らうたし」はかわいい、「らうらうじ」は洗練されていて美しいという、かけ離れたように感じられる表現になったのですね。

答〔洗練されていて〕

## ◆《形容詞》悪いときもあるから注意したい語

□□□
293

### さかし［形・シク活用］《賢し》

①賢明だ。賢い。
②気が利いている。巧みだ。
③利口ぶっている。出すぎている。こざかしい。

関 さかしら［名］《賢しら》
①利口ぶること。

関 こざかし［形・シク活用］《小賢し》
①利口ぶっている。

❖「さかし」の「さか」は、「栄《さか》ゆ」「盛《さか》る」などと同じで、原義は「栄えてめでたい様子」です。基本的には、良い意味で用いられますが、③のような悪い意味で用いられることもあります。

①国の守《かみ》、眼**さかしく**して、「この主《ぬし》は不実の者、この男は正直の者」と見ながら、なほ不審なりければ、（沙石集）

訳 国守は、ものの見方が賢明で、「この主人は不実の者、この男は正直者」と判断しながら、やはり不審だったので、

②こと人々のもありけれど、**さかしき**もなかるべし。（土佐日記）

訳 ほかの人々の（和歌）もあったけれども、気が利いている和歌はないだろう。

問 必修！
③せめて申させ給へば、**さかしう**、やがて末《すゑ》まではあらねども、（枕草子）

訳（村上天皇が強いて答えよと）申し上げなさると、（女御は）〔　〕、そのまま歌の下の句まで口にしたりはしないのだが、

試験では、どちらの意味でも出題されますから、良い意味で用いられているのか、悪い意味で用いられているのか、判断しながら読み進めましょう。

答〔利口ぶって〕

□□□ 294

## すごし 〔形・ク活用〕

① もの寂しい。殺風景だ。
② 冷ややかだ。
③ ぞっとするほどすばらしい。

❖ 寒さ、気味の悪さ、寂しさなどに対し、**思わず息をのむような気持ち**にさせられるときに用います。基本的には悪い意味で用いられますが、良い意味のときもあります。

問 必修！

①日の入りぎはの、いと**すごく**きりわたりたるに、（更級日記）

訳 （ちょうど）日没の頃で、たいそう〔　　〕、霧が一面にたちこめている頃に、

②言はむ方なく**すごき**言の葉、あはれなる歌を詠み置き、（源氏物語）

訳 言いようのないほど冷ややかな言葉や、しみじみと胸の痛む和歌を詠んであとに残し置き、

③おどろおどろしからぬも、なまめかしく、**すごう**おもしろく、（源氏物語）

訳 （太鼓が入らず）仰々しくない音楽も、優雅で、ぞっとするほどすばらしく風情があり、

現代語の「すごい」は、③の「ぞっとするほどすばらしい」の意味で用いられます。一方、古語では、③のような良い意味とともに、①②のような悪い意味でも用いられています。試験では、①「もの寂しい、殺風景だ」の意味が出題されます。

答 〔もの寂しく〕

## ◆《形容詞》批判や非難など、良く思われないことを表す語

□□□ 295

## おほけなし 〔形・ク活用〕

① 身の程知らずだ。

❖「大《おほ》気《け》甚《いた》し」から生まれたとも言われ、原義は、**身分不相応で、大胆不敵な状態**を表します。

問 必修！

①なほいとわが心ながらも**おほけなく**、いかで立ち出でしにかと、（枕草子）

②おそれ多い。

訳 やはりたいそう自分の心ながらも〔　　〕、どうして（宮仕えに）出てきてしまったのだろうかと、

②あるまじく、**おほけなき**心などはさらにものし給はず。（源氏物語）

訳 （夕霧は）あってはならない、おそれ多い心などはまったくお持ちにならない。

身分の高さがすべてに優先する古文の世界は、身分が高い人は、教養も高く、容姿端麗なだけでなく、性格や声までも良いとされていました。身分にふさわしくない様子を表す「おほけなし」は、「思い上がりも甚だしい」という批判的な表現です。

答〔身の程知らずで〕

□□□ 296

## こちたし ［形・ク活用］

①仰々《ぎょうぎょう》しい。

②煩雑だ。（数量が）多い。

関 225 おどろおどろし

関 ことごとし（⇩p.229）

❖「言《こと》痛し（甚し）」「事痛し（甚し）」からできました。「**言葉が多くて煩わしい**」とか「**事が煩わしいほど多い**」の意味で用いられます。

問 必修！

①鶴は、いと**こちたき**さまなれど、鳴く声雲居まで聞こゆる、いとめでたし。（枕草子）

訳 鶴は、たいそう〔　　〕様子であるが、鳴く声が雲の彼方まで聞こえるのは、たいそうすばらしい。

②車かきおろして、**こちたく**とかくする程に、（蜻蛉日記）

訳 車を止めて、煩雑に（作業の）あれこれをするうちに、

②は、「数が多くて面倒だ」という気持ちを表します。そこから「度を越して数が多い」ということを表す場合もあります。

答〔仰々しい〕

□□□
297

## さがなし

〔形・ク活用〕

①意地が悪い。
②いたずらで手に負えない。
③口うるさい。口が悪い。

❖「さが」という語自体に、「**険しく恐ろしい性質**」の意があり、それに「なし」が付いて形容詞化しました。「なし」は状態を表す接尾語です。

問 必修！

①**さがなき継母に憎まれむよりは、これはいとやすし。**（源氏物語）

訳〔　　〕継母に憎まれるようなことよりは、これ（＝実母がいること）はたいそう気が楽だ。

②**さがなき童どものつかまつりける、奇怪に候ふことなり。**（徒然草）

訳 いたずらで手に負えない子どもたちがいたしたことで、おかしなことでございます。

③**着給へる物どもをさへ言ひ立つるも、物言ひさがなきやうなれど、**（源氏物語）

訳 着ていらっしゃる衣装のことまでもとりたてて言うのも、ものの言い方が口うるさいようであるが、

「手に負えないほどの」悪さに用いられることを覚えておきましょう。

答〔意地が悪い〕

□□□
298

## ずちなし

〔形・ク活用〕
《術無し》

❖「術《すべ》無し」の「術」を音読みしたものが、「ずちなし」です。「術《すべ》」（＝手段、方法）が無い状態を表します。

①**どうしようもない。**つらい。

問 必修！

①いとこは**ずちなき**世かなと立てるもをかし。（枕草子）

訳 たいそうこれは〔　　〕（ほどひどい）世の中だなあと言って立っているのもおもしろい。

お手上げの状態を表す形容詞として覚えておきましょう。

答〔どうしようもない〕

□□□
299

## たいだいし［形・シク活用］

①**不都合だ。もってのほかだ。面倒だ。**

❖道が悪くて進みにくいことを表す「たぎたぎし」から変化したもので、**ものごとがうまく進まず、不都合な様子**を表します。そこから、進まないことに対して、「**面倒である」と非難し嘆く**言葉にもなりました。

問 必修！

①**たいだいし**とおぼしたるなりけり。（大和物語）

訳（天皇は私のことを）〔　　〕とお思いになっているのであるなあ。

「たいだいし」の語源は、手抜きでいい加減な様子を表す「怠怠し」「退退し」という説もあります。

答〔もってのほかだ〕

□□□
300
## つきなし ［形・ク活用］《付き無し》

① ふさわしくない。不似合いだ。

対 215 つきづきし

❖動詞「付く」の連用形に「無し」が付いてできた語です。**気持ちや状態がくっつかないありさま**を表します。

問 必修！ ① 親君と申すとも、かく**つきなき**ことを仰せ給ふこと。（竹取物語）

訳 親のような主君と申し上げても、このように（主君に）〔　　〕ことをおっしゃることだなあ。

「つきづきし」と対義語です。「しっくりこない」「ぴったり合わない」と覚えましょう。

答〔ふさわしくない〕

□□□
301
## ところせし ［形・ク活用］《所狭し》
## ところせきなし ［形・ク活用］《所狭きなし》

① 窮屈だ。気詰まりだ。
② 重々しい。堂々としている。
③ 大げさだ。仰々しい。

❖**物理的にも精神的にも、所が狭いという感覚を表す語**ですから、本当に場所が狭くて窮屈なときにも、また、窮屈に感じられるほど堂々としているときにも、さらに、気持ちの上で窮屈なときにも用いられます。

問 必修！ ① かかる有り様もならひ給はず、**ところせき**御身にて、めづらしうおぼされけり。（源氏物語）

訳 このような（山歩きの）状態にも慣れていらっしゃらず、〔　　〕ご身分で、新鮮だとお思いにならずにはいられなかった。

② いとものものしく、きよげに、よそほしげに、下襲《したがさね》の尻長く引き、**所せく**てさぶらひたまふ。（枕草子）

関 ところせがる［動・ラ四］《所狭がる》

①窮屈に思う。

訳（藤原伊周《これちか》は）大変重々しく、美しく、威儀を正した様子で、下襲の裾を長く引き、**堂々として**お仕え申し上げていらっしゃる。

③**ところせき**御調度、**はなやかなる御装ひなど、さらに具し給はず、**（源氏物語）

訳 **仰々しい**御調度や、はなやかな御衣装などは、まったく身にお着けにならないで、

古文の世界では身分の高さがすべてに関わることをおさえておくと、①の例文のような、身分が高くて自由に振る舞えない窮屈さを読み取れますね。動詞「ところせがる」なども応用できるようにしておきましょう。

答〔**窮屈な**〕

□□□ 302

## らうがはし［形・シク活用］《乱がはし》

①**騒々しい。**やかましい。

②乱雑だ。ごたごたしている。

関 みだりがはし［形・シク活用］《乱りがはし》

①乱雑だ。

②不作法だ。

対 165 うるはし

❖「乱《らん》」が「らう」と転じたものに、接尾語「がはし」が付いて形容詞となりました。同じ意味の語に「乱《みだ》りがはし」があります。

問 必修！

①**みな同じく笑ひののしる、いと**__**らうがはし**__**。**（徒然草）

訳 みな同様に笑って大声でさわぐのは、とても〔　　〕。

②__**らうがはしき**__**大路《おほち》に立ちおはしまして、**（源氏物語）

訳 **乱雑な**大通りに立っていらっしゃって、

散らかっていて、乱れている状態を表す語と覚えましょう。

答〔**騒々しい**〕

□□□
**303**

## をこがまし
〔形・シク活用〕《痴がまし》

①**ばかげている。みっともない。**

関 **をこ**〔名〕
①愚かなこと。

関 **をこなり**〔形動・ナリ活用〕
①愚かである。

関 **しれがまし**〔形・シク活用〕《痴れがまし》
①ばかげている。

対157 **かしこし**

❖「をこ」に接尾語「がまし」が付いた語です。**いかにも愚かに見え、笑いものになりそうな様子**を表します。

問 必修！
①世俗の虚言《そらごと》をねんごろに信じたるも、**をこがましく**、（徒然草）
訳 世俗のうそ話を熱心に信じているのも、（　　　）、

「をこ」に「尾籠」という漢字を当て、「びろう」と読むのは、直接「をこ」と言わずに暗に相手を非難する用法です。遠回しに馬鹿にしているのですね。
（例）重盛が子どもとて候《さぶら》はんずるものの、殿下の御出に参りあひて、乗物より下り候はぬこそ尾籠《びろう》に候へ。（平家物語）
訳 重盛の子ともあろう者が、摂政殿のおでましに出会い申し上げて、下馬しませんことが、愚かなのです。

答〔ばかげていて〕

## ◆《形容詞》他の単語と間違えそうな語

□□□
**304**

## おぼし
〔形・シク活用〕《思し・覚し》

①**思われる。**
②～したいと思う。

❖動詞「思ふ」が形容詞化した「おもほし」という語が短縮して「おぼし」となりました。原義は、**心の中で願っているさま**を表します。

問 必修！
①その中に王と**おぼしき**人、家に「みやつこまろ、まうで来」と言ふに、（竹取物語）

訳 その中で、王と【　　】人が、（竹取の翁の）家に向かって、「みやつこまろ（＝竹取の翁の名）、出て参れ」と言うと、

② **おぼしきこと言はぬは腹ふくるるわざなれば、**（徒然草）

訳 言いたいと思うことを言わないのは、不満がたまることなので、

尊敬語の「思《おぼ》す（⇩096）」の連用形「おぼし」と間違えやすいので、気をつけましょう。

答〔思われる〕

□□□
305

## まだし 〔形・シク活用〕《未だし》

① まだその時期になっていない。時期尚早だ。

② 未熟である。まだ整わない。不十分である。

◆副詞「まだ」の形容詞形です。時間的なものにも、内容の熟成度にも用います。

問 必修！

① **紅葉もまだし、花もみな失せにたり。**（蜻蛉日記）

訳 紅葉も【　　】し、桜はすっかり散ってしまった。

② **琴・笛など習ふ、またさこそはまだしきほどは、これがやうにいつしかとおぼゆらめ。**（枕草子）

訳 琴・笛などを習うとき、またそのように未熟な間は、この人のように早く（上手になりたい）と感じていることだろう。

「まだ」で切ってしまわないようにしましょう。「まだき（⇩241）」の形で、「早くも」の意で用いられることにも注意しましょう。

答〔まだその時期になっていない〕

□□□
306

## ゆくりなし 〔形・ク活用〕

①思いがけない。突然だ。

関 **ゆくりかなり**〔形動・ナリ活用〕
①突然だ。

❖「ゆくり」は、「関係」や「きっかけ」の意で用いられる「ゆかり（縁）」と同源と考えられています。「ゆくりなし」は、何のきっかけもない、つまり、**突然で思いがけないさま**を表します。

問 必修！
①いさよふ月に、**ゆくりなく**あくがれむことを、女は思ひやすらひ、（源氏物語）

訳 （沈むのを）ためらいがちな月のもと、〔　　　〕どこへともなく出歩くようなことを、女はためらい、

同じく、思いがけないさまや突然のさまを表す語として、「ゆくりかなり」という形容動詞もあります。ゆったりしているさまを表す「ゆくらかなり」と混同しないように気をつけましょう。

答〔思いがけず〕

## 睦月 練習問題

問題 傍線部の現代語訳として適切なものを選べ。

□276 せめておはする所を、峰とも山とも**聞きあきらめん**。（雲隠六帖・センター）

① 聞いたうえで断念したい
② 申し上げてほっとしたい
③ 聞いてはっきりさせたい
④ きっぱりと申し上げたい
⑤ 聞き飽きるほど聞きたい

解答 《現代語訳》

276 ③
訳 せめていらっしゃるところを、峰とも山とも聞いてはっきりさせたい。

□277
「かくおそろしき物に領ぜられたりける所に参りける、あやまちなり」と**かこちければ**、しうと、「いとほし」と思ひて、（宇治拾遺物語・学習院大）

① 恨み言を言ったところ　② 落ち込んでいたところ
③ 後悔していたところ　④ 責めたところ

□278
（院が）「ありとある上達部《かんだちめ》、親王《みこ》たち、四位五位、これに物脱ぎてとらせざらむ者は座より立ちね」とのたまひければ、片端《かたはし》より、**上下《かみしも》みなかづけたれば**、かづきあまりて、ふた間ばかり積みてぞ置きたりける。（大和物語・國學院大）

① もし上着も下着も全部与えたら
② もし着物も袴も全員が預けたら
③ もし身分の上下に関係なく全員が片づけたら
④ 着物の上から下まで全部脱がせたので
⑤ 地位の高い者も低い者も全員が授けたので

□279
（私が）かくのみ**思ひくんじたる**を、心も慰めむと、（母は）心ぐるしがりて、（更級日記・尾道市立大）

① 気がめいっている　② あこがれている
③ 心にきめたところ　④ 教えさとしたところ

□280
太皇太后宮の幼くおはしますを見たてまつらせたまひて、いみじう**しほたれおはしましけり**。（大鏡・九州産業大）

① お喜びになった　② お詠みになった　③ お悲しみになった
④ お怒りになった　⑤ お急ぎになった

---

訳 277 ①
（婿が）「このように恐ろしいものに領有されている所に参上したのは、過ちである」と恨み言を言ったところ、舅は、「気の毒だ」と思って、

訳 278 ⑤
（院が）「ここにいる上達部、親王たち、四位五位で、この者に物を脱いでほうびを与えないような者はこの座を立ってしまえ」とおっしゃったので、（人々は）片端から、地位の高い者も低い者も全員が授けたので、ほうびが余って、二間くらい積んで置いてあった。

訳 279 ①
（私が）このように気がめいっているので、心を慰めようと、（母は）気の毒がって、

訳 280 ③
太皇太后宮が幼くていらっしゃるのを拝見なさって、たいそうお悲しみになった。

□ **281**

正清《まさきよ》、「さ候はば、御対面候ひて、**すかしまゐらせ給《たま》へ**」と申しければ、（保元物語・センター）

① 御簾《みす》越しにご覧なさいませ　② お気持ちをなだめ申し上げなさいませ
③ 急いで参上なさいませ　④ 好きにお話し申し上げなさいませ
⑤ 催促しにお行きなさいませ

□ **282**

（宮が）「さまざまなる筆どもかな。誰々《たれたれ》ならん」など、ことなしびに問はせ給へど、（姫君は）**うちそばみおはする**を、（兵部卿物語・センター）

① ただ寝たふりをしていらっしゃる　② ちょっと横を向いていらっしゃる
③ 近くの人と雑談していらっしゃる　④ 内心不愉快な思いでいらっしゃる
⑤ 何かに気を取られていらっしゃる

□ **283**

ありし佳遊《かゆう》の姿にも似ず、よにけだかくも、**ねびたるものかな**。（西行物語・大妻女子大）

① ねじけたものだなあ　② 成長したものだなあ
③ やせてしまったものだなあ　④ 涙もろいものだなあ
⑤ ひねくれたものだなあ

□ **284**

かつ跡の弔《とぶら》ひのことまで**ねんごろにはからひて**、そののち都へのぼりける。（狗張子・センター）

① じっくりと計画を立てて　② こと細かに命じて　③ 熱心に相談して
④ 心を込めて処置して　⑤ 仰々しく世話をして

□ **285**

乳母子の大徳、それが叔父の阿闍梨、もとより知りたる老法師など、御忌みに籠るべきかぎりして、**人の亡くなりたるけはひにまねびて**、出だし立つるを、（源氏物語・立命館大）

① 通常の野辺送りを参考にした仕方で　② 形だけの葬礼をするように決めて
③ 遺骸を諸道具の中に隠す格好にして　④ 人が亡くなっている状態に装って
⑤ 人が失踪した時の慣例にならう形で

---

訳 **281** ②
正清が、「そういうことでございますならば、ご対面なさいまして、**お気持ちをなだめ申し上げなさいませ**」と申し上げたので、

訳 **282** ②
（宮が）「いろいろな筆跡があるなあ。誰と誰が書いたのだろうか」などと、何気ない様子でお尋ねになるけれども、（姫君は）**ちょっと横を向いていらっしゃる**ので、

訳 **283** ②
以前遊んだときの姿と異なり、本当に気高く、**成長したものだなあ**。

訳 **284** ④
また後の弔いのことまで、**心を込めて処置して**、その後に都へと上ったのだった。

訳 **285** ④
乳母子の大徳、その叔父の阿闍梨、古くから知り合いの老法師など、御忌みに籠るはずの人全てを集めて、**人が亡くなっている状態に装って**、送り出したので、

□ **286** 御製のよしをば言はで、何となき人の詠のやうに**もてなして**、定家朝臣のもとへ点を乞ひに遣りたりければ、（古今著聞集・駒澤大）

① ごちそうして　② 送り届けて　③ 取り扱って
④ 意地悪して　⑤ 驚きあきれて

□ **287** **やすらはで寝なましものを**（眠らないで物思いをして、過ごしたので）小夜ふけてかたぶくまでの月を見しかな（後拾遺和歌集・早稲田大）

① ためらわずに寝てしまえばよかったのに
② もし、ゆっくりと二人で寝られたならば
③ ぐっすりと寝ることもできなかったのに
④ 心配しないで寝ることができるのならば

□ **288** 世とともに恋ひわたる人の形見にも、**思ひよそへつべからむ人をだに見出でてしがな**と、つれづれも心細きままに思ひ嘆きけるを、（源氏物語・聖心女子大）

① ぜひその人への思いに引き比べられそうな人なりと見つけ出したい
② 無理にでもその人に似ているはずの人に探し出してもらいたい
③ 何とかほかから愛情を移せそうな人を探し出したいものだ
④ 少なくとも熱い思いにことよせられそうな人に出会いたいものだ
⑤ せめてその人になぞらえられるような人でも見つけ出したい

□ **289** 髪のうつくしげにそがれたる末も、なかなか長きよりもこよなう**いまめかしきものかな**とあはれに見たまふ。（源氏物語・近畿大）

① いかにも流行を追いかけているなあ　② 当世ふうに見えることよ
③ 時節には関係なく洒落ていることよ　④ 時節に合っていて素晴らしいなあ

---

訳 **286** ③
（院の）御製であるということを言わないで、誰かわからない人が詠んだ歌のように**取り扱って**、定家朝臣のところに評価をしてくれるように送ったところ、

訳 **287** ①
**ためらわずに寝てしまえばよかったのに**。（眠らないで物思いをして、過ごしたので）夜が更けて西の空に傾く月を見てしまったことだよ。

訳 **288** ⑤
ずっと恋い慕い続けるあの人の形見として、**せめてその人になぞらえられるような人でも見つけ出したい**と、することがなくて心細い思いで嘆いていたところ、

訳 **289** ②
髪が美しい様子に切りそろえてある先端も、かえって長いよりもこの上なく**当世ふうに見えることよ**としみじみとご覧になる。

□ 290 やがてそれより天王寺へ参り、寺々をたづぬるに、亀井のあたりに、**おとなしき**尼一人、女房二三人ある中に、いと若き尼の、ことにたどたどしげなるがあり。（今物語・青山学院大）

① 内気な　② 上品な　③ 年かさの
④ 徳の高い　⑤ もの静かな

□ 291 その院、昔を思ひやりてみれば、**おもしろかりける所**なり。後方なる岡には、松の木どもあり。中の庭には、梅の花咲けり。（土佐日記・京都外国語大）

① 有名だった場所　② 風流だった場所
③ 狩を楽しめた場所　④ 歴史的な由来のあった場所

□ 292 折節につけつつ**らうらうじく**、ありがたかりし人の御心ばへなりかし。（源氏物語）

① 無作法で　② 気難しくて
③ 気が利いていて　④ 苦労していて

□ 293 中宮は参りたまひなむとするを、いましばしは御覧ぜよとも聞こえまほしう思せども、**さかしきやうにもあり**、内裏《うち》の御使の隙《ひま》なきもわづらはしければ、さも聞こえたまはぬに、（源氏物語・上智大）

① 光源氏にそのようなお願いをするのも、なんだか気のひけるように思われるし、
② 中宮にそのようなことを申し上げるのも、出すぎたことのように思われるし、
③ 紫の上にそのようなことを期待するのも、どうも無理なように思われるし、
④ 周囲の人にそのようにさしずするのも、病人として気のすすまぬことであるし、

---

訳 290 ③
そのままそこから天王寺に参詣して、いろいろな寺を訪ねたところ、亀井のあたりで、**年かさの**尼一人、女房が二、三人いる中で、たいそう若い尼で、特別に不慣れな様子をしている尼がいる。

訳 291 ②
その院は、昔を思いやってみると、**風流だった場所**である。後方にある岡には、松の木などがある。中の庭には、梅の花が咲いている。

訳 292 ③
その時々に応じて、**気が利いていて**、めったにないほどすばらしい人（＝亡き紫の上）の御性質であるよ。

訳 293 ②
中宮は参内なさってしまおうとするので、もうしばらく（私の様子を）御覧になっていてくださいと（紫の上は）申し上げたいとお思いになるけれども、**中宮にそのようなことを申し上げるのも、出すぎたことのように思われるし、**天皇から（帰参を促す）使者が絶え間なく来るのもわずらわしいので、とどまって下さいとは申し上げられないでいらっしゃると、

□ **294** いづちともなく荻薄《おぎすすき》生ひ茂りたる野原の、まことに**心すごき所に**、うす絹のすそ、露にうちしほれたる女房ただひとり立ち給へり。（日光山縁起・センター）

① ぞっとするくらい美しい所に　② 我慢ができないほど寒い所に
③ 影も分からないほど暗い所に　④ 人けがなくものさびしい所に
⑤ 考えられないくらい広い所に

□ **295** あるは、遠つ国には、**おほけなき**事の乱れ出で来などして、（松蔭日記・早稲田大）

① 危なげない　② おおげさに大きい
③ 驚くほどの　④ 身の程をわきまえぬ

□ **296** 十九日に、例の、参らんと思ふに、雪、夜よりも高く積もりて**こちたく降る**。（讃岐典侍日記・青山学院大）

① 心地よいほど降る　② はなはだしく降る
③ こちらへ向かって降る　④ いつまでもいつまでも降る
⑤ 身体に当たって痛くなるほど降る

□ **297** また姫君は、今よりいと**さがなくて**、をさをさうちにもものしたまはず、外にのみつとおはして、若き男ども、童などと、鞠、小弓などをのみもて遊びたまふ。（とりかへばや・神戸学院大）

① 無作法で　② 意地悪で　③ 下品で
④ やんちゃで　⑤ 口やかましくて

---

訳 **294** ④
どことは分からないが荻や薄が生い茂った野原の、本当に**人けがなくものさびしい所に**、薄衣の裾が、露で濡れた女房がただ一人でお立ちになっていた。

訳 **295** ④
あるいは、地方では、**身の程をわきまえぬ**反逆事件などが起こって、

訳 **296** ②
十九日に、いつものように、参内しようと思うが、雪が、夜よりも高く積もって**はなはだしく降る**。

訳 **297** ④
また姫君は、今よりもたいそう**やんちゃで**、ほとんど（部屋の）中にもいらっしゃらず、外にばかりずっといらっしゃって、若い男や童などと、毬や小弓などでばかり遊んでいらっしゃる。

※「いたずらで手に負えないこと」を「やんちゃ」と言っています。

□ 298 翁がいふやう、「ただ、目鼻をば召すともこの瘤《こぶ》は許し給ひ候はむ。年ごろ持ちて候ふ物を故なく召され候はば、**ずちなきこと**に候ひなむ」と言へば、
（宇治拾遺物語・東洋大・改）

① どうしようもないこと ② やり方がまともでないこと
③ どうなってもよいこと ④ つまらないこと

□ 299 思ひたちて、心を起こしたまふほどは強く思せど、年月経れば、女の御身といふもの、いと**たいだいしきもの**になん。
（源氏物語・関西学院大）

① 怠慢なもの ② 忌まわしいもの ③ 大胆なもの
④ その場限りなもの ⑤ やっかいなもの

□ 300 この方（＝音楽の方面）の**つきなき**殿上人《てんじやうびと》などは、ねぶたげに、うちあくびつつ、
（堤中納言物語）

① ついていない ② 似つかわしくない
③ ふさわしい ④ 従わない

□ 301 かくおはしませば、かたじけなく**所せく**思ひたまふるなり。
（今昔物語集・中央大）

① 憂鬱に ② 恐ろしく ③ かたくなに ④ 窮屈に

□ 302 （雷のために）上下となく（人々が逃げ込み）立ちこみて、いと**らうがはしく**、泣きとよむ声、雷にも劣らず。
（源氏物語・名城大）

① 騒々しく ② うら悲しく ③ 不安げで
④ 生きた心地もなく ⑤ もがき苦しんで

---

訳 298 ① 翁が言うことには、「ただ、目鼻をお取りになっても、このこぶはお許しなさってください。長年持っていますものを理由もなく取られましたならば、きっと**どうしようもないこと**（＝つらいこと）でございましょう」と言うと、

訳 299 ⑤ 思い立って、出家を決心したときは強くお思いになるけれども、年月を経ると、女の御身というものは、たいそう**やっかいなもの**でございます。

訳 300 ② 音楽の方面に**似つかわしくない**殿上人などは、眠たそうに、あくびを繰り返し、

訳 301 ④ （あなたが）このようにいらっしゃるので、（私は）畏れ多く**窮屈に**思っております。

訳 302 ① （雷のために）身分の上下の区別なく（人々が逃げ込み）混み合って、たいそう**騒々しく**、泣き叫ぶ声は、雷にも劣らない。

□ **303** 人の親の身として、かやうの事を申せば、極めて**をこがましけれども**、御辺《ごへん》は人の子どもの中には、すぐれて見え給ふ也。（平家物語・中央大）

① 身の程をわきまえていないが
② 場にふさわしくはないと思うが
③ 失礼なことだと思うが
④ 愚かしくみえるだろうが

□ **304** 暁に及びて夢に見るやう、天人と**おぼしき**人、額を持ちて来りて、この額の文字損じたる、直して給へ、とてたぶと見れば、（古今著聞集）

① よく似た　② 思われる　③ 不思議な　④ 多くの

□ **305** こたみは、みな世に許りたる古き道の者どもなり。宮内は**まだしかるべけれども**、けしうはあらずとみゆればなむ。（増鏡・南山大）

① 身分は低いけれども
② 若くて未熟だろうけれども
③ 和歌の家の者ではないけれども
④ 他の者の非難を受けるだろうけれども

□ **306** たまたま道かひに、この牛のさまを見て、**ゆくりなく**さとりたるは、いかにぞや。（玉勝間・早稲田大）

① にわかに　② 満足して　③ 心配げに
④ ぬかりなく　⑤ なんとなく

訳 **303** ④
他人の親の身の立場で、このような事を申し上げると、非常に愚かしくみえるだろうが、あなたは人の子どもの中では、すぐれてお見えになるのである。

訳 **304** ②
明け方になって夢に見たことは、天人と思われる人が、額を持ってきて、この額の文字が損なわれたのを、直してください、とおっしゃってお与えになると見ると、

訳 **305** ②
今回（の歌合せ）は、みな世に認められている老練な(歌の)道の者たちである。宮内卿は若くて未熟だろうけれども、悪くはないと思われるようなので（参加させるのだ）。

訳 **306** ①
たまたま道の途中で、この牛の様子を見て、（気候の不順を）にわかに悟ったのは、どのようなわけなのでしょうか。

# 如月（きさらぎ）～2月～

## ——まとめて覚えておきたい語（その2）28語——

### ◆世話をする。

| | | | |
|---|---|---|---|
| 307 | あつかふ | ［動・ハ四］ | 《扱ふ》 |
| 308 | いつく | ［動・カ四］ | 《斎く》 |
| 309 | うしろみる | ［動・マ上二］ | 《後ろ見る》 |
| 075 | かしづく | ［動・カ四］ | 《傅く》 |
| 286 | もてなす | ［動・サ四］ | 《もて成す》 |

❖「**世話をする**」**という意味を持つ語**のグループです。「いつく」は「いつ（斎）」の関連語で、本来、「神に仕え祭る」意でしたが、転じて、「**神に対するように大切に扱う**」意となりました。また、「うしろみる」は名詞「後見《うしろみ》」の動詞化したもので、のちに音読みの「こうけん」が広く用いられるようになりました。

307【あつかふ】
①世話をする。
②（「思ひあつかふ」の形で）心配する。思いわずらう。

308【いつく】
①（子どもや娘を）大切に育てる。

---

問 必修！
307 ①まことに親めきて**あつかひ**たまふ。（源氏物語）
訳（光源氏は）本当に親のように（小君を）〔　　〕なさる。

307 ②いよいよ晴れ間なきを、大将は、「いとほし」と、思ひ**扱ひ**聞こえて、（源氏物語）
訳（お気持ちが）ますます晴れる時がないのを、大将は「気の毒だ」と心配し申し上げて、

問 必修！
308 ①帳のうちよりも出ださず、**いつき**養ふ。（竹取物語）
訳 几帳の中からも外に出さないで、〔　　〕養う。

309【うしろみる】
①世話をする。後見する。

075【かしづく】
①大切に育てる。

286【もてなす】
①扱う。世話をする。②振る舞う。

問 必修！

309 ①もの知り顔に教へやうなること言ひ、後ろ見たる、いと憎し。（枕草子）

訳 何でも知っているような顔で教えるようなことを言って、〔　　〕のは、とても憎らしい。

「あつかふ」に強調の接頭語「もて」が付いてできた「もてあつかふ」は、「大切に世話をする」という意味から、やがて、取り扱いに困り、「もてあます」という意味で用いられるようにもなりました。

答 307〔世話をし〕 308〔大切に育て〕 309〔世話をする〕

今月のうた

世の中にたえて桜のなかりせば　春の心はのどけからまし

（『古今和歌集』在原業平）

訳 世の中に全く桜というものが無かったとしたら、桜が散るのが惜しいと悩むこともなく、春を愛でる人の心は、のどかであっただろうに。

＊「…せば〜まし」は反実仮想、つまり現実に反する仮想です。「現実」は、桜があるから人の心は穏やかではいられないということですね。蕾《つぼみ》がふくらむ頃から咲くのを楽しみに待ち、咲けば咲いたであちらこちらへ出向いて鑑賞し、風が吹いても雨が降っても散るのを惜しんでハラハラする。桜は長い間人々の心をとらえてきたのですね。

◆裕福だ。

□□□ 310 **たのもし**〔形・シク活用〕《頼もし》

□□□ 265 **たのし**〔形・シク活用〕

❖どちらも「**裕福だ**」という意味を持つ語です。「たのもし」は、動詞「頼む」からできた語で、**保護される側から見て強い力を持つ相手の様子**を表します。

310【たのもし】
①裕福だ。
②心強い。頼りになる。

265【たのし】
①裕福だ。

問 必修！

310 ①さてまことに**たのもしき**人になりにける。（宇治拾遺物語）

訳（老婆は）そうしてほんとうに〔　　　〕人となったのだった。

310 ②**たのもしき**もの。心地あしきころ、伴僧《ばんそう》あまたして修法《ずほふ》したる。（枕草子）

訳 心強いもの。気分が悪いときに、助手の僧をたくさん連れて祈禱していること。

裕福なので「たのし」いし、人々から「たのもし」く思われるのですね。

答〔裕福な〕

## ◆賢い。

| | | |
|---|---|---|
| □□□ 311 | **うるせし** ［形・ク活用］ | |
| □□□ 312 | **かどかどし** ［形・シク活用］ | 《才才し》 |
| □□□ 293 | **さかし** ［形・シク活用］ | 《賢し》 |

❖**「賢い」という意味を持つ**語のグループです。「**うるせし**」は、**抜け目がなくて、賢い様子**を表します。「**かどかどし**」は、**見るからに才知がある様子**を表します。「かど」に漢字を当てると「才」になります。「かどかどし＝才才し」と覚えておくと理解しやすいですね。

311【うるせし】
①賢い。気が利く。

312【かどかどし】
①才気がある。気が利く。

293【さかし】
①賢明だ。賢い。
②気が利いている。巧みだ。
③利口ぶっている。出すぎている。こざかしい。

問 必修！
311 ①**この童も心得てけり。うるせき奴ぞかし。**（宇治拾遺物語）
訳 この子も気づいたのだなあ。〔　　〕やつだよ。

問 必修！
312 ①**この命婦こそ、ものの心得てかどかどしくははべる人なれ。**（紫式部日記）
訳 この命婦は、事情が分かっていて〔　　〕人でございます。

「うるせし」は「うるさし（⇩320）」とよく似ていますが、意味は全く異なります。「うるさし」は「不愉快だ」、「うるせし」は「賢い、気が利く」と整理して覚えておきましょう。

答
311〔賢い〕 312〔気が利く〕

## ◆優美だ。

| | | | |
|---|---|---|---|
| 313 | **いうなり** ［形動・ナリ活用］ | 《優なり》 | |
| 314 | **えんなり** ［形動・ナリ活用］ | 《艶なり》 | |
| 315 | **なまめかし** ［形・シク活用］ | 《生めかし・艶かし》 | |
| 169 269 | **あてなり** ［形動・ナリ活用］ | 《貴なり》 | **やさし** ［形・シク活用］ |

❖**「優美だ」「優雅だ」という訳を持つ**語のグループです。「いうなり」「えんなり」は、漢語「優」「艶」からできました。**「優なり」が上品で優れている様子**を表すのに対して、**「艶なり」は華やかで洗練された美しさ**を表します。**「なまめかし（生めかし）」**は、「生＋めかし」が語源で、**新鮮で美しい様子**を表します。

313【いうなり】
①優美だ。上品だ。

314【えんなり】
①優美だ。あでやかだ。

315【なまめかし】
①若々しい。清新だ。
②優美だ。上品だ。

関 なまめく ［動・カ四］
①優美に見える。上品に見える。

問 必修！
313 ①かぐや姫のかたち**いうに**おはすなり。（竹取物語）
訳 かぐや姫の容貌は〔　　〕いらっしゃるとかいうことだ。

問 必修！
314 ①何心なき空のけしきも、ただ見る人から**えんに**もすごくも見ゆるなりけり。（源氏物語）
訳 何ということもない空の様子も、ただ見る人によっては〔　　〕もぞっとするほど寂しくも見えるのだなあ。

315 ①**なまめかしく**、人の親《おや》げなくおはしますを、（源氏物語）
訳 （光源氏は）若々しく、人の親らしい様子ではなくていらっしゃるが、

169【あてなり】
①上品だ。優雅だ。
②身分が高い。高貴である。

269【やさし】
①優雅だ。上品だ。
②けなげだ。殊勝だ。感心だ。

問 必修！

315 ② なまめかしきもの。ほそやかに清げなる君達の直衣《なほし》姿。（枕草子）

訳 〔　　　　〕もの。ほっそりして美しい様子の貴族の子弟たちの、直衣（＝普段着）姿。

「優なり」「艶なり」は、いずれも漢語が形容動詞化してできた言葉です。漢語が形容動詞化してできた言葉は、他に「切《せち》なり」「頓《とみ》なり」「無下《むげ》なり」などがあります。まとめて覚えておくとよいでしょう。形容詞「なまめかし」には、動詞形「なまめく」もあります。

答
313〔上品で〕
314〔優美に〕
315〔優美な〕

## ◆病気。

| | | | | |
|---|---|---|---|---|
| □□□ | 316 | **あつし** | 〔形・シク活用〕 | 《篤し》 |
| □□□ | 317 | **おこたる** | 〔動・ラ四〕 | 《怠る》 |
| □□□ | 318 | **こうず** | 〔動・サ変〕 | 《困ず》 |
| □□□ | 319 | **ここち** | 〔名〕 | 《心地》 |
| □□□ | 193 | **なやむ** | 〔動・マ四〕 | 《悩む》 |
| | 194 | **なやまし** | 〔形・シク活用〕 | 《悩まし》 |
| | 046 | **わづらふ** | 〔動・ハ四〕 | 《煩ふ》 |

❖**「病気」に関する語のグループ**です。「わづらふ」は、病気にかかること、「あつし」「なやむ」「なやまし」は、**病状が重く苦しんでいる様子**を表します。「おこたる」は、**病気が治る様子**を表します。「ここち」には、「心情」という意味もありますが、「**病気**」のことも言うと覚えておきましょう。また、病気そのものを指すものではありませんが、「**疲れる**」という意味を持つ「こうず」を関連語としてここにいれておきました。

316【あつし】
①病気が重い。

317【おこたる】
①病気が治る。

問 必修!

316 ①人の心をのみ動かし、恨みを負ふ積もりにやありけむ、いと**あつしく**なりゆき、（源氏物語）

訳 人の心を動揺させてばかりいて、恨みを負うことが積もったからだろうか、（更衣は）たいそう〔　　〕なっていき、

問 必修!

317 ①**おこたり**たる由、消息《せうそこ》聞くもいとうれし。（枕草子）

訳 （大切な人の）〔　　〕たという内容の、手紙を受け取るのはとてもうれしい。

318【こうず】
①疲れる。

319【ここち】
①気分の悪いこと。病気。

193【なやむ】
①病気になる。病気で苦しむ。

194【なやまし】
①（病気などで）気分が悪い。

046【わづらふ】
①手間をかける。悩む。苦労する。
②病気で苦しむ。
③【補助動詞】〜するのに苦労する。
〜しかねる。

---

問 必修！
318 ①この頃もののけにあづかりて、**困じ**にけるにや、ゐるままにすなはちねぶりごゑなる、いとにくし。（枕草子）

訳（僧が）最近もののけに関わって、（　　）てしまったのだろうか、座るやいなやすぐに眠り声であるのは、たいそう気に入らない。

問 必修！
319 ①御息所《みやすんどころ》、はかなき**心地**にわづらひて、まかでなむとしたまふを、暇《いとま》さらに許させたまはず。（源氏物語）

訳 御息所は、ちょっとした（　　）におかかりになって、（宮中から）退出しようとなさるが、（天皇は）退出することを絶対にお許しにならない。

平安時代には、病気の原因は「もののけ」によるものだと信じられていました。「もののけ」に対しては、密教の加持祈禱《きとう》が行われます。「こうず」の例文の僧は、幾晩にもわたる加持祈禱を行って疲れてしまったのですね。

答 316（病気が重く）317（病気が治っ）318（疲れ）319（病気）

## ◆不愉快だ。気味が悪い。

| | | |
|---|---|---|
| □□□ 320 | **うるさし** ［形・ク活用］ | |
| □□□ 321 | **むくつけし** ［形・ク活用］ | |
| □□□ 322 | **ものし** ［形・シク活用］ | |
| □□□ 323 | **わづらはし** ［形・シク活用］ | 《煩はし》 |
| □□□ 129 202 257 196 | **あいなし** ［形・ク活用］<br>**うし** ［形・ク活用］<br>**うたてし** ［形・ク活用］<br>**むつかし** ［形・シク活用］ | 《憂し》<br><br>《難し》 |

❖「**不愉快だ**」「**気味が悪い**」**というイメージを持つ**語のグループです。マイナスイメージを持つ言葉として、まとめて覚えておきましょう。「**うるさし**」「**わづらはし**」**は**、ほとんど同じ意味で使われる言葉で、**邪魔で面倒だ**という気持ちを表します。「**むくつけし**」**は**、**日常の感覚では理解を超えることに対する恐怖感**を表します。「**ものし**」**は**、「もの＋憂し」からできた言葉で、「憂し」と同じく、**思い通りにならないことに対する不快感**を表します。

320【うるさし】
①（煩わしくて）不愉快だ。

321【むくつけし】
①気味が悪い。

問 必修！
320 ①歯黒《はぐろ》め、「さらに**うるさし**、きたなし」とて、付けたまはず。（堤中納言物語）
訳（姫君は）お歯黒は、「本当に〔　　〕、不潔だ」と言って、お付けにならない。

問 必修！
321 ①かの男は、天《あま》の逆手《さかて》をうちてなむ呪ひをるなる。**むくつけき**こと。（伊勢物語）
訳 その男は、天の逆手（＝呪いのための動作）を打って（女のことを）呪っているとかいうことだ。〔　　〕ことだ。

322【ものし】
①不愉快だ。嫌だ。

323【わづらはし】
①面倒だ。やっかいだ。

129【あいなし】
①つまらない。不都合だ。
②(連用形で)むやみに。わけもなく。

202【うし】
①嫌だ。つらい。残念だ。
②憎らしい。薄情だ。

257【うたてし】
①いやだ。嘆かわしい。

196【むつかし】
①不快である。うっとうしい。

---

問 必修!

322 ①「いとすさまじう、**ものし**」と聞こし召す。(源氏物語)

訳 (桐壺帝は)「(桐壺の更衣が亡くなったのに)たいそう興ざめで、〔　　〕」とお聞きになる。

問 必修!

323 ①**わづらはしかりつることは事なくて、やすかるべきことはいと心苦し。**(徒然草)

訳 〔　　〕と思っていたことは大したことがなくて、簡単に終わるはずのことはたいそう苦痛である。

このグループは数が多いですが、「あいなし」「うし」「うたてし」「ものし」「むつかし」は、「気に入らなくて不愉快だ」、「うるさし」「わづらはし」は、「面倒で不愉快だ」、「むくつけし」は、「気味が悪くて不愉快だ」とまとめておくとよいでしょう。

答 320〔煩わしくて不愉快で〕321〔気味が悪い〕322〔不愉快だ〕323〔面倒だ〕

## ◆残念だ。

| | | | |
|---|---|---|---|
| 324 | **あたらし** | ［形・シク活用］ | 《惜し》 |
| 325 | **くちをし** | ［形・シク活用］ | 《口惜し》 |
| 326 | **くやし** | ［形・シク活用］ | 《悔し》 |
| 327 | **ほいなし** | ［形・ク活用］ | 《本意無し》 |
| 133 | **いふかひなし** | ［形・ク活用］ | 《言ふ甲斐無し》 |

❖「**残念だ**」という意味を持つ語のグループです。「あたらし（惜し）」は、本来は「**惜しい**」「**もったいない**」の意です。「くちをし」は、他人や周囲の状況がこちらの期待を裏切ったことに**落胆する気持ち**、「くやし」は、**自分の行為について後悔する気持ち**を表します。「ほいなし」は、「**ほい**（⇩340）」**が叶《かな》えられなくて残念に思う気持ち**を表します。

324【あたらし】
①惜しい。残念だ。

325【くちをし】
①残念だ。期待はずれだ。
対 010 あく

326【くやし】
①残念だ。後悔しないではいられない。

問 必修！
324 ①若くて失せにし、いといとほしく**あたらしく**なん。（増鏡）
訳（宮内卿の君が）若くて死んでしまったことは、たいそう気の毒で〔　　〕ことでございました。

問 必修！
325 ①忘れがたく、**口惜しき**こと多かれど、え尽くさず。（土佐日記）
訳（娘が死んだことなどが）忘れがたく、〔　　〕ことが多いけれど、書き尽くすことができない。

問 必修！
326 ①今は昔のよしなし心も**悔しかり**けりとのみ、（更級日記）
訳 今では（未熟だった）昔のたわいのない心も〔　　〕なあとばかり、

327【ほいなし】
①残念だ。不本意だ。

133【いふかひなし】
①どうにもならない。
②取るに足りない。
③ひどい。みじめでふがいない。

### ◆薄情だ。

□□□ 328 **なさけなし**［形・ク活用］《情け無し》

□□□ 203 266 **つらし**［形・ク活用］《辛し》 **つれなし**［形・ク活用］

328【なさけなし】
①薄情だ。冷淡だ。

203【つらし】
①薄情だ。冷淡だ。つれない。

266【つれなし】
①さりげない。平然としている。
②冷淡だ。薄情だ。

問 必修！
327 ①情けなからむことは、なほいと本意なかるべし。（源氏物語）
訳 思いやりのないようなことをするのは、やはりまったく〔　〕にちがいない。

それぞれの語にはニュアンスの違いがありますが、入試では、「残念だ」「惜しい」とまとめて覚えておけば対応できます。

答 324〔惜しい〕 325〔残念な〕 326〔後悔しないではいられない〕 327〔不本意〕

❖「**薄情だ**」**という意味を持つ**語のグループです。「なさけなし（情け無し）」は、情愛や思いやりの意の「情け」に否定表現が付いてできた言葉です。「つらし」は、自分と他者との関係が非友好的であることを表し、「つれなし」は無関心・無表情であることを表します。

問 必修！
328 ①二人の子はなさけなくいらへて止みぬ。（伊勢物語）
訳 二人の子どもは（母の頼みに）〔　〕答えて終わった。

「なさけなし」の「なさけ」には、①思いやり、②男女の情愛、③風流、の意味があります。あわせて覚えておきましょう。

答〔冷淡に〕

## ◆言うまでもない。

□□□ 329 **いへばさらなり**〔連語〕《言へば更なり》
**いふもさらなり**〔連語〕《言ふも更なり》

□□□ 330 **さらなり**〔形動・ナリ活用〕《更なり》

□□□ 331 **さらにもいはず**〔連語〕《更にも言はず》

□□□ 332 **ことわりなり**〔形動・ナリ活用〕《理なり》

□□□ 333 **いふもおろかなり**〔連語〕《言ふも疎かなり》

❖**「言うまでもない」という意味を持つ言葉**のグループです。「さらなり」に関わる表現は、「いまさらである」の意が付随するので、「今さら言うのも…である」の意から、「言うまでもない」の意となります。**「ことわりなり（理なり）」は、「それは道理である」の意から、「もっともだ」**の意となります。

問 必修！
329 ①面《つら》つき、まみの薫れるほどなど、**言へばさらなり**。（源氏物語）
訳（明石の姫君の）顔立ちや、目元が華やかな様子などは（すばらしいのは）〔　　〕。

問 必修！
330 ①月、花は**さらなり**、風のみこそ、人に心はつくめれ。（徒然草）
訳 月や花は〔　　〕けれども、風はとりわけ、人は趣深く好ましく思うようだ。

329【いへばさらなり／いふもさらなり】
330【さらなり】
331【さらにもいはず】
①言うまでもない。もっともだ。

332【ことわりなり】

①もっともだ。

333【いふもおろかなり】

①言い尽くせない。言うことができない。

---

問 必修！

331 ①宮の内の飾り、御調度などは**さらにもいはず**、帝釈の宮殿もかくやと七宝《しっぽう》を集めて磨きたるさま、（増鏡）

訳 宮の内の飾り、調度が（すばらしいのは）〔　　　　〕、帝釈天の宮殿もこうだったのだろうと思うほど、様々の宝を集めて、飾り立てている様子は、

問 必修！

332 ①よく思ひ定めてつかうまつれと申すも**ことわりなり**。（竹取物語）

訳 よく考えて決めていたせと申しますのも〔　　　　〕。

問 必修！

333 ①六月になりぬれば、（ほととぎすは）音もせずなりぬる、すべて**いふもおろかなり**。（枕草子）

訳 六月になってしまうと、（ほととぎすは）声もしなくなってしまうのは、全く〔　　　　〕（ほどすばらしい）。

「いふもおろかなり」の「おろかなり（疎かなり）」は、不十分であるの意で、そのような表現では十分に言い表せていないことから、「言い尽くせない」の意となります。「言へばさらなり」と意味は似ていますが、訳が微妙に異なるので注意しましょう。

答 329〔言うまでもない〕 330〔言うまでもない〕 331〔言うまでもなく〕 332〔もっともだ〕 333〔言い尽くせない〕

## ◆準備する。

334 **いそぐ**〔動・ガ四〕《急ぐ》

077 084 **したたむ**〔動・マ下二〕《認む》

**まうく**〔動・カ下二〕《設く・儲く》

334【いそぐ】
①準備する。用意する。

077【したたむ】
①処理する。整理する。
②治める。支配する。

084【まうく】
①準備する。用意する。
②持つ。設置する。

関002 いそぎ

❖「**準備する**」「**用意する**」**という意味を持つ**語のグループです。「いそぐ」「したたむ」「まうく」があります。「**いそぐ**」は、**差し迫った行事の準備を急いでする**という意味です。「したたむ」「まうく」は失態を防ぐために準備や処理を行うという意味です。

問 必修！
334 ①下るべきことども**いそぐ**に、門出は娘なる人の新しく渡りたる所に、八月十余日にす。（更級日記）

訳（任地に）下らねばならないことの【　　】が、旅立ちは（方違《かたたが》えのために）娘が新しく引っ越したところから、八月十日過ぎに行う。

試験では、「いそぐ」「したたむ」「まうく」の使い分けは問われません。「準備する」「用意する」でまとめて覚えておきましょう。

答〔準備をする〕

## 如月 練習問題

**問題** 傍線部の現代語訳として適切なものを選べ。

□ **307** そのかみ立ち出でし（＝昔、堀河院に出仕したとき）だに、晴れ晴れしさは**思ひあつかひしかど、**（讃岐典侍日記・西南学院大）

① 思い悩んだのだけれど ② 格別であったのだけれど
③ 望まなかったのだけれど ④ 誇らしかったのだけれど

□ **308** これは今の世にやむごとなき**御いつき娘**におはしまして、含笑の春の夕べには軒端の梅の花のよそひならびなし。（松蔭日記）

① 高貴で近寄りがたい娘 ② 輝くように美しい娘
③ 大切に養育されている娘 ④ 経験が深く分別のある娘

□ **309** ただこの若宮の御行く末うしろめたう、かくたのもしき人々におくれ聞こえさせ給ひて、**はかばかしき御うしろみなどもなかんなるに、**（手枕）

① はっきりとした方針などもないようなので
② しっかりした後見人などもいないようなので
③ きちんとした見通しも立たないようなので
④ 思慮のある世話人もいないようなので

□ **310** いとよく徳つきて、司などなりて、**頼もしくてぞありける。**（宇治拾遺物語・立教大）

① 裕福に暮らした ② 人から信頼された ③ 信心深く生きた
④ 出世を期待した ⑤ 多くの家来を従えた

**解答**《現代語訳》

**307** ①
訳 昔、堀河院に出仕したときでさえ、そのあまりの晴れがましさに**思い悩んだのだけれど、**

**308** ③
訳 これは今の世に並々でなく**大切に養育されている娘**でいらっしゃって、花が咲き始める春の夕べには軒端の梅のように可憐さは並びないほどであった。

**309** ②
訳 ただこの若宮の行く末が心配で、このように頼もしい人々に先立たれ申し上げなさって、**しっかりした後見人などもいないようなので、**

**310** ①
訳 たいそうすばらしい財を得て、官職などを得て、**裕福に暮らした。**

□ **311** これも今は昔、白河院の御時、北おもての曹司に**うるせき**女ありけり。（宇治拾遺物語）

① 口うるさい　② しつこい　③ 気が利く　④ 美しい

□ **312** 母上、例の女に似たまはず、いと心かしこく、**かどかどしくおはして**、（栄花物語）

① 才気がおありになって　② まじめでいらっしゃって　③ 親しみやすいご様子で　④ しっかりとしていて

□ **313** 角左衛門、その貧困辛苦の体を見て、かぎりなくあはれにおぼえ、また、その容貌の**優にやさしきに**見とれて、（狗張子・センター）

① 上品で優美である様子に　② 他より際だって美しい様子に　③ 優雅でほっそりしている様子に　④ 凛としていて品がある様子に　⑤ 穏やかで慈愛に満ちている様子に

□ **314** かやうに行雲廻雪《かううんくわいせつ》の体とて、雪の風にふかれ行きたる体、花に霞のたなびきたる体は、なにとなくおもしろく**えんなる物**なり。（正徹物語・関西学院大）

① 関係のある物　② なごみのある物　③ 恨みのある物　④ 美しい物　⑤ まろやかな物

□ **315** 京よりとて、いと**なまめきたる**女、忍んで七日参籠《さんろう》せり。（三国伝記・センター）

① 上品な　② はでな　③ 静かな　④ かたくなな　⑤ いたいけな

□ **316** （女御が）日にそひて**あつしく**悩ませ給ふらんこそ心得られね。（松陰中納言・同志社大）

---

**311** ③
訳 これも今では昔のことになってしまったが、白河院の御治世に、北面の部屋に**気が利く**女房が仕えていた。

**312** ①
訳 母上は、並の女性と異なっていらっしゃって、たいそう利口で、**才気がおありになって**、

**313** ①
訳 角左衛門は、その生活に困っている様子を見て、この上なく気の毒に思われ、またその容貌の**上品で優美である様子に**見とれて、

**314** ④
訳 このように行雲廻雪の体といって、雪が風に吹かれて飛んでいく様子や、花の時に霞がたなびいている様子は、なんということもなく趣深く**美しい物**である。

**315** ①
訳 京からと言って、たいそう**上品な**女が、しのんで七日間参籠していた。

**316** ⑤

① 情愛が深く　② 信仰心が強く　③ 気温が高く
④ 動揺が激しく　⑤ 容態が重く

□ **317** 御母の更衣《こうい》なやみ給ふことありき。**おこたりもやり給はで**、夏の頃は、いとしも重うわづらはせ給へば、（伊勢源氏十二番女合・センター）

① 怠けることを少しもなさらないで
② 病気がすっかりよくおなりにもならないで
③ わずかの過失を犯すこともなさらないで
④ 悩みが完全におなくなりにもならないで
⑤ お便りをまったくお出しにもならないで

□ **318** （院は）夜も大殿ごもらぬ日数へて、さすがに**いたうこうじたまひにけり**。（増鏡・東洋大）

① 大変疲れ果ててしまった　② 大変お疲れになってしまった
③ 大変お困りになってしまった　④ 大変お気持ちが高ぶりなさった
⑤ 大変興奮なさったのだった

□ **319** 長らへん命の心憂く、今日にても死なまほしく待つに、**いとわりなかりし心地にも**、死なずなりにしも、いと心憂く覚ゆ。（成尋阿闍梨母集・関西学院大）

① ひどく苦しかった病気でも
② 何とも不条理な気分になっても
③ 何とも耐え難かった別れの気持ちの時でも
④ とても常識外れの考えではあっても
⑤ 全く普通ではなかった時でも

---

訳 （女御が）日に日に**容態が重く**お苦しみになっているとかいうことは、理解できないことだ。

**317** 訳 ②
母君の更衣が病気でお悩みになることがあった。**病気がすっかりよくおなりにもならないで**、夏の頃、たいそう重く患いなさったので、

**318** 訳 ②
（院は）夜もお休みにならない日数が重なって、そうはいってもやはり**大変お疲れになってしまった**。

**319** 訳 ①
長らえている命が嫌になって、今日にでも死にたいと思って待っているけれども、**ひどく苦しかった病気でも**、死ななかったのは、たいそうつらく思われる。

□ **320**

たゆたふ舟のうちも、**いぶせくうるさかりければ**、少し心休めんと、童一人供し、あたりの島に上がりて、こなたかなた見歩きけれど、

（九州道の記・早稲田大）

① むさ苦しく騒がしいので
② うっとうしくて不愉快なので
③ 気持ちが悪くなり肩身が狭いので
④ 落ち着かずあれこれ気遣わしいので
⑤ 不安で何もかもが面倒になったので

□ **321**

（男は）近くも寄らで、「よし、今しばしありて参らむ」とて、しばし見るも、**むくつけければ**、往ぬ。

（堤中納言物語・立教大）

① 飽きてしまったので
② 疲れてしまったので
③ 暗くなってきたので
④ 気味が悪くなったので
⑤ 滑稽に思えてきたので

□ **322**

月夜のころ、よからぬ物語して、あはれなるさまのことども語らひても、ありしころ思ひ出でられて**ものしければ**、かくいはる。

（蜻蛉日記・龍谷大）

① いとおしい気持ちになったので
② 心が晴れやかになったので
③ 沈んだ気持ちになったので
④ 昔を懐かしむ気持ちになったので

---

訳 **320** ②

波に揺られる舟の中も、**うっとうしくて不愉快なので**、少し心を落ち着かせようと、子どもを一人供として、まわりの島に上がって、あちらこちらを見て回ったけれども、

訳 **321** ④

（男は）近くにも寄らないで、「よし、もうしばらくしてから参上しよう」と言って、しばらく見るが、**気味が悪くなったので**、去ったのだった。

訳 **322** ③

月夜の頃、つまらない話をして、趣き深いことを話しても、昔のことが思い出されて**沈んだ気持ちになったので**、このように歌を詠まずにはいられない。

□ **323** 四時のうちに夏ばかり**わづらはしき**はなし。花の名残、時鳥《ほととぎす》の忍び音《ね》もゆかしき。（間思随筆）

① めんどうな　② 心の躍る　③ 面白くない　④ 落ち着かない

□ **324** 山伏の御心にも、**いとほしくもゆかしうもあたらしくも**、さまざまにぞおぼえ給ひける。（雲隠六帖・センター）

① 恋しくも趣のあるようにももったいなくも
② 望ましくもすばらしくも新鮮にも
③ かわいそうにも知りたくも初めて見たようにも
④ 慕わしくも見たいとも残念にも
⑤ 気の毒にも心ひかれるようにも惜しくも

□ **325** 御前に参るほど、まづ楽の声をととのふ。すぐれたる限りなれば、**くちをしき**ことなし。（松浦宮物語・佛教大学・改）

① 悔やまれる　② 間違った　③ 物足りない　④ 気おくれする

□ **326** 今は、**昔のよしなし心もくやしかりけり**とのみ思ひ知りはて、親の物へゐて参りなどせでやみにしも、もどかしく思ひ出でらるれば、（更級日記）

① 昔をなつかしむ心がないのは悲しいことだ
② 昔のことへの猜疑心が消えないのはつらいことだ
③ 昔はうわついた心であったことは残念なことだ
④ 昔の行いに対して羞恥心を抱くことは当然だ

---

**訳 323** ①
四季の中で夏ほど**めんどうな**ものはない。花の名残も見たいし、時鳥の忍び音も聞きたいと思う。

**訳 324** ⑤
山に籠もっていらっしゃる御心にも、**気の毒にも心ひかれるようにも惜しくも**、様々にも思われなさった。

**訳 325** ③
皇帝の前に参上する時に、まず音楽を演奏する。優れた曲ばかりなので、**物足りない**ことはない。

**訳 326** ③
今は、**昔はうわついた心であったことは残念なことだ**とばかり心の底から悟って、親が私を連れて物詣でなどすることもやめてしまったことも、ついうらめしく思い出されるので、

□ 327 （一条殿が朝成の無礼について）「**本意なし**などばかりは思ふとも、いかに、ことにふれて我などをば、かくなめげにもてなすぞ」と、むつかりたまふと聞きて、（大鏡・学習院大）

① 残念だ　② 悪意はない
③ 思いがけない　④ 目論んだことではない

□ 328 「**いかでなさけなく帰し奉らむ**」とて、あたりうち払ひ、御茵《しとね》さし出でたり。（しのびね・神奈川大）

① なんとかそっけなくあしらってお帰し致しましょう
② どうして惨めな気持ちのままお返し申すことができましょうか
③ なんとか情がわかないうちにお帰りなさるだろう
④ どうして冷たくお帰し申すことができましょうか

□ 329 まだ更けぬほどに、隠ろへ入りたまひぬる名残、**言へばさらなり**。（松浦宮物語・花園大）

① 言うまでもない　② 言うことができない
③ 言わなくても通じる　④ 言葉では尽くせない
⑤ ありふれた言葉である

□ 330 われひとり面白しとて、夜ふくるまで月花の宴にふけらば、大炊殿のあたりは**さらなり**、従者なんどをはじめとして、睡ることもえせじ、（花月草子・同志社大）

① なんということなく　② どうしようもなく
③ そうはいっても　④ あらためていうと
⑤ いうまでもなく

---

訳 327 ①
（一条殿が朝成の無礼について）「残念だなどとひたすら思っていたとしても、どうして、何かにつけて私に対して、このように無礼にふるまうのか」と、不快に思っていらっしゃると聞いて、

訳 328 ④
「どうして冷たくお帰し申すことができましょうか」と言って、周りの人を退去させて、しとね（寝具）を差し出した。

訳 329 ①
まだ夜が更けないうちに、奥へお入りになった名残の様子が（すばらしいのは）、言うまでもない。

訳 330 ⑤
自分だけが趣深いと思って、夜が更けるまで月花の宴にふけっていると、台所のあたりはいうまでもなく、従者などをはじめとして、眠ることができないだろう、

□ 331
世の中にもいみじうあはれがり、妻子《めこ》どもは**さらにもいはず**、夜昼、精進《さうじ》潔斎《いもひ》をして、世間《せけん》の仏神《ほとけかみ》に願を立てまどへど、

（大和物語・東洋大）

① ただもう一途《いちず》に
② いうまでもなく
③ ことばを失って
④ まったく気にせず
⑤ いっそう同情され

□ 332
定家は母の事なれば、哀れにもかなしうも、身をもみて（＝激しく祈禱して）詠めるは**ことわりなり**。

（正徹物語・中央大）

① あり得ることだ
② 当然だ
③ すばらしいことだ
④ 礼儀だ

□ 333
十月二十四日、河原の御祓《おんはらへ》なり。その日のことども、**めでたしといふもおろかなり**。

（弁内侍日記）

① すばらしいなどと思うこと自体、意味がないことだ。
② すばらしいなどと言って遠ざけてはいけない。
③ すばらしいなどと言葉で言えないほどすばらしかった。
④ すばらしいなどと愚かにも思ってしまったものだ。
⑤ すばらしいなどと口に出すのも恥ずかしいほどだ。

□ 334
三日、五日、七日、御産養、われもわれもと**いそぎ給ふ**。

（夜寝覚物語・姫路獨協大）

① 忙しくしている
② 急いで参上する
③ 急がせ申し上げる
④ ご準備申し上げる
⑤ ご用意なさる

訳 331 ②
世の中でもたいそう悲しがって、妻子たちはいうまでもなく、夜も昼も、精進潔斎をして、世間の仏神に願を立て騒ぐけれども、

訳 332 ②
定家は母のことなので、しみじみとして悲しいことに、激しく祈禱して歌を詠んだのは当然だ。

訳 333 ③
十月二十四日、河原の御祓えの儀式である。その日の様子は、すばらしいなどと言葉で言えないほどすばらしかった。

訳 334 ⑤
三日、五日、七日、御産養といった行事のために、我も我もとご用意なさる。

第4章
如月
練習問題

弥生（やよい）～3月～　――まとめて覚えておきたい語（その3）31語――

◆【畳語《じょうご》】一つの言葉を重ねることによってできた言葉を「畳語」と言います。語源を理解しておくと、意味を覚えやすいでしょう。

□□□
335

## はかばかし ［形・シク活用］《果果し・捗捗し》

①はっきりしている。
②しっかりとしている。

対227 はかなし

❖「はかる」「はかどる」「はかなし」「はかばかし」は、皆「はか（果）」を語源とする言葉です。「はか」は「見当・基準」を表し、全体の量や仕事の進み具合を計測する単位だと考えられています。「はかばかし」は、**見当・基準などがはっきりしていて、成果が目に見える状態**を表しています。

問 必修！

①**やうやう入り立つふもとのほどだに、空のけしき、はかばかしくも見えず。**（更級日記）

訳（足柄山は、木が生い茂っているので）次第に入っていく山の麓のあたりでさえ、空の様子が〔　　　〕見えない。

②**取り立てて、はかばかしき後《うし》ろ見《み》しなければ、事あるときは、なほ拠《よ》り所なく心細げなり。**（源氏物語）

訳（更衣は）取り立てて、しっかりとした後見人がいないので、なにか儀式があるときは、やはりたよるところがなく、心細い様子である。

「はかばかし」の対義語は、「はかなし」です。「はか（果）」＝「しっかりした基準」がないので、「頼りない」「あっけない」状態となるわけですね。

答〔はっきりと〕

□□□ 336

## まめまめし ［形・シク活用］
《忠実忠実し・実実し》

① まじめである。誠実である。
② 実用的である。

対 あだあだし ［形・シク活用］《徒徒し》
① 誠実でない。うわついている。

関 176 まめなり
対 150 あだなり

◆「まめなり」と同じく、「真実《まみ》」「真目《まめ》」が「まめ」になったと考えられ、**誠意のある様子**を表します。

問 必修！
① いかによしなかりける心なりと思ひしみはてて、**まめまめしく**過ぐすとならば、（更級日記）
訳 ほんとうにつまらない考えであると心から深く思って、〔　　　〕過ごそうと思うが、そういうことならば、

② おぼしやることも、ありがたうめでたきさまにて、**まめまめしき**御とぶらひもあり。（源氏物語）
訳 （光源氏の）ご配慮も、めったにないほどすばらしいものであって、（姫君に対して）実用的な贈り物もある。

「まめまめし」の対義語は「あだあだし」になります。あわせて覚えておくとよいでしょう。

答 〔まじめに〕

□□□
337
## ゆゑゆゑし 〔形・シク活用〕《故故し》

①風格がある。
②もったいぶっている。由緒ありげだ。

関 **よしよしし**〔形・シク活用〕《由由し》
①由緒ありげだ。風情がある。

❖由緒・風格の意を表す「ゆゑ（故）」が語源です。「ゆゑゆゑし」は、**いかにも風格がありそうな様子**を表します。

①あやしの下衆《げす》の家なれども、**ゆゑゆゑしく**してをかし。（今昔物語）

訳 みすぼらしい下衆の家であるけれども、風格がある様子ですばらしい。

問 必修！
②ことにやんごとなき程ならねど、まことに**ゆゑゆゑしく**、歌詠みとて、よろづのことにつけて詠み散らさねど、（紫式部日記）

訳（赤染衛門は）特にすぐれているという程ではないけれども、ほんとうに〔　　〕、歌詠みだからといって、すべてのことに関して（歌を）詠み散らしたりしないけれども、

「ゆゑゆゑし」の類義語に「よしよしし」があります。「ゆゑゆゑし」が一流の人・ものの様子を表すのに対して、「よしよしし」は二流の人・ものの様子を表します。

答〔もったいぶっていて〕

□□□
338
## をさをさし 〔形・シク活用〕《長長し》

①大人びている。しっかりと落ち着いている。

❖「をさ」は「長」という漢字を当てます。「長」とは、「村長《むらおさ》」の「長」で、人々をまとめて、率いる人のことを言います。「をさをさし」は、「**長」としてふさわしい、しっかりとして落ち着いた様子**を表しています。

問 必修！
①例の人、「かしこし。**をさをさしき**やうにも聞こえむこそよからめ」とて、（蜻蛉日記）

**訳** いつもの人（＝母）は（兼家様からの和歌を見て）、「おそれ多いことだ。【　　】かたちで（返歌し）申し上げるようなことがよいだろう」と言って、

「をさをさし」の対義語は、「をさなし」（幼し）です。「をさ（長）」がないので、「幼い」状態となります。

**答**〔大人びている〕

**その他の【畳語】**

188【いまいまし】〔形・シク活用〕《忌忌し》①慎むべきだ。はばかられる。②不吉だ。

225【おどろおどろし】〔形・シク活用〕①大げさである。仰々しい。②気味が悪い。

312【かどかどし】〔形・シク活用〕《才才し》①才気がある。気が利く。

263【さうざうし】〔形・シク活用〕《寂寂し》①もの足りない。もの寂しい。

264【すきずきし】〔形・シク活用〕《好き好きし》①好色めいている。色好みだ。②風流だ。

299【たいだいし】〔形・シク活用〕①不都合だ。もってのほかだ。面倒だ。

215【つきづきし】〔形・シク活用〕①似つかわしい。ふさわしい。

292【らうらうじ】〔形・シク活用〕《労労じ》①気が利いている。洗練されている。②気品があって美しい。

◆【出家】出家に関係する言葉です。古文では、出家に関する場面が多く出てきます。出家による功徳《くどく》によって、極楽往生の願いが叶えられると考えられていて、人々は来世に極楽に生まれ変わることを願って、出家しようとしたのでした。

□□□ 339

## おこなふ 〔動・ハ四〕《行ふ》

① 勤行《ごんぎょう》する。仏道修行をする。

❖「おこなふ」とは、決められた動作をするという意味です。政務を行うといった意味もありますが、入試では、「仏道修行をする」が出題されます。

問 必修！ ① 持仏据ゑ奉りておこなふ、尼なりけり。 （源氏物語）

訳 仏を安置申し上げて〔　　〕（人は）、尼であるなあ。

仏道修行とは、比叡山、高野山《こうやさん》、金峯山《きんぷせん》など、有名な「山」を巡ることを指す場合もありますが、勤行《ごんぎょう》などの日常的な礼拝を指す場合もあります。なお、仏道修行の場合は、「修行」です。「修業」ではありません。

答〔勤行する〕

□□□ 340

## ほい 〔名〕《本意》

① 本来の目的。かねてからの望み。

❖「本意」には、様々な願いがありますが、多く「出家」の願いを表します。皆、極楽往生するために、出家を願っていたのですね。

① この人の宮仕への本意、必ず遂げさせたてまつれ。 （源氏物語）

訳 この人の宮仕えについてのかねてからの望みを、必ず遂げさせて差し上げよ。

②出家の願い。

□□□
341

## ほだし ［名］ 《絆》

①出家の妨げになるもの。係《けい》累《るい》。

問 必修！
②「いかでなほ**本意**あるさまになりて、しばしもかかづらはむ命のほどは、行ひを紛れなく」と、たゆみなく思しのたまへど、（源氏物語）

訳 （紫の上は）「なんとかしてやはり〔　　〕をかなえて、しばらくの間生き続けている余生の間は、仏道修行を一心に（したい）」と、絶えずお思いになっておっしゃるけれども、

「本意」は、現代語と同じく「ほんい」と読みますが、平安時代は、「ん」が表記されなかったので、「ほい」と記されます。類似するケースに、「案内《あない》」「親族《しぞく》」があります。

答 〔出家の願い〕

❖「ほだし」とは、人の身を拘束するものです。そこから、**出家することの妨げとなる妻子・恋人・財産を**「ほだし」と言うようになりました。

問 必修！
①世を捨てたる人のよろづにするすみなるが、なべて**ほだし**多かる人の、よろづにへつらひ、望み深きを見て、むげに思ひくたすは、僻事《ひがごと》なり。（徒然草）

訳 出家をした人で万事において身寄りのない人が、総じて〔　　〕が多い人で、何事にも追従し、欲深い人を見て、むやみに軽蔑するのは、間違いである。

例文の「するすみ（匹如身）」とは、身寄りがなく独身で、資産も蓄えもないことを言います。「するつみ」とも言います。

答 〔出家の妨げになるもの〕

□□□ 342 **さまをかふ** [連語] 《様を変ふ》

□□□ 343 **やつす** [動・サ四]

□□□ 344 **みぐしおろす** [連語] 《御髪下ろす》

□□□ 345 **かしらおろす** [連語] 《頭下ろす》

□□□ 346 **よをすつ** [連語] 《世を捨つ》

□□□ 347 **よをそむく** [連語] 《世を背く》

❖「**出家する**」**という意味**を持つ言葉のグループです。「さまをかふ」「やつす」は僧衣を着ることで、「みぐしおろす」「かしらおろす」は剃髪をすることを表し、「よをすつ」「よをそむく」は隠遁《いんとん》生活をすることを表しています。他に「よをいとふ」「よをのがる」「よをかる（離る）」も「出家する」という意味を持つ慣用句です。

**342**【さまをかふ】
①僧・尼になる。出家する。

**343**【やつす】
①僧・尼の姿に変える。出家する。

問 必修！
342 ①ただ**さまを変へ**、いかならん深き山の奥までも思ひ入りなん。（住吉物語）

訳 ただ〔　　〕、どんな深い山奥までも入ってしまおう。

問 必修！
343 ①法師といひながら、心もなくたちまちに形を**やつし**てけること。（源氏物語）

訳 法師という立場ながらも、何の考えもなくすぐに（浮舟を）尼の姿に〔　　〕てしまったことよ。

**344【みぐしおろす】**
①（貴人が髪を剃って）出家する。

**345【かしらおろす】**
①（髪を剃って）出家する。

**346【よをすつ】**
①出家する。俗世間を逃れる。

**347【よをそむく】**
①俗世間を捨てる。出家する。

関 世をいとふ（⇩185）／世をのがる／世をかる［連語］

関 形変ふ／形異なり／形やつす［連語］
①出家する。

---

問 必修！
344 345 ①橘 良利《たちばなのよしとし》といひける人、内におはしましける時、殿上《てんじやう》にさぶらひける、**御ぐしおろし**たまひければ、やがて御ともに**かしらおろし**てけり。（大和物語）

訳 橘良利と言った人は、（天皇が、まだ出家せずに）宮中にお出でだったとき、殿上にお仕えしていたが、（天皇が）〔　　　〕たので、（良利は）そのままお供として〔　　　〕てしまった。

問 必修！
346 ①頭下ろして**世を捨て**て、まかりこもらむ。（うつほ物語）

訳 髪を剃って〔　　　〕て、（山に）こもりましょう。

問 必修！
347 ①尼などの**世をそむき**けるなども、倒れまろびつつ物見にいでたるも、…をこがましげなる。（源氏物語）

訳 尼などのような〔　　　〕た者なども、（光源氏の姿を見ようと）転びながら見物に出てきている様子も、…愚かしい様子である。

「みぐしおろす」と「かしらおろす」はどちらも剃髪する意味を持つ言葉ですが、「みぐしおろす」は貴人が出家する意味です。主語などを判断するときに考慮に入れましょう。

答 342〔僧になって〕 343〔変え〕 344 345〔出家なさっ／出家し〕 346〔出家し〕 347〔俗世間を捨て〕

□□□
348
## こけのころも ［連語］
《苔の衣》

□□□
349
## すみぞめ（のころも） ［名（連語）］
《墨染め（の衣）》

◆**僧衣と喪服を表す言葉**です。「苔の衣」は僧衣などが修行により苔むして見えるため、「墨染めの衣」は僧衣や喪服が墨汁で染めた布地で作られているために、このように表現します。

348【こけのころも】
①僧や世捨て人が着る粗末な衣服。僧衣。喪服。

349【すみぞめ（のころも）】
①（黒く染めた）僧衣。喪服。喪服の色。

問 必修！
348 ①帝、御階の下に召して、御覧ずるに、木の皮、**苔の衣**を着て、言ふばかりなきものから、ただの人に見えず。（うつほ物語）
訳 天皇は、御階段の下に（僧侶を）お呼びになって、（僧侶を）御覧になると、木の皮と〔　　〕を着て、身分の低い者であるけれども、並の人には見えない。

問 必修！
349 ①容貌《かたち》よき尼君たちの**墨染め**にやつれたるぞ、（源氏物語）
訳 顔立ちの美しい尼君たちが〔　　〕で尼姿をしているのは、

「苔の衣を着る」「墨染めの衣を着る」で、出家することを表す場合があります。前述の出家の表現とあわせて覚えておきましょう。

答
348〔粗末な衣服〕 349〔黒く染めた衣〕

**◇【結婚・恋愛】結婚・恋愛に関係する言葉です。そのまま単語の問題として出題されることは少ないかも知れませんが、場面の理解と深く関わる言葉なのでよく覚えておきましょう。**

□□□
350

## かいまみる

[動・マ上一]

《垣間見る》

①のぞき見る。

❖「垣間《かきま》＋見る」からできた言葉です。**垣根の間といったものの隙間からこっそり見ることを言います。**

問 必修！

①その里にいとなまめいたる女はらから住みけり。この男、**かいまみ**てけり。（伊勢物語）

訳 その里にたいそう美しい姉妹が住んでいた。この男は、（この姉妹の様子を）〔　　　〕てしまった。

答〔のぞき見〕

□□□ 351

## かたらふ ［動・ハ四］《語らふ》

① 親しく語り合う。結婚する。

❖「かたらふ」は、「語る」に継続の意味を表す接尾語「ふ」が付いてできた言葉です。特定の親しい人と繰り返し「語り続ける」のが原義で、ここから**男女が親しく語り合うという意味**を持つようになりました。

問 必修！

① 子《ね》一つより丑《うし》三つまであるに、まだ何事も**語らは**ぬに帰りにけり。（伊勢物語）

訳 （男は女のところに）午後十一時から午前二時過ぎころまでいたけれども、まだ何事も〔　　　〕ないうちに帰ってしまった。

352の例文「優なる女をかたらひて、…」のように、「〜をかたらふ」という形になります。現代語では「〜に語らふ」「〜と語らふ」となるところです。助詞の使い方の違いに注意しましょう。

答 〔親しく語り合わ〕

□□□ 352

## かれがれなり ［形動・ナリ活用］《離れ離れなり》

① 疎遠である。関係が途絶えている。

❖「離《か》る」を語源としています。「離る」は**親しい者が離れる意**で、「かれがれなり」は、**親しかった男女が疎遠になって、男の訪れが途絶える様子**を表します。

問 必修！

① 優なる女をかたらひて、年ごろ住みわたりける程に、心うつる方やありけん、宮仕へにことよせて、やうやう**かれがれに**なりゆくを、（発心集）

訳 （男は）優美な女と結婚して、長年（女のところに）通い続けていた間に、別に好きな人がいたのだろうか、宮仕えを口実にして、次第に〔　　　〕なっていくのを、

和歌の中で、「かれ」は「枯れ」と「離れ」の掛詞として用いられます。木が枯れてしまう様子と、男女の関係が途絶える様子が重ね合わせられているのです。

答〔疎遠に〕

---

□□□
353

## きぬぎぬ ［名］《後朝》

①共寝の後の朝。

From：保明
Sub：昨晩は
たのしかったね
次はいつあえるかな??

後朝の文

❖共寝をした男女は、翌朝、互いの衣服を交換して別れます。このような男女の別れを「衣衣《きぬぎぬ》の別れ」「後朝《きぬぎぬ》の別れ」と言います。

問 必修！

①**その後朝の使、敦忠《あつただ》の中納言、少将にてしたまひける。**（大鏡）

訳 その（保明親王の）〔　　〕の使いは、敦忠の中納言が、（当時は）少将で、お務めになったのでした。

別れの後、男は女に名残を惜しむ和歌を贈りました。この文を「後朝の文」と言います。後朝の文は、別れた後になるべく早く出すのが、男の気持ちのあらわれだと考えられていました。『大和物語』には、男の後朝の文が遅れたために、女が悲嘆して出家してしまった話が載せられています。

答〔共寝の後の朝〕

□□□
354

## すむ ［動・マ四］《住む》

①（夫として）通う。

❖**男が女のところに夫として通うこと**を言います。平安時代の結婚は男が女のところに通うという形（妻問婚《つまどいこん》）で行われたので、居住して生活の場とする「住む」が「通ふ」という意味にもなりました。

問 必修！
①阿倍の大臣、火鼠《ひねずみ》の皮衣《かはごろも》もていまして、かぐや姫に**すみ**給ふとな。（竹取物語）

訳 阿倍の大臣は、火鼠の皮衣を持っていらっしゃって、かぐや姫のところに〔　　〕なさるということだよ。

男の来訪は、建前上、秘密のことであるとされました。家族は気づいていても、何も知らないふりをして、二人の恋が成就するように手助けをしました。秘密だと思っているのは、当人たちだけだったのですね。

答〔通い〕

□□□
355

## ただならず ［連語］《徒ならず》

①妊娠している。

❖「ただならず」は「並々ではない」という意味が原義です。**女性の身体が普通でない状態ということで、「妊娠している」という意味**を表すようになりました。

問 必修！
①男夜な夜な通ふほどに、年月も重なるほどに、身も**ただならず**なりぬ。（平家物語）

訳 男が毎晩通う間に、年月も重なる間に、（女は）〔　　〕た。

「ただならず」と同じく「妊娠している」という意味を表す言葉に、「例ならず」があります。あわせて覚えておきましょう。

答〔妊娠し〕

□□□

356

## ちぎり［名］《契り》

①前世からの約束・縁。

②逢瀬。男女が会うこと。

❖「ちぎり」とは、**誓いを交わすこと**を言います。また、**前世において交わした誓いによって生じた現世の縁**も、「契り」と言います。前世の契りによって、男女は現世で出会うのです。

問 必修！

①**前の世にも御ちぎりや深かりけむ、世になくきよらなる玉の男皇子さへ生まれたまひぬ。**（源氏物語）

訳（桐壺帝と桐壺更衣は）前世からの〔　　〕が深かったからだろうか、（お二人の間に）この世にないほど美しい玉のような男皇子までもお生まれになった。

②**月に二度ばかりの御契りなめり。**（源氏物語）

訳（光源氏と明石君は）月に二度ほどの逢瀬であるようだ。

「袖振り合うも多生《たしょう》（他生）の縁」ということわざがあります。男女の袖が触れあうようなちょっとしたことでも、それは前世からの因縁によるものだという意味です。このように浅い縁でも前世の因縁によって結ばれているのですから、桐壺帝と桐壺更衣のような深い縁で結ばれる男女は、前世の「ちぎり」がさぞかし深かったのでしょう。

答〔縁〕

□□□
**357**

## みる 〔動・マ上一〕《見る》

①妻とする。男女が結ばれる。

❖「見る」には、現代語と同じ「目に留める」という意味の他に、**男女が結ばれるという意味**があります。「見ゆ」にも、同じように男女が結ばれるという意味があるので、あわせて覚えておきましょう。

問 必修！
①さやうならむ人をこそ見め。（源氏物語）
訳 そのような（＝藤壺の女御のような美しい）人を〔　　〕たい。

和歌の中で「みるめなみ」という表現がよく出てきます。「みるめ」は、「海松藻」と「見る目」の掛詞、「なみ」は、「波」と「無み」の掛詞です。「見る目無み」とは、「恋人と逢う機会が無いので」という意味です。「海松藻」「波」は縁語となっています。「みるめなみ」は掛詞・縁語の問題としてよく出題されるので、覚えておくとよいでしょう。

答〔妻とし〕

□□□
**358**

## よばふ 〔動・ハ四〕《呼ばふ》

①求婚する。言い寄る。

❖「よばふ」は、「呼ぶ」に継続の意味を表す接尾語「ふ」が付いてできた言葉です。「**呼び続ける」というのが原義です。男が女を「呼ばふ」とき、「求婚する」の意味にな**りました。

問 必修！
①昔、津の国に住む女ありけり。それを呼ばふ男二人なむありける。（大和物語）
訳 昔、津の国に住む女がいた。その女に〔　　〕男が二人いた。

『竹取物語』では、男たちが、かぐや姫の姿を見ようと、夜にかぐや姫の家の周りを這《は》い回ったことをあげて、このときから求婚のことを「夜這ひ」と言うのだと言っていますが、これは『竹取物語』によく出てくるダジャレです。「よばひ」は「呼ばひ」であって、「夜這ひ」だとは考えられていませんでした。

答〔求婚する〕

今月のうた

三千代経てなりけるものをなどてかは　ももとしもはた名付けそめけむ

（『後拾遺和歌集』春　花山院）

訳 三千年経って実がなったというのに、どうして百の意の桃と名付け始めたのだろうか。

＊この歌は「三月三日、花山院が桃の花をご覧になって」との詞書《ことばがき》があります。三月三日は桃の節句と言われますね。

◆【死】死と関係する言葉のグループです。数が多いので、整理して覚えておきましょう。

□□□ 359

## おくる ［動・ラ下二］《後る・遅る》

① 先立たれる。生き残る。

対 さきだつ ［動・タ四］《先立つ》

① 先に死ぬ。

❖「後る・遅る」という漢字を当てます。**死ぬ順番が後になること**を表します。

問 必修！

① 故姫君は、十ばかりにて殿に**おくれ**たまひしほど、いみじうものは思ひ知りたまへりしぞかし。（源氏物語）

訳 亡くなった姫君は、十歳ぐらいの時に父君に〔　　〕なさった時、たいそう分別がおありになったことよ。

「おくる」の対義語は「さきだつ」です。「おくれさきだつ」とは、一方は生き残り、一方は死んでしまうことを表す言葉です。

答〔先立たれ〕

□□□ 360

## かぎり ［名］《限り》

① 限界。限度。

❖「限り」は、区切られた範囲の限界を表します。**空間・時間の「限界、限度、果て」**を表す場合と、その**区切られた範囲全体を示す「〜のすべて」**という用法があります。また、時間の果てを表して「**臨終、死亡**」を表すこともあります。

① 宝は尽くる期《ご》あり。**限り**ある宝をもちて、**限り**なき願ひに従ふこと、得《う》べからず。（徒然草）

訳 宝はなくなる時がある。限度がある宝によって、限度のない願いに従うことは、不可能であろう。

② 臨終。死亡。

③ ～だけすべて。～のすべて。

問 必修！

② **限り**とて別るる道のかなしきにいかまほしきは命なりけり（源氏物語）

訳〔　　〕の時だと思って別れる死出の旅路は悲しいものなので、（私が）行きたい道は生きる道なのです。

③ 京にとく上げたまひて、物語の多くさぶらふなる、ある**かぎり**見せたまへ。（更級日記）

訳（私を）はやく上京させてくださり、物語でたくさんありますとかいうものを、あるだけすべてお見せください。

②の例文の「限りとて…」の和歌は、重体の桐壺更衣が宮中を退出するのに際して、桐壺帝に贈った歌です。「いかまほしき」は、「行かまほしき」と「生かまほしき」とが掛詞になっています。

答〔臨終〕

□□□
361

## さらぬわかれ［連語］《避らぬ別れ》

①死別。

❖「さる」は「避る」です。「さらぬわかれ」とは、**「避けられない別れ」という意味で、「死別」を表します。**人間にとって、親しい人との「死別」は避けられないものなのです。

問 必修！

①老いぬれば**さらぬ別れ**のありといへばいよいよ見まくほしき君かな　（伊勢物語）

訳 年をとると必ず〔　　〕（というもの）があるというので、ますますあなたに会いたいと思うことです。

「老いぬれば…」の和歌は、在原業平の母親である伊都《いと》内親王《ないしんのう》が息子に贈ったものです。内親王は、自らの寿命が尽きようとしていることを悟って、息子に一度会いたいと願ったのでした。

答〔死別〕

□□□
362

## いかにもなる［連語］《如何にも成る》

□□□
363

## いたづらになる［連語］《徒らに成る》

□□□
364

## はかなくなる［連語］《果無くなる》

□□□
365

## むなしくなる［連語］《空しく成る》

❖**「死ぬ」ことを間接的に表現する語**のグループです。「死ぬ」ことの間接的な表現は、他に「失す」「消ゆ」「隠る」「離《か》る」「身《み》まかる」「限りある別れ」などがあります。

①死ぬ。

関 **いたづらになす**［連語］

①死なせる。

関 123 **あさまし**

関 133 **いふかひなし**

問 必修！ 362 ①義仲《よしなか》六条河原で**いかにも成る**べかりつれども、なんぢが行く方《へ》の恋しさに、多くの敵《かたき》の中をかけわって、これまではのがれたるなり。（平家物語）

訳 この義仲は六条河原で〔　　〕はずであったが、お前のことが恋しくて、たくさんの敵の中を駆け分けて、ここまで逃れてきたのだよ。

問 必修！ 363 ①書きて、そこに**いたづらになり**にけり。（伊勢物語）

訳 （女は歌を）書いて、その場で〔　　〕でしまった。

問 必修！ 364 ①うち臥すこと五、六日にして、つひに**はかなくなり**にけり。（平家物語）

訳 病床について五、六日で、ついに〔　　〕でしまった。

問 必修！ 365 ①篠塚《しのづか》のうまやうまやと待ちわびし君は**むなしくなり**ぞしにける（大和物語）

訳 篠塚の駅《うまや》で連絡が早く来ないかと待ちわびたあなたは、〔　　〕でしまったことだ。

「いたづらになる」は「むなしく死ぬ」ことを表しますが、「いたづらになす」は「むなしく死なせる」という意味になります。「いたづらになる」「いたづらになす」は関連させて覚えておきましょう。

答 362〔死ぬ〕 363〔死ん〕 364〔死ん〕 365〔死ん〕

## 弥生　練習問題

**問題**　傍線部の現代語訳として適切なものを選べ。

□ **335**　（姿を消した姫君の消息については、）**はかばかしくいらふべき人もなし**。

（木幡の時雨・センター）

① わざわざ丁寧にあいさつする必要のある人などいません
② 私たちを馬鹿にして、相手にしてくれる人などいません
③ かいがいしく私たちの世話をしてくれそうな人もいません
④ しっかりと事情がわかるように返答できる人などいません
⑤ はきはきとした声で応答してくれるような人もいません

□ **336**　何をか奉らむ、**まめまめしき物**は、まさなかりなむ。ゆかしくし給ふなるものを奉らむ。

（更級日記・尾道市立大）

① 実用的な物　② 細かな物　③ めまぐるしい物　④ 誠実な心

□ **337**　誰《たれ》がもととも知らで過ぎゆくに、棟門《むねかど》の**ゆゑゆゑしき**が見ゆれば、堂などにやと思ひて立ち入りたるに、

（とはずがたり）

① 由緒ありそうな　② 目を惹くような
③ 堂々とした造りの　④ 入りにくそうな

□ **338**　されど、（女は）まだ若ければ、文も**をさをさしからず**、ことばもいひしらず。

（伊勢物語・立正大）

---

**解答**　《現代語訳》

訳 **335**　④
（姿を消した姫君の消息については、）しっかりと事情がわかるように返答できる人などいません。

訳 **336**　①
何を差し上げようか、実用的な物は、きっとよくないだろう。（あなたが）見たいとお思いになっているとかいうものを差し上げよう。

訳 **337**　①
誰の家であるとも知らないで通り過ぎていくけれども、門構えが由緒ありそうなものが見えるので、お堂なのだろうかと思って中に入ってみると、

訳 **338**　⑤
しかし、（女は）まだ若いので、文もしっ

① 正しく書けない　② 少しも上達しない
③ めったに出さない　④ 下手な字でしか書けず
⑤ しっかりと書けず

□ **339** **ゆゆしく行ひなりて**、上人と仰がれ給へり。（撰集抄・共通一次）

① たいそう修行をつんで　② 恐るべき奇跡を起こして
③ 立派に信念を貫いて　④ 恐れ多い威厳を身につけて
⑤ 見事に大願を成就して

□ **340** かくてあるがいとむつかしうおぼえて、心にまかせてあらむと思ひはべるなり。それになほえあるまじくおぼされば、**本意あり**。（栄花物語・関西大・改）

① 位を辞するつもりです　② 離別するつもりです
③ 和解するつもりです　④ 死を覚悟するつもりです
⑤ 出家するつもりです

□ **341** 年ごろ**去りがたきほだし**とかかづらひ聞こえて、後の世の勤め（＝極楽往生のための仏道修行）も、おのづから懈怠《けだい》し侍りつるを、今よりは、一筋に行ひ勤め侍るべきなれば、いみじうなむうれしかるべき。（とりかへばや・センター）

① のがれられない束縛
② 避けられない運命
③ 身動きのとれない重荷
④ 消し去ることのできない関係
⑤ 断ち切れない固い結び付き

---

かりと書けず、言葉も知らない。

訳 **339** ①
たいそう修行をつんで、上人と尊敬されなさった。

訳 **340** ⑤
この状態のままでいることがたいそう不快に思われて、心に任せて生きようと思われるのです。それでもやはりできないだろうと（あなたが）お思いになるならば、（私は）出家するつもりです。

訳 **341** ①
長年のがれられない束縛だとお世話申し上げて、極楽往生のための仏道修行も、自然と疎かになっていましたのを、今からは、一心に仏道修行ができますので、たいそううれしく感じるにちがいない。

□ 342

（建礼門院は） 桃李《たうり》の御粧《よそほひ》猶こまやかに、 芙蓉《ふよう》の御かたちいまだ衰へさせ給はねども、翡翠《ひすい》の御かんざしつけても、何にかはせさせ給ふべきなれば、遂に御様をかへさせ給ふ。 （平家物語）

① 御出家なさった　② 御変装なさった
③ 御翻意なさった　④ 御失望なさった

□ 343

昔ははこやの山の御宮仕へせし人（＝院の御所に宮仕えなさった人）の、世をはかなきものにおぼししみて、身は黒くやつしたれど、 （藤簍冊子・上智大・改）

① 武士になったけれども　② 歌人になったけれども
③ 乞食になったけれども　④ 僧侶になったけれども

□ 344

（男は） かくしつつまうで仕うまつりけるを、（親王は） 思ひのほかに、御ぐしおろしたまうてけり。 （伊勢物語・札幌大）

① 櫛けずって　② 髪を結って　③ 出家して

□ 345

（少納言は） 増賀聖《ひじり》の室《むろ》に至りて、本意の如くかしらおろしてけれど、つくづくとながめがちにて、 （発心集）

① 弟子入りしたいという願いを叶えたけれども
② 自らの出家の志を熱心に訴えたけれども
③ 出家をするに際しての心構えを尋ねたけれども
④ 昔からの願いの通りに剃髪したけれども

□ 346

よをすてて宿を出でにし身なれどもなほ恋しきは昔なりけり （発心集）

---

**342** 訳 ①
（建礼門院は）桃李のような美しさはいまだ色濃くて、芙蓉のような御容貌はいまだ衰えていらっしゃらないけれども、翡翠のかんざしをつけて（身を飾って）も、何にもおなりにならないので、とうとう御出家なさった。

**343** 訳 ④
昔は院の御所に宮仕えなさった人が、世をはかなきものだと心の底から悟って、僧侶になったけれども、

**344** 訳 ③
（男は）このようにしてお仕えしていたが、（親王は）思いがけないことに、出家してしまわれた。

**345** 訳 ④
（少納言は）増賀聖の室に行って、昔からの願いの通りに剃髪したけれども、しみじみといつも物思いにふけっていて、

**346** ④

① 家出して　② 謀反して　③ 潜伏して
④ 出家して　⑤ 失踪して

□ **347** 次の日聞けば、「はやこの暁、霊山にて**世をそむきぬ**」と聞くも、昔物語を聞く心地して、あはれさ限りなく覚えて、（弁内侍日記）

① 世間をあざむいた　② 反逆を企てた　③ 前世にこだわった
④ 出家した　⑤ 死んでしまった

□ **348** 石の上に旅ねはすれば肌さむし**苔の衣を我にかさなん**（春雨物語・佛教大）

① あなたの僧衣を私に貸してほしい
② あなたの古びた衣服を私に重ねてください
③ あなたは僧衣をきっと私に重ねるでしょう
④ あなたの古びた衣服を私に貸してくださいませんか

□ **349** （西行が）**墨染の衣**にやせやせとし給ひたる有様、見も慣らはぬ心地してけれども、わが父と聞くからに、涙もとどまらず。（西行物語・亜細亜大）

① 墨流し染めで染めた衣　② 礼服
③ 黒く汚れた衣　④ 僧服

□ **350** ある時、北の方、女の部屋を**かいま見しに**、（曽呂利物語・センター）

① 物陰からこっそりとのぞき見たところ　② 時間をかけて観察したところ
③ ちょっと見ただけなので　④ 用事のあいまに見たので
⑤ すみずみまで見渡してみると

---

訳 出家して家を捨ててしまった我が身ではあるが、やはり恋しいのは昔のことであったなあ。

**347** ④
訳 次の日に聞くと、「なんとまあこの晩に、霊山で出家した」と聞くのも、昔の物語を聞く感じがして、しみじみとした感動が限りないように思われて、

**348** ①
訳 石の上に旅寝をすると肌寒いことです。あなたの僧衣を私に貸してほしい。
※「かさなん」の「なん」は、未然形に付く「なん」ですので願望の終助詞です。

**349** ④
訳 (西行が)僧服を着てやつれなさっている様子は、見慣れない気持ちもしたけれども、我が父であると聞くと、涙もとまらない。

**350** ①
訳 ある時、北の方が、女の部屋を物陰からこっそりとのぞき見たところ、

□ **351** あるはしたしき閨《ねや》の内に据ゑて、人の**かたらふ**妻に心をかけなど、すべてみだりがはしくよからぬことのみなるに、（石上私淑言・上智大）

① 結婚する　② 相談する　③ 懇意にする

④ 説得する　⑤ 話し合う

□ **352** 世の中の人、心つねならぬ習ひなれば、また異かたに通ふ所いできて、いつしか右近がもとへは**かれがれになりければ**、詠《よ》みておくりける。（本朝美人鑑）

① 行きにくくなってしまったので

② 申し訳ない気持ちになったので

③ 通わなくなってしまったので

④ 好意を持てなくなったので

□ **353** 一人は夜を明かさず、明けぬる夜半の**きぬぎぬ**も、たち離るべくもなし。（豊明絵草子）

① 男女が別れるとき

② 男女が出会ったとき

③ 女が待ち続けているとき

④ 男が訪れるとき

□ **354** 殿の上の御はらからの中の御方に、道綱大将こそは**すみ奉り給ふに**、（栄花物語）

① 心惹かれ申し上げなさったが

② 求婚申し上げなさったところ

③ お通い申し上げなさるあいだに

④ お別れ申し上げなさったので

---

訳 **351** ①

あるいは親しい人の寝室に入り込んで、他人と**結婚している**人妻に心をかけたりと、すべて乱れていてよくない行為ばかりであるので、

訳 **352** ③

世の中の人は、心が変わりやすいものなので、また別に通うところができて、いつの間にか右近の所には**通わなくなってしまったので**、詠んで贈った（歌）。

訳 **353** ①

（二人は）一人で夜を明かすことがなく、夜が明けて**男女が別れるとき**になっても、別れることができないのであった。

訳 **354** ③

殿の正室の御姉妹の中の御方のところに、道綱大将が**お通い申し上げなさるあいだに**、

□ 355 姉君の**ただならずおはして**、近きほどに生ませ給へらん稚児の、めづらかにをかしからん顔つき見ずなりなん、いとど残り多かる。（うなゐ松・センター）

① みごもっていらっしゃって
② 特別によろこんでいらっしゃって
③ 病気でいらっしゃって
④ 悲しんでいらっしゃって
⑤ 高貴な身分でいらっしゃって

□ 356 清水詣でのついでに、思はぬほかのさかしら出で来て、いたらぬ隈なかりし御世に、ただ一夜の夢の**契り**を結びまゐらせてける。（今物語）

① 約束　② 逢瀬　③ 経験　④ 思い出

□ 357 山の端近き光のほのかに見ゆるは、七日の月なりけり。**見し夜の限りも今宵ぞかし**と思ひ出づるに、ただその折の心地して、（うたたね・早稲田大）

① 今宵の月こそが見納めの月なのだろう
② 二人で最後に会ったのも今日と同じ月夜の晩だった
③ 数多く見てきた中でも今宵の美しさが一番だ
④ 思い出多い今年も今宵限りで暮れてしまうのだ

□ 358 （男が）上達部めきたる人のむすめ**よばひけるを**、（女が）もしいかならむと思ひつつ見けるを、（平中物語・防衛医科大）

① 言い寄っていたのを　② 呼び続けていたのを　③ 忍び込んでいたのを

---

訳 355 ①
姉君が**みごもっていらっしゃって**、もうすぐお生みになるという稚児の、すばらしくかわいらしくいらっしゃる顔つきを見ないままであることは、いっそう心残りである。

訳 356 ②
清水参詣のときに、思いがけないおせっかいがあって、思いどおりの夫婦関係をお持ちの方に、ただ一夜だけの夢のようにはかない**逢瀬**を交わし申し上げたのだった。

訳 357 ②
山の端の近くに光がほのかに見えるのは、七日の月であったよ。**二人で最後に会ったのも今日と同じ月夜の晩だった**と思い出すと、ただその晩のような気持ちがして、

訳 358 ①
（男が）上達部のような人の娘に**言い寄っていたのを**、（女が）どうなのだろうと思って逢ったのを、

□ **359**
（この姫君は）故宮に**後れさせ給ひて、**無礼にわたらせ給へる（＝よるべなく心細くていらっしゃるの）を、侍従が縁となりて（お連れ申し上げたのです）。

（雁の草子・立教大）

① 都に取り残されてしまって　② 出家されてしまって
③ 愛想がつきてしまわれて　④ 離縁されてしまって
⑤ 先立たれてしまわれて

□ **360**
（葵の上が）**むげに限りのさまにものしたまふ**を、聞こえおかまほしきこともおはするにやとて、大臣も宮もすこし退きたまへり。

（源氏物語・上智大）

① すぐにも出産しそうな様子に見えた
② 今にも死にそうな様子に見えた
③ いつまでも泣いているように見えた
④ すでに加持祈祷の限界が来たように見えた
⑤ ひどく制限が厳しいように見えた

□ **361**
（私はあなたのところに）心のままにとぶらひまうづることはなけれど、なほ久しう対面せぬ時は心細くおぼゆるを、**さらぬ別れ**はなくもがなとなん。

（源氏物語）

① 愛憎　② 死別　③ 無常　④ 別離

□ **362**
こぞの春、一の谷で**いかにもなるべかりし身**の、せめての罪のむくいにや、いきながらとらはれて、

（平家物語・龍谷大）

① 死ぬはずだった身
② 捕らわれるはずだった身

---

訳 **359**
⑤
（この姫君は）故宮に先立たれてしまわれて、よるべなく心細くていらっしゃるのを、侍従が縁となって（お連れ申し上げたのです）。

訳 **360**
②
（葵の上が）今にも死にそうな様子に見えたので、申し上げておきたいこともおありになるのであろうかと思って、大臣も宮も少しお下がりになった。

訳 **361**
②
（私はあなたのところに）思い通りに訪れることはないけれども、やはり長い間会えない時は心細く思われるので、死別というものはなくなってほしいと思うのです。

訳 **362**
①
去年の春、一ノ谷で死ぬはずだった身が、様々な罪の報いであろうか、生きたまま捕らえられて、

③ きっと罪をこうむるにちがいなかった身
④ きっと大恥をかかされるにちがいなかった身

□ **363** つひには国を失ひ**身をいたづらになし**などして、後の名をさへ朽しはつるためし、昔も今も数知らず。（石上私淑言・上智大）

① 一生をだいなしにする　② 手持ち無沙汰になる
③ 何もかも空しくなる　④ 生きがいがなくなる
⑤ むだに死ぬ

□ **364** また人の走り重なりて、「**すでにはかなくならせ給ひぬ**」と云ふに、夢に夢見る心地して、（撰集抄・東京女子大）

① もう出発なさいました
② 早くもむなしくなってしまった
③ とっくに無くしてしまわれました
④ もうお亡くなりになりました
⑤ とっくにちょっとした返事を書かせました

□ **365** 一とせ病に係《かか》りて、七日を経て忽ちに眼を閉ぢ**息絶えてむなしくなりぬ**。（雨月物語）

① 息が詰まって苦しくなった
② 呼吸が止まって危篤となった
③ 息が絶えて死にそうになった
④ 息絶えて絶命してしまった

---

訳 **363** ⑤
ついに国を失い**むだに死ぬ**などして、後の名まで台無しにしてしまう例は、昔も今も数多い。

訳 **364** ④
また、人が走ってきて、「**もうお亡くなりになりました**」と言うので、悪夢を見ているような気持ちがして、

訳 **365** ④
一昨年病気になって、七日になって突然目を閉じて**息絶えて絶命してしまった**。

# 日《にち》々《にち》古《こ》文《ぶん》単《たん》語《ご》帳《ちょう》365《さんろくご》

著者　宇《う》野《の》 陽《はる》美《み》
　　　下《しも》司《つかさ》 賢《けん》治《じ》
　　　下《しも》屋《や》敷《しき》 雅《まさ》暁《あき》
発行者　山﨑 良子
印刷・製本　日経印刷株式会社

発行所　駿台文庫株式会社
〒101－0062　東京都千代田区神田駿河台1－7－4
小畑ビル内
TEL. 編集 03(5259)3302
販売 03(5259)3301
《⑭－360pp.》



ISBN978－4－7961－1506－3　Printed in Japan

https://www.sundaibunko.jp
駿台文庫 web サイトはこちらです→

■編集協力　福沢典子　朝日明美　■イラスト　斉藤ちさき

## ❖古典常識語・頻出難読語(その2)　漢字の読みが問われることもありますので、確認しておきましょう。

＊〈読み〉は現代仮名遣いで示しています。

### 《行事に関する言葉》

| ☑ | 漢字 | 解説 | 読み |
|---|---|---|---|
| □ 1 | 除目 | 大臣以外の官吏の任命儀式。 | じもく |
| □ 2 | 司召 | 中央役人を任命する除目。通常、秋に行われる。 | つかさめし |
| □ 3 | 県召 | 地方役人を任命する除目。通常、春に行われる。 | あがためし |
| □ 4 | 白馬会 | 陰暦正月七日、白い馬を見て邪気を払う儀式。元は「青馬」だったことから「あおうま」と読む。 | あおうまえ |
| □ 5 | 大嘗会 | 天皇即位後、初めての新嘗祭《にいなめさい》。収穫に感謝する。 | だいじょうえ |
| □ 6 | 追儺 | 大晦日、悪鬼を追い払う儀式。 | ついな |
| □ 7 | 流鏑馬 | 馬上から、鏑矢《かぶらや》で次々と的を射る競技。 | やぶさめ |
| □ 8 | 初冠 | 男子の成人式。初めて「冠」をつけることから。 | ういこうぶり |
| □ 9 | 裳着 | 女子の成人式。初めて「裳」をつけることから。 | もぎ |
| □ 10 | 重陽 | 五節句の一つ。陰暦九月九日の節句。菊に託して長寿を祈る。 | ちょうよう |

| | | | |
|---|---|---|---|
| □ 4 | 長押 | 柱と柱をつなぐ、横に渡した木。現在の鴨居と敷居にあたる。 | なげし |
| □ 5 | 蔀<br>半蔀<br>立蔀 | 「蔀」は、廂《ひさし》の外や室外についた戸。現在の雨戸にあたる。 | しとみ<br>はじとみ<br>たてじとみ |
| □ 6 | 遣戸 | 横に引く引き戸。 | やりど |
| □ 7 | 妻戸 | 両開きの板戸。 | つまど |
| □ 8 | 渡殿 | 寝殿と対屋《たいのや》(＝寝殿造りで、中央の母屋《もや》に付属した建物)とをつなぐ屋根付きの渡り廊下。 | わたどの |
| □ 9 | 大殿油 | 宮中や貴族の邸宅などで用いた灯り火。 | おおとなぶら |
| □ 10 | 折敷 | 食器を乗せるお盆。 | おしき |
| □ 11 | 炭櫃 | 床に埋め込んだ木製の四角い火鉢。囲炉裏《いろり》。 | すびつ |
| □ 12 | 几帳 | 室内で用いる仕切り用の衝立《ついたて》。 | きちょう |
| □ 13 | 土器 | 素焼きの陶器。杯。 | かわらけ |
| □ 14 | 遣水 | 庭に外から引き込んだ流水。 | やりみず |
| □ 15 | 籬 | 柴や竹などで作った垣根。 | まがき |
| □ 16 | 築地 | 土の塀。 | ついじ |